『十四五』国家重点图书

汉水流域文明研究文丛之乡村文化自信

人类的故乡

——一座汉江府城的千古沧桑

潘世东　丛书总主编
杨　涛　丛书执行总主编
兰善清　冷　静　著

国家出版基金项目
NATIONAL PUBLICATION FOUNDATION

WUTP
武汉理工大学出版社

图书在版编目（CIP）数据

人类的故乡：一座汉江府城的千古沧桑/兰善清，冷静著. —武汉：武汉理工大学出版社，2023. 11

（汉水流域文明研究文丛之乡村文化自信）

ISBN 978-7-5629-6719-4

Ⅰ. ①人… Ⅱ. ①兰… ②冷… Ⅲ. ①十堰-地方史-通俗读物
Ⅳ. ①K296. 33-49

中国版本图书馆 CIP 数据核字（2022）第 249718 号

责任编辑：柳亚男
责任校对：陈海军
装帧设计：艺欣纸语
排　　版：武汉正风天下文化发展有限公司
出版发行：武汉理工大学出版社
社　　址：武汉市洪山区珞狮路 122 号
邮　　编：430070
网　　址：http://www.wutp.com.cn
经 销 者：各地新华书店
印 刷 者：武汉精一佳印刷有限公司
开　　本：710×1000　1/16
印　　张：24
字　　数：507 千字
版　　次：2023 年 11 月第 1 版
印　　次：2023 年 11 月第 1 次印刷
定　　价：196. 00 元

凡购本书，如有缺页、倒页、脱页等印装质量问题，请向出版社发行部调换。
本社购书热线电话：027-87523148　027-87391631　027-87165708（传真）

作者简介

兰善清，男，1957 年出生，中国作家协会会员，高级讲师，湖北省高校人文社科重点研究基地汉江师范学院汉水文化研究基地特邀研究员，出版散文集《我写故我在》《万古一地——郧阳》等，在《人民日报》《经济日报》《光明日报》《中华读书报》《解放日报》《湖北日报》《河北日报》《芳草》《百花》《北方作家》《橄榄绿》《中国作家》《长江文艺》《中华文学》等报纸、杂志发表过文学作品。

作者简介

冷静，女，1986年3月出生于湖北省丹江口市，法学硕士。2016年硕士毕业于华中师范大学马克思主义学院思想政治教育专业，同年在汉江师范学院参加工作。现为该校马克思主义学院讲师、教研室主任，主要从事马克思主义理论和思想政治教育学科的教学工作。工作中，精研地方文化，曾参与《郧阳历史文化探研》一书的编撰工作，发表论文《试论汉水文化的思想与精神内涵》等，主持和参与多项各级各类重点科研课题和教研课题的研究工作。

“汉水流域文明研究文丛之乡村文化自信”
顾问及编委会

总 序

汉水文化是我国流域文化中具有典型意义的特殊文化范型，是国内外学术界特别关注的学术焦点。

早在1956年，赖家度撰写的《明代郧阳农民起义》就从土地兼并和流民生计问题论证了流民起义的原因。20世纪90年代以来，关于该领域的研究异彩纷呈。王光德与杨立志著有《武当道教史略》，对中国道教在汉水中游的武当山异军突起作了全面且系统的梳理，这本书也成为研究汉水文化历史较早的史学专著。张国雄借助大量族谱资料完成名为《明清时期的两湖移民》的学术著作，对持续数百年的"江西填湖广""湖广填四川"作了初步梳理。牛建强的《明代人口流动与社会变迁》对汉水上游的地理、物产和人口概况作了详细的介绍，总结流民在该地区的活动以及朝廷由暴力镇压到安抚的策略变化过程，指出其作为内陆型移民代表的典型意义。葛剑雄主编、曹树基著的《中国移民史》（第五卷）按府级政区对汉水下游的洪武大移民和中上游的荆襄流民运动的过程与人口作了初步估算，可以看作是对20世纪该领域研究的系统总结。这一时期关于明代汉水流域经济开发的研究也已起步，具有代表性的文章是吕卓民的《明代陕南地区农业经济的开发》、张国雄的《江汉平原垸田的特征及其在明清时期的发展演变》等。21世纪以来，跨学科研究方法被广泛运用到该领域的研究中。受年鉴学派影响，武汉大学的一批学者不再把移民、经济、社会看成独立的研究单元，而是以长时段、多学科相结合的方式进行综合研究。2000年，鲁西奇的《区域历史地理研究：对象与方法——汉水流域的个案考察》出版，为区域历史地理创立了全新的研究范式。晏昌贵的《丹江口水库区域历史地理研究》将各个历史时期该地的政区、人口、聚落、经济研究结合起来，全面展示古代社会的生存状态。2007年，张建民的《明清长江流域山区资源开发与环境演变：以秦岭-大巴山区为中心》出版。潘世东的《汉水文化论纲》、刘清河的《汉水文化史》和柳长毅、匡裕从主编的《郧阳文化论纲》等著作则是从大文化史观的角度对汉水文化进行纵横梳理的务实探索。

此外，章开沅、张正明等主编的《湖北通史·晚清卷》，张正明著的《楚史》，蔡靖泉著的《楚文学史》，张正明、刘玉堂撰的《荆楚文化志》，潘世东、饶咬成、聂在垠主编的《汉水文化研究论文集（2）》，杨郧生编著的《汉水流域民俗文化》，李学勤、徐吉军主编的《长江文化史》，黄元英著的《商洛民俗文化述论》，左鹏著的《汉水》，鲁西奇著的《城墙内外：古代汉水流域城市的形态与空间结构》，陈良学著的《明清川陕大移民》，巫其祥著的《汉水流域的民居和民居风俗说略》，梁中效著的《汉水流域历史文化的和谐特色》，刘克勤主编的《文化襄樊》，王美英著的《明清长江中游地区的风俗与社会变迁》，周积明主编的《湖北文化史（上、下）》，王雄著的《汉水文化探源：一个河流守望者的文学手记》，徐少华著的《荆楚历史地理与考古探研》，刘玉堂、张硕著的《长江流域服饰文化》，夏日新著的《长江流域的岁时节令》，顾久幸著的《长江流域的婚俗》，姚伟钧著的《长江流域的饮食文化》，赵殿增、李明斌著的《长江上游的巴蜀文化》，刘韶军著的《楚地精魂——楚国的哲学》，曾小珊主编的《魅力汉中》，杨光才等编著的《南阳宗教文化》，赊店历史文化研究会编的《中国历史文化名镇——赊店》等，都有开一时风气之先的贡献。

汉江师范学院立足于文化历史学、文化社会学、文化哲学和文化地理学等学科背景，着眼于历史性、时代性、全面性、典型性、学术性和普及性等学术定位，运用现代学术规范，从全流域的角度，系统地梳理了汉水流域经济社会、历史文化发展的辉煌历程，汉水文化的形成和发展的古今概貌，揭示了汉水文化的基本内涵和特征，全面地描绘了汉水流域具有典型意义、异彩纷呈的文化事项和民风民俗，形成了“汉水流域文明研究文丛之乡村文化自信”这套独具特色的地域文化研究、流域与河流文化研究的丛书。

“汉水流域文明研究文丛之乡村文化自信”是一个涉及文化自信的建立、核心价值观的构筑和乡村振兴战略的实施等多个领域的综合性选题，是在特定时期（新时代）、特定区域（汉水流域），针对特定对象（乡村与基层），采用特定方式（乡村文化振兴）解决文化自信的建立、核心价值观的构筑和乡村振兴战略的实施问题，建设发展“产业兴旺、生态宜居、乡风文明、治理有效、生活富裕”的新农村，构筑“农业强大、农民富裕、农村美丽”的辉煌绚丽明天而提供的思考与讨论、启示与借鉴、思路与方案，以及目标任务和创造性举措。

“汉水流域文明研究文丛之乡村文化自信”将研究置于史论一体、宏微观结合的纵横坐标上，进行立体透视和系统把握，主要采用史论结合，即历史与逻辑相结合、理论思辨与实证分析相结合、宏观研究与微观研究相结合的方法和比较研究方法，以及美学和心理学研究方法，采取思维发展逻辑与社会文化语境相统一、理论分析与田野调查相统一、真理诉求与价值评判相统一的视角和研究方向，融原典阐述和现代阐发于一体，讲求研究方法的科学性和实效性。本丛书由9本书构成，主要包括《曲莫如汉——汉水流域历史文明巡礼》《汉水风神——一条古河的历史文化魅力》《明代汉水——一条文化大江的峥嵘辉煌岁月》《岁时节令与风尚习气——汉水流域历史文化风习》《童心不泯——一条大江千年不歇的儿童歌谣》《东方莱茵河——一条大江的钟灵造化神韵》《人类的故乡——一座汉江府城的千古沧桑》《古盐道上的文化奇迹——一个汉江古镇的千年歌唱》《乡风乡韵——一个汉江游子的古镇乡愁传奇》。该丛书以汉水流域为着眼点，通过对流域内一条大江、一群人、一个村、一个镇、一个城、一组歌谣、一种文明形态、一种文化等个案的历史阐释，揭示一方山川大地富饶壮美、历史文化博大精深、社会经济富丽繁荣背后的文明涵养力、支撑力、规范力和推动力的深远根源。

大略统览上述9本书，我认为“汉水流域文明研究文丛之乡村文化自信”具有四个方面的实践与理论价值。其一，该丛书具有较高的政治与学术理论站位，聚焦乡村振兴战略中的乡村文化振兴，聚焦汉水流域乡村文化的本色、底色、成色和特色，围绕汉水流域乡村文明的传承、保护与创新，分别从乡村文化的实践与探索、乡村文化的温馨与浪漫、乡村文化的情怀与梦想、乡村文化的创新与发展、乡村文化的奇迹与贡献等，展现汉水流域乡村文明特有的博大精深、伟大辉煌，展现汉水流域乡村文化在历史发展变革中坚实而持久的润化滋养作用、规范约束作用、支撑推动作用、激励引领作用，凸显乡村文化的价值与力量，着眼重塑乡村文化自信，凸显核心价值观，助推文化小康和乡村文化振兴战略。

其二，研究主题重大而紧迫，不仅紧跟时代，贴近现实，而且直接关乎物质文明、政治文明、精神文明、社会文明、生态文明五大文明建设，属当前亟须破题且强力推进的重大社会文化历史课题的主要内容。

其三，本丛书可以丰富汉水流域社会史、地方史研究内容，拓宽研究范围，纠正前人研究的部分偏见。本项目组将在全面收集官方、民间资料的基础上，全面总结和思考已有研究成果，综合考察移民开发、国家治理、文化建树之间的关系，将汉水流域社会历史文化研究引向深入。

其四，本项目组将汉水流域的“历史流域学”推向繁荣，将参与创设新的研究范式，推进人文社科重点研究基地建设。近年来，以流域为研究对象的“历史流域学”方兴未艾，本项目组将全面参与这种全新研究范式的创建，以汉水为例，丰富“历史流域学”的理论与方法。此外，本项目的研究具有较为重要的学术价值和区域经济社会发展等方面的现实意义。

作为特异型的流域文化，汉水流域文化在自身的历史进程中处于南北文化激荡交锋的锋面，融合黄河文化和长江文化的优长，具有兼容会通的特色，独树一帜，别具一格，是得天独厚、不可代替的流域文化范型。对汉水流域文化的观照和审视，从某种意义上说，就是对中华文化的重心和节点的观照和审视。真正学术意义上的汉水流域文化研究依然任重而道远。关于汉水流域文化赋存资源现代转型的研究和开发，对于中西部地区的经济、政治、文化、社会和生态建设，对于流域文化、城市文化等文化学学科建设，对于进一步振兴中华民族文化，具有重要的理论意义和现实意义；对于全流域的文化资源优势转化为文化产业优势，对于推进文化强国建设和文化产业跨越式发展，对于鄂西生态文化旅游圈的开发和建设，都具有重要的参考借鉴与促进推动作用。

“好雨知时节，当春乃发生。”“汉水流域文明研究文丛之乡村文化自信”是一套应节起舞、应运而生的地域历史文化丛书，我们诚挚地期待它能落地生根、开花结果，正如丛书主编潘世东教授的初衷设定：“首次运用文化人类学方法、现代生态学和价值理论，立足哲学和社会学的理论背景，调查走访、科学论证和理论演绎并重，力求从理论和实践两个方面双管齐下，实现对汉水流域传统历史文化和经济社会发展模式的全面透视，解析汉水流域千年政治经济和社会文化和谐发展的成功奥秘，以达到总结历史经验教训、传播先进思想文化和科学技术、为决策者参考的目的。”

“不废江河万古流。”最后，我衷心祝愿汉水文化研究行稳致远、根深蒂固、生机勃勃！热切期待汉水文化研究基地成果丰硕、人才济济、兴旺发达！

湖北第二师范学院党委书记、博士生导师杨鲜兰

2022 年 5 月

引 言 念兹在兹，我为斯民撰古城

“天下好山水，必有楼台收。山水与楼台，又须文字留！”（清代尚镕《忆滕王阁》）

远逝的郧阳楼台风华，我的几许文字可否道出对您的万千乡愁与相思？

郧阳古城之于郧阳人，犹如苏州城之于苏州人，城与人二者血肉依存，对“母亲城”的情谊永驻在她的儿女心头。

这座古城沉入江底业已半个多世纪，自然时间并不久长，而心理时间却漫漫无边。怀想起那从前，从前之从前，我似乎跌入故事里的远年，久远得已记不起它的原点和初始。多少时候，听前人捧着记忆说，似有海客谈瀛洲的恍惚，他乡人不免发呆，有点不知今夕何夕。只有那些身上留有古城基因的人，说话还带点郧阳城方音——“呲呲”的舌尖音，他们还记着“母亲城”的面影。老郧阳人总有那与生俱来的古城范儿，这“范儿”里有的是不绝如缕的惦和念，早早晚晚，三三两两，一说不休，痴痴地念祖式地说，说那令人魂牵梦萦的老旧城池，细数那一砖头、一瓦片、一巷子、一青石板路，鼻涕长流，口水成线，念古如念经。尽管现今那城已拥有拔地而起的摩天大厦、纵横交错的宽阔马路、人声鼎沸的华丽商场、游人如织的秀丽公园，远比当年的城更雄阔伟岸，远比那些曾经的曾经更销魂、更让人留神，但都不及郧阳人心中供奉的老郧阳。人就是奇怪，情感里的东西一经定格，总是觉得从前好，现今总是比不了。那低矮院落挨着的低矮院落，青石板接着青石板的路面，马车连着马车来往的车辙印痕，木板衔着木板的杂货店铺风情，非高楼大厦可比。

久而久之，那心绪便在那街那巷里出不来："俺们老郧阳那东关、西关多热闹！卖的那东西多真，现今能比?"出言吐气都是这种牵念的味儿。

脐带与母体，一种命脉的联结。

伤痛似乎可以追溯到1967年那个秋日，那是丹江大坝初次正式蓄水的一天。一直缓缓向东、一向温驯宁静的江水被迎头一斩，便唰地一下变了脾气，凶神一般铺天盖地翻卷回转，一路荡村毁城，水上经济繁荣了千万年的江岸，顿时稀里哗啦，七零八落。老郧阳是坦荡河岸上摆开的一盘棋，或曰晒开的一席粮，寻常时，江水发飙只是横扫某个角落，不会过分损毁这盘井然有序的棋子或饱满可喜的粮食。而今它变了，再不似从前和善。江水从郧阳的东关灌入，直入东大街、西大街、南大门、北大门……六道城门、四十八条街道以及那一望无际、鳞次栉比的屋舍，连同历朝历代整旧如旧的所有古建筑悉数土崩瓦解，化作一片汪洋。万人神情为之木然。老人小孩爬上郧阳制高点的烈士亭旁大睁着惊惧的眼睛，眼睁睁地凝望着自家房屋消失的过程：先是江水窜入屋基，房体在水中哆嗦，继而是水漫屋顶，剩下鲨鱼脊那么一线，最后是了无踪影。那一刻永世难忘，被凝固成了心灵上不朽的伤疤。我们的老城没了，老家没了，心碎了。水性好的人，仗着一身胆，不顾一切地跳进河里捞回一两件纪念物：雕花的窗棂、玲珑的阁扇、粗壮的屋梁，甚至扒走几挑子瓦，打捞几只漂流的鞋子……

此乃郧阳人经历的史诗般的一次“水漫金山”的现实神剧，这神剧源自下游汉江旷古的截流，源自万古汉江命运的被改写，河流成库，库区老屋的人们自此失去故园。

尽管物质的家园失去了，可郧阳人心中的家园不辍于一日一时，执拗地存在着，推开又来，在梦里，在眼前，电影一般——

那南门楼姚家的杂货铺子，我最是忘不了，这是多少人愿意去的地方啊！慈眉善目的姚家婆婆总是善意地对待每一位顾客。这不，几个嘴馋的孩子来了，她不吝惜，赠给他们几块饼干糕点，由他们一番高兴，由他们就地打滚玩个够。泰和顺酱园也不会忘，那是人们不顺路都得一去的好去处，准确地说那是个让人馋涎欲滴的地方。色泽透红透亮的酱猪头、酱猪耳、酱猪舌、酱猪蹄、酱猪肘子、酱猪尾巴，还有那四季常见的酱豆、酱瓜、酱姜、酱萝卜、酱大头菜……都是冠绝一时的美肴，既有绝佳的口感，又有不俗的刀工，切出的造型十分养眼。老板颜氏的技术是祖传十几代而来的，到他手上已是精而成精了。不到泰和顺，白进一趟城，到了泰和顺就得饱口福、享眼福、做好梦。唐三镜小酒坊岂能不去？上下水的船拐子、进城卖柴拉粪的、要办红白喜事的、有事无事的，无不到唐三镜小酒坊要两碗清黄酒快活快活，或是要一盅小窖白酒就着老板送的花椒泡黄豆咂吧咂吧，最后昏昏然飘飘而去。这是进一趟城的人的兴头所在啊！这里的酒都是从安阳农家贩来的，从大柳老山买回的，然后装入大缸、埋入地下五年以后方取出来。纯而又纯，清亮清亮，真称得起琼浆玉液。唐三镜的酒，喝一口，百里路上有兴头。多少人以尝一口唐三镜的酒为至乐。优质的窖藏使唐三镜小酒坊声名远播，享誉汉江以外。黄家醋坊是三眼井一带颇有声望的商户，全城大小几十家醋坊唯黄家最盛，人们说黄家的醋地道、纯正，味儿香、冲、浓、爽，酣畅可口，开胃醒酒，百儿八十里只为来这里买一瓶。黄家拥有一种从不示人的秘方，他们的每道程序、盛醋的器皿、储藏的方式都格外讲究，《齐民要术》中关于做醋的种种程序他们都有成功地实践，且广而大之。全城醋坊都不及黄家，老城人只为那风味，端着饺子穿过十几条巷子来打醋。十字街张家的麻花，乃郧阳小吃之一绝。面是发了酵的上好面，油是正正经经的本地芝麻油，那根根麻花出锅，香味馋得你直流涎水，一见那胖乎乎、黄滋滋、绞得紧纠纠的样子，你立马就咽口水了……

府城还有很多的商号让人乐不思蜀，诸如时振、元德、全盛、万盛、万成、宜兴、义顺、日昇、新兴合、魏永盛、西全盛、卫永盛、大顺乾、永来盛、聚盛、元兴隆、和盛隆、万盛来、大顺合、永兴裕、振兴和、永昇荣等，都是异地商会在此开办的。商号阵容强大，占了几条街，如若三两个乡下人走至门前，不免显得有些单薄，心里微微有种被门面压倒的感觉；只有那些长袍马褂者前呼后拥，傲然出入，一派拥财自重的样子，方才匹配那场面。每每看到这些外商，土生土长的郧阳人都会说起一句古话：郧阳城簸箕城，富的都是外来人！但他们同时又意识到生意是双向的，彼此利好，没有这兴隆的四方人气，哪有府城的繁荣，又哪有环城两岸的兴盛？财富交流又是小手工业的催化剂，老郧阳的磨坊、油坊、纸坊、粉坊、绣坊等手工业是随繁茂的商号应运而生的，船拐子们将各类作坊的农特产上下交流，红火了江河沿岸产业，做大了各地商埠的生意，郧阳、汉中、安康、老河口、襄阳、汉口、南阳等都是这样交流出来的，且因交流而彼此紧密地绾结在一起，一提起这些地方就像早晚串门的邻居似的。

世上本无常照月，天边还有再来春，敬问万丈江水，郧城何日重生？不寐看长庚，披衣出户行，且看踏水而起，江岸灯火通明！

我愿殚精竭虑，借用屈子《招魂》，收得古城芳灵，或清莲，或梵音，一眸擦肩，共祝不泯的岁月乾坤！

目　录

第一章　千古回响，神造的乡村人造的城

给世界留下一时印象只需片刻，若想将其镌刻进岁月的年轮里却需要很久，很久。什么都是过客，什么都是宇宙的烟花里闪烁的瞬间，不是吗？只听听年光咚咚的脚步声便知。

人如此，一座城亦如此！

一、郧阳山色

郁郁山色是郧阳山城惠赐人们的宝贵财富，四季春光是天公铺设的天然画卷，由来百千景，不及错身遇见，怀想皆成文。

窗外，更窗外，古城诚然永不再相见，可驿外断桥边，满眼秀色，视野所及，碧波荡漾，葱翠渺渺，苍茫幽迷，蓬勃无度。何处律动，何处闪眼，朝你涌来的全是勃勃生机。

苍天融入了碧浪，清一色玉屏，清新，朗润，明丽，森然。晨曦晚霞，晴日雾雨，草木欣然，葱茏磅礴，一律是亘古不变的盎然，一览无余地彰显出这座山城的强壮。

山里有山，天上有天，山，刺破青天锷未残！

不移的苍翠葆有无穷的生命属性，季节的烙印或彰显或不彰显，往往我行我素。个性，不被同质化的个性，阳光都搬不动。

花是这里最令人讶异的存在，四季基本都不缺席。当金银花开遍了群山和河岸，杜鹃花灿烂了山巅和门前时，樱花为蓝天扑粉，苔花开遍了幽幽山涧，菊花的香气把蜜蜂成群结队地召唤……万家沐浴在这盛景里，我感到阳光是如此倍加呵护、善待这方山河。“一之日觱发，二之

日栗烈”[①] 的物候往返，你便被寒梅、荷花的幽香沁了心房，苍蓝，淡黄，火赤，墨绿，金红……杂然相陈的多色调时时都在突破季节的单调，周身盛装，斗彩抢眼，一派芬芳。

一个穷尽了山色天光云影的地方，大千世界便是大山大水。山之淘淘，水之滔滔！

这肌肤，得多少岁月呵护而得？

这天光，得多少纪元揩拭方能如此油亮？

感觉有点像台北九份山城，端详再三，发现只是山的层次相似，云水的丰腴九份山比不上。

云无心以出岫，鸟倦飞而知还。

你可以在林立的群楼之上观瞻云朵的自在，可以在攘攘人群中仰望红嘴野麻雀联袂归来，也可以在行走的路上礼拜蚂蚁们的世界，这些旷古的小生命总能在水泥砖缝里找到向天问好的出路，总是在雨水来临之前以迁徙搬家的方式向人们友善地做着天气预报。那老的少的，小如麦芒，大似蚊蝇，形成浩浩荡荡的蚂蚁长龙，把过道拦住，仿佛告诉路人：“大雨要来了哦，客官快走！”我佛慈悲，我把脚抬到一定的高度迈过去疾行，以示我的敬意！

采菊东篱下，把酒煨在炉边，采槐花于刺枝，还有那栩栩招展的地耳子，等等，这些上天赐予的美味把时兴的胃口撩拨。

人们不是喜欢陶渊明、孟浩然的田园生活吗？来吧，来吧，村人已将“鸡黍”置于桑麻院落，曾经高人雅士所独有的乐趣，那朝那代的独家闲适，我们也可以尽情地去体验一回了。

千村转岁华，牧童竹马；彩霞有脚，经百姓人家；月明无犬吠窗花，雨过有人耕绿野，村村桑麻。

---

① 程俊英译注：《诗经译注》，上海：上海古籍出版社，1985 年，第 265 页。

葛藤爬满角落，纠缠了茨架；蔓草纵横到山崖，掩盖了野猪的足迹；阔叶林、针叶林一律地撑开楼房般的躯体，搭起了阴凉的穹顶，炎夏在此彻底失去意义；箭竹一律地箭杆一样粗细，孩童一般高低整齐，蔓草一样一望无际，它滋养的儿女——熊猫哪去了？我在沧浪山巅惊喜地看到第四纪冰川劫难的幸存者箭竹，不禁搜寻与其互为依存的熊猫踪迹。乳娘尚健，乳儿安在哉？

深不可测的植被逐日逐夜地自我强化，原生的气息便是充沛的氧吧，负离子管饱，一天到晚都似清晨，其清新是现代大城市一万个清晨叠加都无法比拟的。

摊开《山海经》，可以找到那个年代的树种：梓、杻、栎、檀、樟、若木、楠木、灵寿等，古老得通灵，用它们做屋可福佑千秋万代。还有那古人疏漏了的红豆杉、剥皮椰、八角枫、珙桐、花梨、银杏、紫檀等高古且颇有世纪感的林木。它们的吐新，给了百灵欢叫的灵感，那婉转轻盈的鸟声与淙淙作响的山泉和弦，似一曲森林天籁悠悠地萦绕在耳际心间。

始于4亿年前泥盆纪的蕨类从草本到木本，在此都不缺席。最招人爱的还是那薇菜，是先秦时就被人们所关注的爱物，它初生的模样颇有伊斯兰小姑娘的灵性，肉乎乎的殷红的秆子上是蜷曲颔首的头，头又罩着一层类似乳白色纱巾的头网，犹抱琵琶半遮面的羞赧状，常常躲身于远离人们足迹的蓬草深处，真正是养在深闺人难知。“采薇采薇，薇亦柔止。”① 趁鲜炒肉，口味绝佳。然而那柔柔的、求救式的躲闪，忍心采？心疼都来不及呢！

和薇菜共姊妹的拳菜，开朗大方，满世界地疯长，在它探头探脑爬出草丛那一瞬，随即下手，一篮一筐，开水里打个滚，凉拌，好开胃。

---

① 程俊英译注：《诗经译注》，上海：上海古籍出版社，1985年，第302页。

凤尾蕨、铁线蕨、蹄盖蕨、金星蕨……它们是丛林下的水蛇守望者；游走在山鼠洞口的菜花蛇果腹后，大多归来，在开枝散叶的蕨蓬下栖息；已成精的“树蕨”亦称桫椤，挺拔成林，怪怪的，阴森的，把你的目光直朝地球初始的岁月拽。

《神农本草经》为它们立了谱系，李时珍当年为这类具有中药意义的“蕨”验明了正身。

雾霭在这不打紧，黄尘没袭来，远处的高山林野已然将其过滤，飘过来的只是雾，湿湿的，润润的。

没霭的雾，轻柔曼妙，所有的嚣噪都臣服在她的宽怀里。

雾在身边时乘车最好，感觉行车如行船，穿行在云纱的裹挟里，有点八仙凌云的味道。司机在不停地擦透视玻璃，乘客却个个像小姑娘似的向窗外挥手，手里似有纱巾，向窗外的群山深情款款地打招呼。

黄山是雾的宠儿，郧阳亦是。

因为雾，黄山许多景点名称都有雾的影子，诸如北海、猴子观海、紫云峰等；郧阳的雾不似黄山定型，不独属某峰某岭。它时而铺天盖地，一览无余；时而天际一线，纱巾一缕；又时而天高云淡，朵朵如棉，只在林梢顶端，那叫“岚”。

“过山岚可掬，度月色宜看。华实从兹始，何嗟岁序殚。”（唐代穆寂《清风戒寒》）

露为山护肤而来，春来时它挂在嫩绿的叶尖，悬在花蕾那粉红的脸上，夏日里知了高声喊着“热得要死，热得要死”，露珠及时滋润了它们的嗓音。十分渴求高洁，本来只能坚持数天的娇贵生灵，却在这厚待众生的天地里，可以坚守七至九年的生命极限，脱壳脱俗却不脱人们的视野。

白露为霜的秋冬，松针显得针针玲珑。

松柏不计年，却把岁月驻。

天光云影美化了每一扇窗，给这座太古城市带来了无限的自足和福分。

这里的岁月不用打扫，它积淀了太多的宝藏，有太极、阴阳、八卦、神农氏的采药架、《黑暗传》里的神话……

城有根，人有道！

二、往事逡巡

带着这样的情怀，我来构思这座城市往事的来龙去脉。

我不想依照狄更斯的《双城记》模式，以城市为凭借缔造穿梭在城市的人物的矛盾冲突，亦不想按《考工记》的技术文本去解析一城一街一道的构造，给读者说明点什么，我只想走在它们的边缘，用我的灵感和知识，为一座灵魂不朽的江边古城讲述其沧桑之花和斑驳朝夕，让那些梦魂萦绕的逝城遗民们感怀有记，做梦有根，清风旭日下谈资不匮。他们为逝城久久存怀，念念不已，万千泪雨，滂沱成河。只因它祖脉深潜，生存养人；只因它栖息心灵，精神至上；只因它造化无尽，功德昭彰。千层万层，多少年来，我走在这掩映了古城的平旷无垠、复不见人的莽莽泥沙之上，泪眼总会穿越深不可测的足下，恍然可以看到那东菜园、西关街、南门、北楼，痴痴呆呆，凝神凝思；也总会幻然悠然，眼前依稀走来那些优哉游哉的先前人们，擦肩一眼，目视讶然，执手相看，心绪如风。整整半个世纪了，依然宛如昨天，不觉又相隔天远。尽管时间无羁，可逝去的时间却永远在那儿停留，某年某月，某个雨晨，某个伊人盼归的时辰……这样迷迷醉醉，天壤相接，顿然泪又崩溃。

当年明月在，悠悠彩云归。

我曾在晨曦中，步入山西汾阳的陶寺，叩访传说中的尧都。黄土垄头，没有想象中纷攘的人群，只是宁静，苍茫深处的宁静！但见汾水抱养，平水有滋，黄壤平畴，干沟断岗，一派不曾惊世的安谧。塔儿山倚着天际线，朝阳抵达山巅，霞光落在陶寺一排半圆形观象柱缝里，投影在前面的核心圆上，这是尧的时代观测一个太阳回归年中20个时令的观象台（最初观测二十四节气的方式）。摩挲着当今天文学家依据出土文物复制的根根灰褐色柱子，回眸《南齐书》里一幅幅镜像：亲量圭尺①，躬察仪漏②，目尽毫牦③，心穷筹策④，考课推移⑤……圣人那年那月的身影，好生真切地出现在我的视野。拜尧帝所赐，我还在博物馆里参观到考古呈现的280万平方米宫殿遗址，“尧天舜日”，一代代的远古传说被生动重现，照亮了所有的记忆和典籍，也照亮了我的敬慕。我感到我们的郧阳古城有着它的血脉赓续，也有它的历史与光彩。在那个万国纷立的鸿蒙时代，圣君尧帝以他的智慧为华夏界定了“中国”的初始定位，一个伟大而居于天下之中的民族从此受四方仰视拱卫。地处神秘北纬32度线的郧阳，亦有华夏坐标之核心的天设，始终以“核心”的存在与尧都“中国”的轴心相呼应，我站在尧都，遥望郧阳，联想浮翩。

河南殷墟，曾为中国公元前14世纪的著名帝都，三千岁不老，风华犹在。自盘庚迁殷后8代12帝273年的辉煌历史长卷曾在此猎猎迎风，巍巍然日月可鉴。磅礴大剧终了在新型政治势力牧野一战的誓师军歌声

---

① 即测日影长短的尺。
② 即漏刻，计时的仪器。
③ 兽尾毛，喻极其细微。
④ 竹码子，古时计算用具。
⑤ 考课，古时按一定的标准对官吏的政绩进行考核；推移，移动、变化或发展。

里，参与此次改朝换代的“西土八国”，其中的庸、微、彭、濮等参战国，皆为麇国（郧地故国）授意派去。拔山盖世，纪元新篇，有郧阳人一臂之力。我为此特来看看当年先祖们的出发之地和决胜之地，寻觅他们热血奔涌的铿锵足迹。同时，亦慰另一夙愿：朝觐汉字神殿，思接神明之缘。充分使用了具象文字的殷商王朝，以其崇高的历史责任感为我们后人留下了目前尚可见到的15万片甲骨，让我们看到了汉字的盛年和汉语的门面。从郧阳以北的商洛走出去的文字创始者仓颉开创了汉字的元年，书写了天语玄奥，鬼神为之涕泣，而万民因此欢喜。商朝与商洛血脉相牵，郧人与圣哲亦是如此，迄今郧阳“肉码字”依然保留着造字之始的样板。[①] 作为后世子孙，我怀着而今仍享用其文明成果的诚意前来寻求文脉因承，感应那不朽甲骨里的通世灵魂。

我也曾过江踏海到韩国这一有故事的邻邦去看看，看看那里还有多少彼此的命脉迁延，有多少过往的留言。我们的历史典籍不止一处向我们吐露出这样的陈年旧事，说远年的这个半岛之地、三千里河山，曾是商纣王的叔父、被孔子敬尊为商末“三仁”之一的箕子率五千人马所开之疆、所拓之土，定邦后名曰箕子朝鲜或“殷”，也就是朝鲜语的“依燕颖”，政治生命绵延至中国的汉朝时期方改朝换代为卫氏朝鲜。与此同时，南部地域还有一个叫“辰国”的部落联盟，被韩国历史学者称为“三韩”（马韩、辰韩、弁韩）的前身，与北部有着别样的史篇。我要关注的就是这个辰国版图上的韩氏血脉，他们并非箕子后裔，他们所拥戴的“韩”，从种族到政治符号，数千年情意殷殷，这有何种缘起，何种命契？他们不忘故国，“韩”是他们恋恋不舍的精神图腾和基因标记。我在韩国的汉江沿岸游走，

① 胡思勇：《风云深处的跋涉 胡思勇作品集》，武汉：湖北人民出版社，2004年，第397页。

穿行在一片房屋低矮的曲曲小巷，思索那些颇似中国汉江沿岸地名的含义，不时回望到往昔的天空，隐隐嗅到一丝远古的气息，这就是中国汉江的文化根底以及中国汉江郧阳文脉的蛛丝马迹。

四方归来，我感到郧阳这枚千秋文化种子随处飘扬，亦感到无处不在的彼此守望之情。

柳暗花明碧江深，雨余风软碎鸣禽，迟迟日，犹带一分阴。

三、历历赓续

述说郧阳这座古城，当然要说说它在人类文明史上走过的路。

我在研读郧阳考古发掘的物质历史材料中，发现拜汉江所赐，100万年前“郧县人”在此完成了旧石器文明的演进，其文明脚步不迟于黄河沿岸的先祖们，亦不迟于长江以南的先祖们。这里北携仰韶文明之手，南搭河姆渡文明之肩，以毗连南北的历史担当刷新这方山水的新纪元。从青龙泉-大寺文化遗址考古情形看，它呈现的生产力和生产关系已相当可观：农作物的种植、动物的家养、生产工具制作的成熟、产品如陶器的审美与工艺、家庭观念的形成、族群的出现……可以想象那时人们的生产生活已相当规律化、秩序化，顺天应时。看来炎帝尝百草，在巍巍神农架搭架采药，为生民疗疾祛病的传说，有相当的现实基础。从汉江下游的随州到汉江源头的甘肃天水，都有炎帝的故事传说，都有他不泯的足迹，这个人文始祖毫无疑问是那个智慧淬火时代应运而生的一代圣君，他代表了汉水之滨的初民们的奋发有为，代表了这里部落社会化程度不可低估的水平。从炎帝的文化口碑我想到汉水流域那个年代风起云涌的方国文明，雨后春风，遍地开花，这显然是炎帝经略汉江的政治显绩，亦是其贻后数千年的政治遗产。他缔造了哪一个方国，从属于哪一个方国，我们不得而知，但这些方国都有他那“健生民、务稼穑”的思想烙印。就有限的资料来看，从炎帝到黄帝，再到尧、舜、禹绵延至楚国，在郧阳汉江沿岸崛起的方国就有数十个，房国、微国、麇国、庸国、�（郧）国、彭国、绞国、罗国、均国、旸国、缰国、蜀国等，密集如林，这些都是具有了一定农业生产水平和守护劳动成果实力的城邦，郧阳和郧阳城的元年应追溯到这一时期。一个方国势必有一块成熟的领地，一块领地势必有一个族群相对稳定的家园，一个相对稳定的家园势必有一个牢固的建筑依凭。在考古发掘中，我们发现“大寺”遗址中夯土围墙已具有早期城墙的影子，居住格局俨然，攻防兼备，说明方国时期的人们就开始了各自为营的建设。

从后来的大郧阳空间来看，这些方国理应统统归属于郧阳，倘若一定要找出一个或几个与后来郧阳城基本吻合的方国遗址，我认为上至麇国，中至邧国，下至绞国，这三个部落族群的城址相对接近，绞国更具代表性。绞国是个历史悠久的部落领地，此前的近千年里他们依托郧南这山、汉江这水，上山打猎、下河捕鱼，在开阔的河岸和狭窄的山坳里种地、纺棉绩麻，自给自足，生活得相对安逸舒适。他们应该留下却没能留下丰富的文字供后人传诵，仅《左传·桓公十二年》记录楚军对该国攻伐时为之留下一句话而已，想必大量的文字史料都在后来的大国吞并中焚为灰烬。孔子修《春秋》得见百国文献，也许都没能见到汉水流域这些方国的“国家”文典，即使周代这个重视历史甚于现实的朝代，专设外史官吏对各个地方史志进行搜集，也没能保留系统的方国史，汉江沿岸的小方国就更难进入王朝史官的法眼了。对于这样的史料，近代学者梁启超认为，往古的方国史不过一个府志、州志、县志而已，后人取其历史过往中某一事一言就可以了，设若全面保存，王朝做不到，该方国断然更难做到，因为大国对他们的摧毁是彻底的，销毁所有文字资料，不留一丝生根发芽的机会。

楚国在公元前6世纪荡涤汉江上下所有方国后，不再保留曾经的方国体制，而是设立了一批县级行政区域，将一批训练有素的王公贵族迁入，将曾经的历史打扫得干干净净。楚国在郧阳一带先后设置的钖县和上庸郡，一直延续至汉代，此间郧阳县址当以钖县县址和堵阳县址为归依，行政归属这些区域。堵阳县持续到晋太康五年（公元284年）置郧乡县，县级行政中心下行至现今的郧阳城一带，地势相对平坦开阔，北岸是坦荡无垠的武阳河滩地，又有丰腴阔达的黄土山岗，南有柳陂三川，岸柳扶风，荷花皎然，数十里四季飘香。这个行政定位便是当时的郧乡县，也就是古代地理学家李奇曾经误认为的郧子国，实质上的绞国区域。至公元1277年，郧乡县历经千载更名郧县，县址蔚然壮阔。该县址经公元1476年大规模恢拓，由县城升级为府城以及抚治所在地，成为8府9州65县行政中心，郧阳城鼎盛至极，汉江上下无所能及。延至1967年丹江库区开始蓄水，数千年城址变为泽国，郧阳城春秋束之高阁，不复言说。

“肃肃兔罝，椓之丁丁。赳赳武夫，公侯干城。肃肃兔罝，施于中逵。赳赳武夫，公侯好仇。肃肃兔罝，施于中林。赳赳武夫，公侯腹心。”[①] 叮叮咣咣敲击木桩，布下张张猎网，这些雄赳赳的武士，是守护公侯这座城池的盾牌铜墙。布下张张猎网，在那宽阔的大路两旁，这些雄赳赳的武士，是公侯梦寐以求的守护这座城池的勇将。布下张张猎网，在那广袤的丛林中央，这些雄赳赳的武士，是公侯得以安心驻跸这

① 程俊英译注：《诗经译注》，上海：上海古籍出版社，1985年，第13页。

座城市的心腹力量！这首悠远的周南民歌，我曾深情地吟诵。我认为作为地理方位上的周南，历史上的郧阳在其中，该诗记录的“赳赳武夫，公侯干城”许是先秦郧阳城池上久远的雄风，公侯就是当年的绞公，“赳赳武夫”就是同仇敌忾的郧地军民。他们的战略战术雄奇而神秘，密如蛛网，诱敌入彀，他们等待的绝不是一只不值一提的小兔，而是劲敌“於菟”（大老虎），敢于应敌，敢于胜利，他们守护了绵长的太平和安宁！

四、城市缘起

“筑城以卫君，造郭以守民”（《吴越春秋》），远古的郧阳城市是从这样一个出发点开始的，从尧都看、从殷墟看、从韩国汉江之滨的首尔看，大抵也不脱离这样一个动机起点。城者，据守之重地，这应该是城的原初意义。它以四周环绕城墙为基本标志，又以里城外郭为格局，陈兵布防。城门按时开闭，货物聚散，四海来者不拒。学者们称早期的城市为据点城市、把守的要塞，我们的水下郧城原本也不过是一个守卫某一族群的据点而已。这种据点如蜂巢，越做越大，越做越诱人，于是，逐渐成为不同于乡村生活格局的经济生活之地，成为人口密集之地。西方人说，上帝创造了乡村，人创造了城市。这是说城市的发展是由文明的人一砖一瓦建起来的，不具备神赐的意义。

城者，盛也，盛满人口之地，如黍稷之在器中！

遥想原始社会末期蒙昧渐启，生产发展，私人财富累积，部落及部落联盟间便彼此攻伐掠夺，甚或掺杂原始宗教偏见及血亲复仇等战争。为此，筑城自守就显得非常必要，“城”应运而生。

把“城”和“市”合并使用，较早见于典籍《韩非子·爱臣》和《战国策·赵策》。韩非子说：“大臣之禄虽大，不得借威城市。”是说大臣的俸禄即使很多，也不能让他们凭借受封的城市来造成威势，危及王权。《赵策》里所提到的“城市”是韩国上党郡守冯亭与赵孝成王对话时提及的，冯亭对赵王说：“今有城市之邑十七，愿拜纳之于王，唯王才之。”意思是说，韩国的上党郡有十七座城，不想归属于秦（尽管当时已被秦军切断了与韩国的联系，实质上已被秦收入囊中）却想归属于赵，希望赵王您决定可否接纳。这十七城实质上是冯亭及韩国国君扔出的烫手山芋，他们借此拉赵抗秦，把赵拖入战火。糊涂的赵孝成王欣然接纳了。后果很严重，那场很有名的长平之战，40 万赵兵被坑埋就由此而起。这里使用的“城市”特别是“邑”这样的概念，让我们看到公元前 3 世纪初的郡县城邑业已处在军事争夺中的情形。

杂音不入耳，城市依然在大踏步迈进，因为它确实是人类走向成熟和文明的标志，是人类群居生活的高级形式，伴随人类文明进步与发展。工业革命后，农民不断涌向新的工业中心，城市获得了前所未有的发展，城市化进程大大加快。而今城市林立，又有人向往乡村。这似乎也暗合了“道”，也许城市与乡村本就无本质上的区别，正像是人的安居乐业与勤奋工作一样，顺其自然地交替着自身的位置。

城市，让生活更美好；乡村，让生活更踏实，更有归属感。

五、风水命脉

美国作家梭罗这样谈及他的使命感：诚然太阳升起的时候我从未在实质上助它一臂之力，但毋庸置疑，更为重要的是在它升起的时候我在场。是的，天地万象，悠悠万事，我难以时时出现，但我心在情在，亦是尽力。一座千秋古城运走了多少土石方，垒起了多少青石砖，开凿了多少壕沟，我思绪的触须伸向它的苔藓瓦甍、酒巷里弄，也算一份赤诚。

即便城市的发展远离了自然，疏离了人相亲、天相近的关系，但这些对城市的过激言论也只是一个口头上的说法而已，毕竟最富集的文明资源在城市而不在乡村，人们始终需要城市，依赖城市，拥抱城市。

我记忆中关于郧阳古时建城选址就有这么一个传说，说县令在汉江南北两岸踏勘，物色了三处不错的可以建城的地方：一处是沧浪山（水下郧阳城背靠的一座小山）下一片浩瀚的江岸，一处是溯江而上约七十里的青曲镇前后防村，一处是堵河南岸的柏林村。三处选址，不分伯仲，均为建城的适宜之地，淘汰哪一处都不落忍①，且三处村民都盯着，各自齐力要求把城建到自己家门口那土地上。争论不下时，县令只好拿出一个笨办法，让三处各用升子装一升土来过秤，哪里土重就拍定哪里。这个简单的筛选方法据说源于对土地“含金量”的苛求，基于这个要求，沧浪山下的人们多了个心眼，在土里掺进了铁粉，结果这里就胜出，其他两处老老实实不掺假，前后防村土质最轻，秤杆下跌，柏林土质刚好达到标准，秤杆持平。前后防村留下了“前防”“后防”这个具有竞争意义的名字，柏林那里留下一个“斤平”的地名，这名字迄今念念有记，似乎还在为这个土质“含金量”的“平”和“旺”纠结不已。

一座城市的选址有这么简单吗？绝对不会。

一次筛选几个地方再行选择是可能的，但最终的取舍不会采用如此儿戏的方式。古人老早就有了风水理念，用风水标准选择城址是不二法则。郧阳城选址沧浪山下一定与其风水殊胜有关，绝非掺入铁粉所能争

① 郧阳方言，不忍心的意思。

胜的。古人风水学说中贯穿的一条主线就是生态环境选择思想，这种思想有一个漫长的发展过程。旧石器时代，人类还只是本能地选择生存环境，被迫去寻找既能躲避自然灾害，又有丰富食物资源的地方居住。这是一种下意识的环境选择。由下意识的选择逐步过渡到有意识的选择，经历了旧石器时代上百万年的时间。新石器时代，人们已经积累了一些选择环境的经验，比如居住地点基本上都选择在河流沿岸的台地或阶地上，或河流弯曲的地方，或依山傍水、背风向阳之地，或大河下游平原的土墩上，或沿海岸边的高阜冈丘上……大多以山南水北的阳地为最佳方位。此时人们已具备了一定程度的环境选择意识，也可以说出现了最原始的相地术。商代甲骨卜辞中有“卜问在唐土作新邑是否合适”的记录，这就是环境选择思想的反映。周代多次迁都和营建新邑，每次都要相地，勘察地理环境是否合适。《周礼·大司徒》把当时相宅的目的讲得很清楚，说相宅是为了选择一个好地方发展生产，使生活更富裕。以后历代都有都城或城市、乡村聚落与家庭选址的理论。

《管子·乘马》中提出了因地制宜的城市选址和规划思想，明确告诉人们：“凡立国都，非于大山之下，必于广川之上，高毋近旱而水用足，下毋近水而沟防省。因天材，就地利，故城郭不必中规矩，道路不必中准绳。”① 这个观点被后来的风水学家推广到一般城市的选址标准中。古代城市选址多半以龙山为吉地作为城址的最佳选择，在考虑生活区的同时，一并把阴宅地也选定，故而以山的气脉集结处为龙穴，龙穴可做墓地，亦可做阳宅建居民区。

以上这些理论法则在山南水北的郧阳古城有所体现吗？有，有充分体现，远古的郧城、后来的新筑，都体现了这些章法。其东南西北，后

① 管仲撰：《管子》，梁运华校点，沈阳：辽宁教育出版社，1997 年，第 11 页。

山前水，左抱右怀，一切都与风水相合，无可挑剔。那是一座经典之城，多少人怀念，自不待言。别梦依稀，故园悠悠，赤子怀德，步履携风。年复一年的深长回声能否召回一抹霓虹？萍花不老，梧桐不凋，烟水茫茫，苇絮长长，乡愁萦绕心房，浩渺长空下，我捧丹心痴痴守望！

第二章　城下之盟，远古郧城的模板岿然可鉴

开山削谷，撑天扩地，汉江宽广浩渺，在秦巴走廊荡开一片水天迷蒙的大千世界。“汉之广矣，不可泳思。汉之永矣，不可方思。”①早先的人们就为这汉水的宏阔所惊诧。在求爱者急切的眼里，这河水宽，宽得游不过去；河流长，长得几乎不知所终。隔河隔水，此岸男子朝思暮想那彼岸姑娘，想得都坠入非非之境了，河水也还不给方便。汉江不懂男孩心，那个相思之苦够闹心啊，向谁诉？向诗，向歌，向爱神，向灵台，于是就有了这《诗经·汉广》，有了回眸汉江初民那清纯之爱的一段难忘的情侣牧歌。

江水在这里绕了一个大弯，北岸是绵亘天际的秦岭延伸线，南岸就是白垩纪后期留下的一片湖泽，岸柳成荫，荷花沁心。碧浪滔滔，直下东瀛，千帆竞发，来去无忧。据守一岸，驭御江流，镇守万方，不亦强乎！

一、结绳记事，以绞名国

这里叫堰河，亦称大寺，距现今郧城不足 10 千米。20 世纪 60 年代初，考古学家发掘该区域时出土了大量与仰韶文明同期的文物，此处考古名曰“大寺”，科学出版社出版的《青龙泉与大寺》对此有详细介绍。谭其骧的《中国历史地图集》也将其标注为早期的郧县中心地带，所以，我在此把它作为郧阳远古城址来记述，而不是以当时方近的麇国、

① 程俊英译注：《诗经译注》，上海：上海古籍出版社，1985 年，第 17 页。

罗国、濮国等为其原点，这与我此前出版的《万古一地——郧阳》中将麇国视为郧阳先祖国的说法似乎相悖，其实并不矛盾，只是将先秦的郧阳政治文明史前推了一百多年而已。诗无达诂，文无达诠，史往往也存在这样的问题，尤其当后世的考古与前世的文字历史相遇出现扞格时，就会有难以达诂的现象出现。郧阳先秦时代，从麇国说起或从绞国说起，不存在矛盾，只是早晚的问题，它的历史遗存以及文献标识，都已足够支撑一个早年郧阳故城在此存在的事实，而且它距现今郧阳城址很近，就在现今郧阳城关镇境内，其他方国遗址都相对远些。

考古揭开的仰韶时期的大寺，走出洪荒来到了文明田埂上。当时有一位先民首领，我们据他后来建立的方国绞国，尊他为“偃君”。他率这方黄土地上的一群儿女们唱着“日出而作，日入而息，凿井而饮，耕田而食，帝力于我何有哉”的歌谣，怡怡然地进入早期农耕与狩猎时代。瞭望天下，此时乃是人类社会形成的童年时代，是尧天舜日的黄金时代。稗子、燕麦、莜子等原生草类植物，从野草中被挑选出来，经千薅万锄，渐渐褪去粗糙的质地，成为光鲜的庄稼，名以稻、粱、粟、麦、黍、稷。他们不但种出庄稼，还学会了加工粮食，把稻子褪去谷壳变成白花花的大米，把燕麦在磐石中磨碎，加工成麦仁和面粉，麦仁在三足鬲中旺火煮沸，炊烟袅袅，飘出成熟的沁人心脾的五谷香味，麦面揉成面团放进火中烧成别有香味的饹饹……田地杂草被拔去，轸石被掀开，丰壤的土地肥沃而温润。他们引水筑堰，堰渠纵横山谷，连接各个族群，于是姓了“堰”，为彰显人的意义，遂将“堰”更为“偃”，就是偃姓。偃君和他的子民们驯服了凶残的野犬，让野犬温驯地伴随在主人左右，獠牙狰狞的野猪被他们圈养日久，一改野性，驯良地听从他们的话。他们娴熟地使用传统石斧、石锥、石刀、棍棒、骨针等工具，以及开始烧制纺轮，使用泥土，进行简单的纺织，制作罐、盆、缶、瓮，储存粮食、加工饮食、研制器具，开始有质量地生产。耕作豢养，制衣炊食，万物皆备于我。

偃地人人已是聪明灵巧、顶天立地的人了！

将山草搓绳，以绳记事、以绳结屋，绞茅固草，他们步入了属于自己的岩屋时代，就此开始了创世之初生存方式的改良。结绳，是劳作的下意识动作，一不留心，偃地人遁入了数字生活，解决了物质纷乱无序的挠头之事。一事一结，以后看到这个结，就会想起这件事。两件事，打两个结，三件事，打三个结，如此如此。打多了记不住怎么办？偃君告诉人们，每天大体能做 60 件事就事先打 60 个绳结，每做完一件事就解开一个结，解完最后一个结还有事要做，就重新再打 60 个结，这样以 60 为单位，多少就心中有数了。打败一个部落，从这个部落如果获得 30 只羊，40 只鸡，20 个男性俘虏，30 个女性奴隶，怎么记？可用一根横向的粗绳，涂成红色，红色表示成功，表示喜庆。下面四根绳子，第一根绳子用羊毛编制，绳子上段打上三个小结代表“三”，末尾打上一个大结代表“十”。第二根绳子用麻绳编制，把鸡毛绑在一起，上段打上“四”，末尾打上一个大结代表“十”。第三根绳子，用男人的头发编麻绳，编制成中等粗细，象征男人，上段打“二”，末尾打大结代表“十”。第四根绳子，用女人头发混合麻绳编制成细绳，上段打“三”，末尾打大结代表“十”。这就具体有效了，一根胜利的红色粗绳下面四根绳子，第一根是羊毛绳，上面打着“三”和“十”，第二根是鸡毛绳，上面打着“四”和“十”。第三根是男人头发麻绳，打着“二”和“十”。第四根是女人头发麻绳，上面打着“三”和“十”。什么战利品，多少战利品，都一目了然。当然这个发明创意不独偃地人，智慧启蒙时期，各地人都在开动脑筋，大开脑洞，灵光四射。

这时从商南过来一位姓侯冈的智者，他是仓颉（仓颉姓侯冈，名颉）的第五世孙，他们那里早已熟练使用起结绳之法，并由结绳而造字，他来到偃地就是要交流各自的做法和创新点子，进行智慧共享。他的五世祖仓颉常观奎星圆曲之势，察鸟兽蹄远之迹，分类别异、搜集整理、依类象形、创制文字，因尊天循道的文字创举被后世人们尊奉为造字圣人。对此，后来著名典籍《周易·系辞下》也有记录："上古结绳而治，后世圣人易之以书契，百官以治，万民以察，盖取诸夫。"后人因之为文字书记。

智者来到偃地，与偃君一见相倾，互道敬慕。一住数载，秘传祖宗造字之法，并教授伏羲到洛水传授给他们的由结绳记事获得灵感而通悟的八卦占卜之法。很多年后，这里的民间还使用一种用简洁笔画标识出的肉码字，这字简单如初，只有横竖、撇折、弧形弯钩等笔画，和图画标识差不多。它的原始性十分细微地呈现出原初时代人们的灵异。另外，当地民间仍在使用蓍草占问吉凶的做法也可导源于那个年代。

一个绳结一件事，好不笨拙，但笨乃巧之母，数字文明和书写文明的纪元肇始于此。悠悠万事，唯此为大，一时之策，一结万世。心似双丝网，中有千千结。绣带合欢结，锦衣连理文。交丝结龙凤，镂彩织云霞。一寸同心缕，千年长命花。"结"从此结出青年男女的缠绵，结出多愁善感，结出忠肝义胆。结义、结社、结拜、结盟、结亲、结发、结婚、结合、结姻、结果、结局、结束……不一而足。

文之始，人之圣！

人头攒动，一个部落一个部落的人群形成了各自生活的板块，他们当然听命于首领偃罴的调遣。偃氏承袭黄帝衣钵，沐浴炎帝惠风，顺天应时，守土有方。又得商洛黄河文明助燃，曙光焕发为普天阳光。人们打造乘风破浪的运输船只和精巧灵活的战船，西进巴蜀羌氏，东下荆襄楚吴。上下求取，学来筑城方略以及青铜采冶之术。看到各地部落抟土成城，遍地开花，偃罨也有了自己的宏图，在这汉江风水地，应该建一座象征汉江世纪的城郭才是。现今人们三五散落，各立门楣，不成气象，需联家串户，毗连相因，恢宏贯通，形成万椽千门临天下之局面。建座城有规制吗？有。先民早已有标准："匠人营国，方九里，旁三门。国中九经九纬，经涂九轨。左祖右社，面朝后市。市朝一夫。"这一基本规则被后来的人们写进《周礼》，作为周朝诸侯国乃至后来诸侯建城之定制。

迎着造城的梦想，偃罨着手开发新的生产资料，他要用一种金属来替代石头、木具，这就是青铜。他在高山上找到一种颜色碧绿、断面纹理与孔雀羽毛相似的艳丽矿石，该石一经碰撞即迸发火花，原始人以此获取火源，这是一种绝好的铜矿石。偃罨动员人们开凿搬运，船运至汉水下游岸边炉火熊熊的冶炼厂，那里的先民已从石器加工和烧制陶器的生产实践中掌握了必要的高温知识、造型技术，可制造相应的耐火材料、造型材料，拥有了青铜冶炼锻造术。这里炉窑遍布，炉火熊熊，燧人氏的智慧大放光芒。

带着优质的铜矿石和上好的山地贡品，他们前来长江借光，偃罨由此获得了最新的智力启迪和坚挺的生产力支持。他们得心所愿地带回大量冶炼好的青铜材料、青铜器具，带回青铜器制作方法和青铜实用知识，运用到生产生活中，提升狩猎水平，提高耕作效率，改善生活质量。由此，这里的人们一下子体味到一种前所未有的人生快慰：原来箭镞可以如此尖利而有强度，刀锋可以这样的锐利，挥手间就是一派利落与快捷，炊烟从铜鼎里升起，那熬煮的食物竟然散发出不曾嗅过的香醇味道……大家好生惊喜，惊喜这盘古开天以来又一次开天见日。毫无疑问，这是旷古崭新的一天，是继创制石器、棍棒、陶器以来最明丽的一天。感谢偃罨，是他这个智者，助燃古老汉江智慧，开启了汉江又一新纪元。

二、因冈为墉，峻不假筑

城建何处？偃罨立杆测影，观天星而察风水后，认为堰河里山一带藏风聚气。地势临水而远水，左右雄山凭依。宇宙间唯山为大，山能通气，城市要依靠高大山峰来充实其浩然之气，即先祖所言“既景乃冈，相其阴阳，观其流泉”（《诗经·公刘》）之理念，“大举九州之势以立城郭室舍形”（《汉书·艺文志》）之眼光，城市乃人聚之处，衍息之地，山川之间应相宜冲和，且能加强一方山城之气。堰河山川形势有利，成为首选。

因冈为墉，峻不假筑。立定堰河，随而方圆几十里人群蚁动，吆喝阵阵，大道铺展，林木下山，夯土成墙，屋宇成片，一座城郭相属、男女联袂的市井景观呈现了。

城有了，国何在？偃罨决定建立一个属于自己的国家，这个国名“绞”，绞绳起屋，结绳记事，由此开始有声有色的生活，这是值得纪念的。绞国，一方对外封禁、对内护卫的领地，相对于王朝天下，它是个基层政权，相对于后来的国家机器，它只是“小具也，可以小人有也，可以小道得也，可以小力持也”（《荀子·正论》），“甘其食，美其服，安其居，乐其俗”（《老子·小国寡民》）。也就是说它是个满足一个族群的生活圈子，是一个可以自己关起门来跟自己玩的小天地，但它有超出庄园、超出一般居住地的安逸环境。

偃罨身挺气壮，气宇轩昂，结上庸，谊麇国，走百濮，睦邻而怀远，大小事宜相互通气；固河防，强陆路，内拓而外延，绞国熊熊升腾。殷商而下，万事安泰。

绞国与汉江上游的麇国交好，有史可证。1990年，考古工作者在五峰肖家河发掘出一件青铜器，有铭文“缰王之孙叔姜，自乍食簠，其眉寿无谌，永保用之”。这是缰王之孙叔姜的用物，他出师麇国，终老于那里。“缰”在古字里与“绞”通用，“缰”即“绞”。

秦岭势薄云天，巴山壁立霄壤，两扇巨幅屏障成为绞国进出攻守之两翼，而平行游走之中的汉江恰如命脉，把绞国紧紧维系在秦巴怀抱的宏大地理布局上。舟楫上下，万军开拔，东联西结，北取南运，这江水简直就是一道横空的天际银河，渡过它、穿行它，世界就在眼底，世事就在掌中。

偃罨子孙绵茂，立氏百家。或命其缰氏，以纪念其绞索缰绳的远年时代；或命其卅氏，以纪念捆茅作屋的那年月；或命其贰氏，以警戒其忠于国君勿生贰志；或命其轸氏，以缅怀创制战车的那些难忘记忆；或命其萧氏，以纪念其栉风沐雨、沿江拓荒，在萧萧江风中奋发前行的历程……偃罨谆谆告诫儿孙、百姓：安居乐业，睦邻怀远，不事挞伐，不攻城略地，不起甲兵而王，不用刑而治，不逞一世之雄，但求万代吉祥，发扬炎帝汉水匍匐为民遗风，男耕而食，妇织而衣，彼此无存相害之心。

偃罨之后有儿子偃群舒即位，江山稳固，绞地富庶，汉江浩浩汤汤，带来各地先进技术，催生两岸丰富物产。

偃群舒后传十世至西周。当其时，商周并存，周文王驾崩四年后，武王不愿再忍受两朝并存局面，尤其不愿看到纣王的残暴，决定联合四方诸侯并力讨伐，彻底推翻商朝，一统天下。为使天下归心、四方听命，周天子向朝野及各国号令：“各友邦郡主及大臣，管民众、管军事、管地盘的主要负责人，带兵的各级将领以及庸国、蜀国、羌国、髳国、微国、卢国、彭国、濮国的君主们，你们要整顿好队伍，拿好武器，排列好阵势，一起参加征讨无道的战争，要奋勇向前，不要退缩。”这是一场准备非常充分又做足了宣传动员工作的战役，因而，仅仅是一天时间，胜负就显现，天下胜局随之敲定。此场决定乾坤的历史大事件，周武王拟定的八国参与者中，虽无绞国之名，但绞国积极声援了这场正义之战。牧野之战，周朝走到了历史台前，绞国也被带到了诸侯各国的争端中，想闭门自安、不问世事也难了。战争使不同的政治势力欲望膨胀，原本守土固疆、不事张扬的绞国，其一贯的安民之道被深深影响，千年以袭的小国寡民愿景以及小康安保时代不期然被扭转。

从丹江到汉江，楚国由小到大，由弱到强，发展壮大。站稳汉江的楚君熊渠遂向汉江上游的庸国示威，绞国暂时未受到威胁。

三、卧榻之侧，楚人崛起

大周之初，勤王有功、做过周文王老师的周大臣鬻熊的重孙熊绎，被周成王赐以男爵，封到了绞国毗邻的商南之地。他看看中原，望望荆棘满山的终南之野，不禁有些五味杂陈：这是什么地方啊，千年前的尧帝之子丹朱虽赋予了这片峻岭崇山以文明风尚，可是后来的朝代似乎忘却了这一带，奇石榛莽，苍苍然渺无人烟。一番怨语后，他开始振作：毕竟有了立足之地呀！于是他以此为发祥地，向南拓荒，围垦一片领地。

“筚路蓝缕，以启山林”就来自熊绎，他想到艰难困苦，玉汝于成，于是亲率子孙上阵，丹水之畔，商洛之域，一群破衣烂衫的人终日出没于林莽蓬刺，如荆棘鸟一样不畏手刺脚磨，埋头发奋，数辈不息。一百年过去，又一百年过去，山被开拓，地被耕作，家园筑起，城郭耸峙，一切都好起来了。

到了熊绎的第五代孙熊渠，他想到这自先祖以来胼手胝足开拓的疆土，哪一寸土地没有滴下我们祖辈的血水与汗水，我就是我，与你中原王朝何干？该可以称王，成立个国家了吧？于是就称起王来，也将三子各个封王。然而，毕竟觉得非周王所封，名不正言不顺，言不顺则事不成。不久，又悄然把建国称王的做法取消了。或许他想还是再隐忍几代吧，稳扎稳打，好好把疆土拓开再拓开才是。从立足之地到万里无际，周南的天地不再荆棘丛生，当年的荆棘鸟而今成为一只全新的大鹏鸟，以九头之势翱翔在这片蓝天，一个全新的族群——楚人，在南邦正式亮剑了。

楚人喜欢独创，骨子里有很重的不安分基因，他们不愿承袭中原人的道统，有自己的思维方式，有不同于固有礼乐程式的一套说法和做法。如他们创造的词“敖”“莫敖”“若敖”“霄敖”等，或指高官，或指君王；如“澨”“渚”“轸石”，或水之涯，或岸边滩，或嶙峋石；如“郢”，或指都城，或指陪都，“呈”意为王者所在，与“邑”一组合便是王都，真够别出心裁。他们自立自强，创造了种种说法。在数百年的开疆拓土中，我行我素，基本不按周礼行事。

从郭店考古发掘的楚简上那龙飞凤舞的文字看，楚人不断开拓家园的豪情和才情是多么激情浩荡。他们自北向南，从丹水到汉水，从汉北山岗到江汉平原，稳扎稳打，又纵横往返，意志顽强。那位举兵北上将申国变为自己的一个县，同时回头又把自家亲舅的国土邓国横扫一番，在楚国正式称君的楚文王，首次使用“郢”这个字称自己的都城，从此在万邦林立的大周天下，楚的别具一格首先就彰显出来了。这个都城被称作疆郢，即现今的湖北荆门以北、宜城之南那片土地。楚文王的儿子熊艰即位后，他不稀罕帝王之类称号，不称王，自命为庄敖，将都城从大郢，也就是今天的荆门石桥驿至南桥段更南处，挪动了一下，迁到鄀郢，都地也还在这一地区之内，只是向北推进了一些。

四、城下之盟，绞国不国

鲁桓公十一年（公元前701年），楚国第十七代君主、自命为王的熊通命他的大司马莫敖屈瑕领兵向汉江中游进发，分化那里的几个小国，打算先与小小的贰国、轸国会盟，然后带着这两个同盟军再伐随国、绞国、州国、蓼国，以一个盟军梯队的强势收服一个个小国，这是强国的惯常战术。汉北的郧国率先意识到如此一来的危机，尽管楚军并未将其列入此次征服的名单，但其意识到形势不好，立马去策动绞国、州国、蓼国，一同先下手为强，联手击楚，以图共保。可惜小国缺少合作意识，各打算盘，不予响应。情急之下，郧师孤军出手，独自于郊区蒲骚布防，向楚军摆出作战架势。这样的局面楚军应是不难应对，对方又散又弱，可以各个击破，而主帅屈瑕却有些犹豫：郧国为什么敢事先布防，是否已与其他国家联盟？副帅斗廉看准了时机，带领精兵兼程东行，一到就发现仅郧国自己备战，其他国家并未参与，心中大喜，遂集中优势兵力，趁夤夜天黑，一举突袭蒲骚。郧军全力迎战，终因势单力薄，全军溃败，这一仗史称“蒲骚之战”。

唇亡齿寒的道理其余四国应该懂，但它们始终惧怕楚国的大军，没施以援手，这让楚国看到了征服的契机，遂于鲁桓公十二年（公元前700年），找了个绞与郧谋袭楚的借口，兴兵伐绞。

这一次主帅仍为屈瑕。楚师行动迅速，很快越过罗国，渡过南河，即古时的彭水，兵临绞国城南。绞国自知出城迎战难挡其锐，便关闭城门死守。绞城险要，壁垒森严。楚军多次试探性进攻均未奏效，相持一月。楚军疲惫，莫敖屈瑕分析双方状况，认为硬攻无效，只可智取。屈瑕向楚王献上“钓鱼”计谋。他说：“攻城不下，不如利而诱之。”楚王问他诱敌何策？屈瑕说：“趁绞城被围月余，城中缺少薪柴之际，雇用当地人上山打柴，我们军队也派一些人装扮成伙夫混在一起去打柴，他们一定会出城劫夺柴草。头几天，让他们先得一些小利，不还手，等他们麻痹大意，忘乎所以，大批士兵出城劫夺柴草之时，我们设伏兵断其后路，聚而歼之，乘势夺城。”

楚王担心绞国不会轻易上当，屈瑕说：“大王放心，绞国小而轻躁，轻躁则少谋。有这样的钓饵，不愁它不上钩。”却说绞国国君听探子报告有樵夫进山的情况，忙问有无楚军保护。探子说：“三三两两进出，并无士兵跟着。”绞君马上布置人马抢夺柴草。最后事情果如屈瑕所想一般发展，绞君于城下签了降书，史称“城下之盟”。《左传》原文这样记载：“楚伐绞，军其南门。莫敖屈瑕曰：‘绞小而轻，轻则寡谋，请无捍采樵者以诱之。’从之。绞人获三十人。明日，绞人争出，驱楚役徒于山中。楚人坐其北门而覆诸山下，大败之，为城下之盟而还。”

这应该是有记载的最早的一个战败国被迫签订的和约，也就是绞国承诺以后不再参与类似以前的针对楚国而与郧等国合作的联盟，而楚国亦不再攻打绞国，双方不发生战争冲突。应该说这是个不错的结果，只是不谋求针对楚国的战争，自己关起门来过自己安稳日子，这不是挺好的吗？然而，这和约的背后远没有字面上那么令绞国舒心，绞国国君深知这个和约实质上就是个不折不扣的投降书，也是个亡国投诚契约，只是表面上以言和为盟给了绞国人一点面子而已，暂时让绞国保留着自己的地盘不动，放规矩一点，不掺和其他国家对楚的行动就好。这显然也是楚国一时的不得已之举，汉江中上游还有许多令楚国头疼的方国存在，像麇国、庸国、巴国、蜀国都还很强势，不时骚扰，主要精力需要用来对付他们。这些，绞国国君看得很清楚，未来何去何从，需要立马理出个头绪并做出决策，不可晕头晕脑关起城门过日子，汉江上下有了这群荆楚里站起来的人，这个天下将永无宁日了。

“城下之盟”对于被迫签订方，确实不是个光彩的事情。《左传》记载时特别使用了这个成语，是有其深意的。从成语的原生意义上看，绞国倒是值得骄傲一下子，因为毕竟发生在它的城墙下，而且一个方寸小国让一个气吞山河的大国与之言和，无论如何都还是很体面的事。尽管此后楚人对宋国作战，最终亦是以城下之盟收兵，乃至在以后的历史中上演了无数此类城下之盟的军事游戏，但这个成语发轫于楚绞之战期间，作为普世之用产生了比喻义和转义，可谓一种文化贡献。《辞源》就认可了这一成语的源头是楚绞之战，认为《左传》中的记载是成语的基本义。

蒲骚之战、城下之盟，非光鲜制胜之战，但在举世骀荡的春秋时代，能有这样的台前亮相，虽辱犹荣，以国屈君服跻身大潮洪流，为天下风云增情节，于创史舞台立一另类形象，尚属难能而可贵！孟子曰：“春秋无义战。”天下汹汹，四海滔滔，群国混战，这是一种礼崩乐坏之下的自然现象，存亡无妨，有此百国征战，进而有此后的百家争鸣。

根据楚绞战事，也有文本从屈瑕的“钓鱼”策略中总结了另一成语——抛砖引玉，说这种引蛇出洞的做法实质上也是一种抛砖引玉之举，即抛出诱饵引来城内敌方的“玉”上钩，“抛砖引玉”的原生处应追溯至此次战事。这个说法不被《辞源》采纳，《辞源》将《景德传灯录》记述的唐代诗人常建巧取诗人赵嘏的续诗的故事作为“抛砖引玉”的源头。

绞人虽遭受这次战败屈辱，但一时并未灭国，只是低声下气，再不敢抛头露面，不敢与他国走在一起对抗楚国。又过了二十多年，随着楚国的胃口渐大，连续将汉江上下、淮河流域、长江流域七十多个小国灭掉，小国被改为楚国版图上的一县，绞国不想被灭，绞国国君就带着族人撤出堰河城，向汉江下游寻找安身立命之所。他们先是在均州习家店与谷城一带落脚，不建国、不筑城，不保留军事实力，不引起楚人的注意和不快。他们以原有国家绞国之“绞”命名所住之地，此间楚人四面出击，上下用兵，绞人无军事地盘，也就暂得安宁。但当周边方国纷纷被灭，被掘地三尺，扫地出门，远迁他乡，泪眼茫茫，他们也惶惶不可终日，于是索性阖族东迁，经淮河渡黄河，在齐鲁大地的郲国境内住下来，并在此建起一个小小的城邑——绞邑，藏身于郲国羽翼之下，过起自己的小日子。可是好景不长，这里亦不是世外桃源，据《左传·哀公二年》记载，鲁哀公二年（公元前493年）春，鲁军攻打郲国，首先瞄准的就是绞国人控制的这块土地。作为郲国的属地，绞地是一块肥沃的土地，郲国人决定要花代价保护绞地，所以就用漷、沂两地的水田去贿赂鲁国不要觊觎绞地，鲁国接受了他们的贿赂，放弃了夺取绞地的打算，绞人幸免于难。在齐鲁两个大国中，郲国保存了自己的国体，但后来被纳入楚国版图。皮之不存，毛将焉附。没有了所在国，绞人所拥有的绞邑也就不复存在了。但绞人的偃姓始终被族人坚守着，世代以偃姓为传世门面，坚定不移，迫不得已时，随地演化。

五、胜败转身，屈瑕殒命

《左传·桓公十二年》记载："伐绞之役，楚师分涉于彭。罗人欲伐之，使伯嘉谍之，三巡数之。"在进攻绞国的那次战役中，楚军同时分出一部分兵迅速渡过汉南的彭水，预防彭水之滨的罗国出兵支持绞国。此时的罗国也确实有此打算，暗自准备了一支队伍准备在楚军立足未稳之际出其不意地攻打楚军，并派出军事侦探伯嘉前往楚军附近侦察，来回三次掌握了楚军的人数。屈瑕对此非常清楚，于是在攻打绞国的同时，心里已谋定了教训罗国的计划。然而，他没想到的是，以进攻绞国的胜利之师去进攻一个区区罗国，最终居然全盘皆输，最后战败自缢殒命。

这一失败的结局发生在楚武王四十二年（公元前 699 年）春季，也就是与绞国订了城下之盟后的一年。屈瑕征得楚武王允许，矢志要多干点战绩出来，随即带着楚国之师攻伐罗国，楚国的大臣斗伯比亲自出城为屈瑕的军队送行。辕门外，屈瑕的军队雄赳赳，气昂昂，似乎还沉浸在攻取绞国的胜利中，尤其是屈瑕，格外趾高气扬，傲视一切，大有王者之师所向无敌的豪迈和志在必得的傲气。斗伯比详观了将帅士兵的神情，心里不由得倒吸了一口凉气。送走屈瑕的大军之后，随即对为自己驾车的人说："莫敖屈瑕将军此次出征再别想有战胜绞国那样的胜利了，攻打罗国一定失败。""为什么这样说？""你从他的神气上就可以判定，兵书上说骄兵必败，屈瑕走路脚都抬得特别高，心高气傲，这能不败吗?”作为楚国令尹的斗伯比看到这种现象不能仅仅预判一下算了，他要为国家着想，于是，赶紧去见楚武王，并建议楚武王多派些军队去为屈瑕败军后做善后准备。听到建议的楚武王不是立即做出反应，而是走进后宫去与夫人邓曼说及此事。当楚武王把斗伯比观察到的屈瑕轻率的态度说给邓曼后，她给出的分析是:“没必要再增派军队了，斗伯比关心的并不是屈瑕兵力不够，而是说他傲慢，一个主帅的傲慢态度从一个侧面反映了君王您的教化不够。您应该用诚信去镇抚百姓，用道德礼义训诫官员，用刑法军规去管束莫敖屈瑕。莫敖屈瑕经蒲骚之役和城下之盟的胜利，便自以为是，轻视罗国。君王若不加适当控制，岂不是等于放任他失败吗?”楚武王听到这里深以为然，立即派大臣让赖国人追赶，可惜没有追上。

屈瑕大军来到罗国境地，正式交战之前，屈瑕传令军中，他做出的决策、制定的战术不许任何人提出不同意见，谁胆敢说三道四就刑法伺候。军队士气不高，凌乱地渡过鄢水，攻入罗国，看敌人不设防备，屈瑕愈加轻敌。他不知道此时的罗国正与卢戎国结盟，两军出其不意，从背后包抄过来，将轻率冒进的楚师“包了饺子”，楚师全军覆没，或投降，或战死，无一回还。面对这样的惨剧，傲慢的屈瑕实在无法接受，傲气里的一丝英雄气使他不至于做俘虏，最后率余部撤至荒谷自缢身死。勉强逃出来的几个将领被囚禁在一个叫冶父的地方等候处罚。面对这样的战局，楚武王不得不接受了，他明智地承认这是他的错误，与众军士无关，所有参战者一律免责免罪。此时他悟出了一个道理:谏者太多易惑军心。一次战事一旦决定，就不要听这个意见听那个谏言，分析来分析去，把军心都弄乱了。楚武王没有处罚屈瑕，让屈瑕儿子屈重继任莫敖。

屈瑕的自缢开创了楚国统帅以身殉职、以死谢罪的先例，其人其事，于当时虽有过，于后世则不为无益。我在这里述说绞国之战后罗国之战中的屈瑕之事，似乎溢出了这个章节的范畴，其实不然。这里主要想完整介绍这个人，作为一代英武之辈的屈瑕在楚国历史出镜不多，史书里就写了他率军打了蒲骚之战、订了城下之盟、自缢于罗国荒谷三件大事，但也是在楚国八百年历史中让人唏嘘难忘的事件。他本芈姓，武王爱甚，特封他屈地（郧阳西北一片土地，属于楚之贵族三闾中之一闾）为食邑，于是便姓了屈。自屈瑕有屈，下传十九世有大诗人屈原，屈原自放和流放都与郧阳缘分不解，这是否与他的先祖在这里征战的先前因缘有关呢？

这一点将在后面章节中讲述。

第三章　方国永矣，庄王横扫
麇庸后的“安城”构想

谈及郧阳故城的根脉，当说历史上的麇国，这也是大郧境内的一个古老方国，明清以来的地方志都把麇国视为早年的郧阳祖地，因为那时人们尚未发现远于麇国出现在郧阳土地上的绞国，《左传》中出现的绞国大多被解读为汉江下游的方国，与今天的郧阳无涉，直至1982年著名历史学家谭其骧出版《中国历史地图集》，特别标注了绞国的郧阳归属，人们才把绞国定位为早年郧阳属国，麇国则是绞国之后的郧阳属国。20世纪70年代以来，麇国遗址乔家院的考古发掘成果丰硕，大量青铜器出土，证明了那里至少在春秋晚期到战国时期城市文明之繁盛和社会政治文明程度之高，不折不扣地证实了麇国都城遗址乃至被楚人摧毁后建立的钖县都在那里，从钖县城址可以看出，那时郧阳境内的社会发展格外欣欣向荣。

一、楚人扩张，麇子视盲

要说绞国之后的麇国，还得继之前的记述，再把楚国的历史进程捋一捋，因为郧阳这期间的存续实质上都是在与楚国的抗拒中被楚化的过程。

城下之盟后的八十多年里，茁壮成长、胃口渐大的楚国像一头凶劲十足的黑熊，从汉江上下的近邻到中原腹地，左啃右噬，不亦足乎。《史记·楚世家》记载，楚武王五十一年（公元前690年），楚武王出兵讨伐随国，病死于前线军中。他的儿子熊赀即位，是为楚文王。楚文王与其父一样好战，执政第二年便讨伐申国，出兵时，耀武扬威借道邓国而过，邓国人看楚人如此不把他们放在眼里，很是气愤，就给邓侯建议，趁楚王得意忘形将其捉住教训一下，邓侯没理会这些大臣的建议，悄然看着楚人从自己的国土上穿境而过，去攻打申国。楚文王十二年（公元前 678 年），楚王终于出兵把邓国给灭掉了。

楚文王在位十三年而逝，长子即位五年后被弟弟熊恽杀掉，熊恽即位，是为楚成王。楚成王善待诸侯国，对百姓布德，周天子很是称誉，赐给他祭祀的祭肉，鼓励他好好镇守南方，平定南夷混乱，不要侵扰中原。他连声称是，敬遵王命。在楚成王时代，楚国疆土扩展到千里之大，跻身于大国之列。此时正是齐桓公九合诸侯成为霸主的时期，楚国不与齐国争风头，但依然暗自用兵于江淮小国，拓展国土，壮大实力。楚成王十八年（公元前 654 年），楚成王率兵北上攻打了许国，许君当众脱去上衣恳求楚王鞭打他，以保全他的国家，楚成王只好放了他，答应了他的请求。楚成王二十二年（公元前 650 年），楚成王又领兵攻打了黄国，也就是今天的河南潢川县城西约 6 千米的隆古乡一带，将其打败便撤兵。楚成王二十六年（公元前 646 年），他引兵至英国，将其灭掉。楚成王二十九年（公元前 643 年），春秋时期中原地区的第一个霸主齐桓公去世后，各国诸侯顿时失去了一匡天下的领导人，成为一盘散沙。齐国因内乱而国势衰微，晋、秦也各有苦衷，暂时无力过问中原。这样，长期以来受齐桓公遏制的南方强楚，就乘机进入中原，攫取霸权。素为中原列国视为蛮夷之邦的楚国，其北进势头让中原小国忐忑不安，于是一贯自我标榜仁义的宋襄公，便想凭借宋为殷商后裔、爵位最尊的地位以及曾领导诸侯平定齐乱的余威，出面领导诸侯抗衡楚国，继承齐桓公的霸主地位，并伺机恢复殷商的故业。可在当时，宋国国力远不及楚国，宋襄公显然是错误地评估了形势，造成宋楚间矛盾的高度激化。楚国对当年的齐桓公是无可奈何的，但对付宋襄公却是游刃有余。

此时，宋襄公正筹办会盟大会，给楚国发来通知，楚成王一看，大为震怒："好一个不自量力的家伙，居然要做盟主，看我怎么收拾你。"楚成王带兵前去，在当时的盂地（今河南省睢县西北）盟会上，宋襄公拒绝事前公子目夷提出的多带兵车、以防不测的建议，他轻车简从前往，结果被楚成王手下的军队活捉。楚军押着他乘势攻打宋都商丘（今河南省商丘市），幸亏太宰子鱼率领宋国的军民进行顽强的抵抗，才抑制了楚军的攻势，使其围攻宋都数月而未能得逞。后来，在鲁僖公的调停之下，楚成王才将宋襄公释放回国。

宋襄公回国后很沮丧，便想法子要出口恶气。

不是楚国对手，惩罚一下臣服于楚的郑国也可以解解气。于是，宋襄公兴师讨伐郑国。大司马公孙固和公子目夷知道后，立即劝阻："攻打郑国，楚国必定出兵干涉，会引火烧身，干不得。"但宋襄公执意伐郑，当即就出兵了。郑文公闻讯，立即求救于楚，楚成王果然迅速起兵救郑。

这时楚军犹在陈国境内向宋国挺进的途中。宋襄公为阻击楚军于边境地区，屯军泓水以北，以待楚军的到来。十一月，楚军进至泓水南岸，开始渡河，这时宋军已布列好阵势。宋大司马公孙固鉴于楚宋两军众寡悬殊，但宋军已占有先机之利的情况，建议宋襄公把握战机，趁楚军渡到河中间时予以打击。但是这个建议却被宋襄公断然拒绝，结果楚军得以全部顺利渡过泓水。楚军渡河后开始布列阵势，这时公孙固又奉劝宋襄公趁楚军列阵未毕、行列未定之际发动攻击，但宋襄公仍然不予接受。一直等到楚军布阵完毕，一切准备就绪之后，宋襄公这才击鼓向楚军进攻。可是，这时一切都已经晚了，弱小的宋军哪里是强大楚师的对手，一阵厮杀后，宋军受到重创，宋襄公本人的大腿也受了重伤，其精锐的禁卫军悉数为楚军所歼灭。在公孙固等人的拼死掩护下，宋襄公才得以突出重围，狼狈逃回宋国。泓水之战就这样以楚胜宋败的结局落下帷幕。

泓水之战后，宋国的众多大臣都埋怨宋襄公糊涂，其实这是误解了他。宋襄公对此次战事有个经典解释：“君子不重伤”（不再伤害受伤的敌人），“不禽二毛”（不捕捉头发花白的敌军老兵），“不以阻隘”（不阻敌人于险隘取胜），“不鼓不成列”（不主动攻击尚未列好阵势的敌人）。这套说法看起来迂腐，其实这是早年贵族军队作战的一种基本规矩和信义要求，那时尚无“兵不厌诈”“无义战”的作战乱象，宋襄公作为殷商王朝的遗民，坦荡仁义，光明磊落，是以宁可失败，也在所不惜。所以，我们不应责难。第二年夏天，宋襄公因腿伤过重死去。

泓水之战标志着商周以来以“成列而鼓”为主要特色的“礼义之兵”行将寿终正寝，新型的以“诡诈奇谋”为主导的作战方式正在崛起。形势的转变正如《淮南子》所说：“古之伐国，不杀黄口，不获二毛。于古为义，于今为笑。古之所以为荣者，今之所以为辱也。”

泓水之战后，楚国在中原的扩张已无阻力。

楚成王三十五年（公元前637年），逃亡中的晋文公重耳路过楚国，楚成王用对待诸侯的礼节隆重款待，并且厚送他至秦国。楚成王三十九年（公元前633年），鲁僖公来请求楚国出兵攻打齐国，为鲁国撑腰。楚成王答应了鲁国请求，出兵攻伐齐国，取胜后将齐桓公七个儿子全带到楚国安置为上大夫，以示对齐桓公的尊重。在中原称雄后楚成王又挥师向长江西边的夔国，指责该国不祭祀祖先祝融、鬻熊。同年，楚成王再次进军宋国，这个软柿子他捏了又捏，旨在立威中原，称霸中原。可他忽视了刚回国做了君主，同时也被各国尊为霸主的晋文公，楚军这次一到宋地，宋君请求的晋国援军随后就到。楚成王知道晋文公的厉害，尽管晋文公几年前路过楚国得到成王优待，但战争无私情可言，所以策马而还。可将军子玉不听话，誓与交锋，楚成王无奈，只好给了他少许部队而去。晋文公在这场名曰“晋楚城濮之战”的战事中表现得有礼有节，有情有义，致楚军大败而无怨言。原本楚国的势力已经达到黄河以北，威震中原，这一仗使楚国的扩张势头被遏制。子玉惹祸了，回国后即被楚成王所杀。

楚成王四十六年（公元前626年），楚成王被儿子商臣逼迫自缢。他是楚国历史上第三位在位时间较长且提升了楚国实力和声望的君主。我在此讲述这么多关于楚王的故事和楚国发展史，似乎远离了郧阳上古历史，其实我主要想把绞国之后的汉江中上游，特别是郧阳一带存续的古国城池所面临的外部严峻形势予以交代，以此更好地带大家感受郧阳一带在接下来的历史长河中兴废存亡的残阳冷月。

逼死父亲而夺位的商臣，史称楚穆王，他的老师亦是军师，为他出了不少主意。楚穆王在位的十二年间，他秉承前辈雄心，继续扩张势力。楚穆王三年（公元前623年），楚灭江。江是一个小国，其故址在今河南省息县西。公族嬴姓，与秦人同族。江人国灭祀绝，远在关中的秦穆公为之举哀。当时秦、晋两国正在交战，楚乃乘机灭江。同年，郑公子士出使楚国，其母为江国公族女子。楚穆王唯恐公子士前来对楚不利，就秘密派人在叶县的客舍中毒杀了他。楚穆王四年（公元前622年），楚国灭掉蓼国和六国，将其族人南迁到楚国腹地，即今湖北省钟祥市西北。楚穆王八年（公元前618年），楚国攻伐中原的陈国。又过了四年，楚穆王去世。

楚穆王似乎比起前人并未产生多大的历史影响力，其实不然，他可没少干事，尤其在根除方国的势力上，他做的事不比他的前辈少。楚穆王对郧阳境内的麇国和庸国没少动心思，他知道不把这两个独立的方国拿掉，会始终掣肘楚国西通巴陵，畅通汉江，挺进西南西北的步伐。所以，楚穆王自楚武王之后再一次把战火引向了汉江中上游的郧阳。在秦巴之间存在了几个世纪的麇国和庸国是资深的老牌方国，周武王伐纣征召的八国之师里就有庸国，而麇国是动员八国兵员的组织者。周王室对这些国家一直友善，中原各国以及崛起的秦国都对这些周南之地的老一辈非常敬重，战火从未燃至这里。故而，他们也乐在安逸，独善其身，在相当长的一个时期里对任何国家都不存防备之心，对身边的楚国亦如此。但他们对楚人的扩张行为总也看不顺眼，所以对楚不怎么热络，不即不离，甚或敬而远之。楚穆王在他有限的十二年执政时间里，最后几年将注意力转向了汉江中上游，盯上了这两个邻居，郧阳境域的独立王国的安静日子从此就不复存在了。

楚穆王九年（公元前617年）冬，楚穆王与郑穆公、陈共公在息县会盟。随即同赴厥貉（今河南省项城市），与蔡庄侯等会合，商议伐宋。厥貉之会，穆王专门给远在汉江中上游的麇国国君带口信，让他务必参加。以前无数的会盟，都没麇国的事，这一次怎么想起把他叫去呢？对于这样的做法，麇子一向很是反感，没想到，楚穆王居然偏偏把对这种行为看不顺眼的国君找来，让他跟着受受教育。宋国已被楚人欺负四次了，国君一个比一个胆小，国家也从一流降到了二流，现今降到了三流。此时的宋君名曰宋昭公，对这些诸侯的到来惊惧不已，他亲自到厥貉慰劳楚穆王，并表示输心从楚，可见害怕到何种程度。于是，伐宋之议取消。既然会盟的主要目的达到了，那就各自撤离，于是陈共公、蔡庄侯找了个借口先行回国，坐在一旁的麇国首领心想他们两国可以走，他也起身走吧。作为“老字号”国家，麇子没在意什么，没考虑要讲究什么。可他未免大意了，旁人走找了托词，他不考虑，未免太不给盟主面子了。接下来宋昭公还要请楚穆王和郑穆公到孟诸围猎，孟诸在今河南省商丘市东北，是一处天然的名胜。围猎必须先布军阵、行军令，犹如作战。楚穆王居中路，郑穆公为左翼，宋昭公以主人身份却为右翼。楚息公子朱以及文之无畏，即子朱和子舟，为左司马，楚期思公为右司马。左司马行令执法，吩咐诸军带取火用的燧，一早就驾好车开始了围猎游戏。围猎中宋昭公违背了游戏禁令，子舟责打了宋昭公的驾车师傅，并让他在军前示众。游戏处罚未免太过分了，宋人因此衔恨，但慑于楚国兵威，只好隐忍不发。

在降服的宋昭公鞍前马后的伺候下，楚穆王于孟诸尽情狩猎，要尽了威风回到楚国，他没忘记那个不辞而别的麇子。来年春，楚穆王即派得力将领成大心率军直捣麇国。成氏何人，他乃前楚国军政大臣子玉之子。他亲自出马，何以了得？千帆竞发，挥师汉江，一路横扫，几乎把麇国数十里江畔军防悉数摧毁。由于都城钖穴的坚固强守，成大心没能拿下，只越过群山，把房陵一个城防摧毁了事。这一仗只大体给了麇子一点颜色看看。同年，楚穆王再派出他当年的老师、时下掌管国事的太师潘崇亲自领军挺进汉江，战船逶迤百里，声势震山撼岳，向麇子兴师问罪。当然，这阵势也只是要要威风，不在于毁灭，而在于让不合作的麇子知道厉害。麇子安能听命于楚？双方僵持水上，恶战也没解决问题，气势汹汹的楚军不得已撤退。楚王先后两次伐麇，震动各诸侯国，鲁国的史官听说后，不溢美不隐恶，随即记下了这个历史事件，《左传》注释更详：“十一年春，楚子伐麇，成大心败麇师于防渚。潘崇复伐麇，至于钖穴。”这里连用“伐”字，可见当时楚国用兵的大张旗鼓。

不久，楚令尹成大心去世，其弟成嘉继为令尹。成嘉伐群舒，俘获舒子平。当时，晋正与秦交战，齐、鲁、宋、卫诸国正与狄交战，都不遑南顾，因而楚师在淮南可以从容来去。楚穆王于公元前 614 年亦即他执政的第十二年病逝，告别楚国政治舞台。

二、“安城”构想，县制始矣

麇国已大感不安，开始警惕楚人。

毫无疑问，小小麇国在这两次攻伐中大伤元气，国力遭受重创。不过，毕竟千年自足自强，一两次战事安能使其一蹶不振？他们提振士气，伺机报复，尽管疆土和实力与楚相比已有天壤之别。终于，他们等来了一个机会，楚穆王过世，新君当政，楚地大饥荒，尔后一系列灾难降临楚国。麇子与庸君迅速彼此串通，各自组织先前的附庸国，对楚国都城发动一场袭击。庸国动员的是长江以南的群蛮部落十数万人，侧翼还有协同的西戎几万军力，浩浩荡荡逼近楚国国门：“楚大饥，戎伐其西南，至于阜山，师于大林。又伐其东南，至于阳丘，以侵訾枝。”（《左传·文公十六年》）麇子则聚合了百濮各股势力，加上自己的军队，很快推进到距楚不到百里的一个叫“选”的地方，声势震天，只待庸国作战的号令声起。

局势紧张，君臣都不免惊慌失措，楚国把北接中原的申门、息门都关闭了，防备北方诸侯趁火打劫。面对迎面而来的两支武装队伍，有人主张关闭城门，坚守不出，以待外援；有人则主张弃城而走，把国都迁到襄阳暂躲危机。此时的楚司马蒍贾在得到新君楚庄王的默许后，以超常的冷静和智慧做出决定：不被动守城，不狼狈逃跑，以积极作战扭转被动局面。他瞄准庸国人马倾城出动的机会，调集军队奇袭庸国都城，使全军在外的庸国顿时慌了手脚，无心恋战，赶忙撤军回守。庸军撤出，同盟军立马四散，而麇子的同盟军百濮部族见此情形也作鸟兽散，麇子无奈，只好悻悻而归。一场本来可以让楚国收敛的军事行动居然以自败告终。

麇子错误地估计了形势，尤其低估了楚国新任君主的能耐，当时只误听传言，以为这个继位国君整日左手抱郑姬，右手抱越女，坐钟鼓之间，日夜宴乐，三年不发政令，就认为他是个只知享乐的花花公子，再看天降饥荒于楚，这不都是天意灭楚的机会吗？谁知这个貌似不作为的君主，表现的竟是假象，不鸣不叫是在暗中观察各诸侯国及大臣们的动静，意在酝酿一鸣惊人的霸主之业。

三年默观时局之变后，楚国第22任君主，楚穆王的儿子熊侣即楚庄王正式亮剑，第一个行动就是灭掉庸国，在前次芳贾奇袭庸都伤其元气的基础上，此次一举踏平，将其从国家的版图上抹掉。《史记·楚世家》写到这个历史事件，没对过程进行细节描述，仅简单一句“是岁灭庸”。“是岁”指楚庄王正式发威那年，杀掉宫中几百小人，重用宫中几百能臣的那一年，也就是楚庄王三年（公元前611年）。

庸国与麇国同样资深，他拥有堵水流域，势力范围覆盖到渝川巴东一带，古夔国曾与之交谊甚深且久，除掉庸国，楚国势力可西抵巴山深处和长江西岸。对庸国用兵，楚庄王还是有些担心的，这个巴山环护的古国山峦如闭、出入如谜，要一举拿下尚无充足的胜算。于是他西结巴国，北连秦国，与楚形成三箭辐射之势，如此谋局，灭庸便稳操胜券了。

占领庸国后便是拿下麇国，麇国在楚国上游，不拿下，早晚总是个心病。庸国被灭后，麇国也感到了夕阳西下的簌簌寒风，毕竟庸麇是唇齿相依的邻邦，唇亡齿寒。麇国的江防工事很强，解决麇国就要摧毁其汉江沿岸江防，从长江之南到汉江之北，攻掉所有防卫，步步紧逼，围困麇国于钖穴百里河岸，彻底使之弹尽粮绝。对于麇国，楚庄王同样没敢掉以轻心，依然使用了他的秦、巴、楚联军合力围攻的作战模式，三面合击，不漏缝隙。

这场硬仗由楚庄王亲自率军督阵，史书没有记载这一点，但从他留在汉江岸边的足迹可见他抵达了麇国这一带。在距麇国都城钖穴下游近百里的任家沟一座塔形山峰上至今仍保留有一个庄王庙遗址，从前这里有座纪念庄王的寺庙，村民说庙里有一座英武的君王像，庙的名称人们一直记着叫“庄王庙”。不知何年何月修建，后毁弃。庙屋拆除后，尚可见其庙基和残垣断壁。山高约五百米，巍巍崇峻，林木丰茂，处山巅可遥看汉江上下百里江面，而河对面便是绵延无尽的封丘山坳，那是楚先祖早年开拓的领地，被封给王室贵胄三闾之一的屈间作为食邑土地。我在前一章讲屈瑕时就提到这里。年轻的楚庄王意气风发，雄心万丈，登上这座山峰驻扎，目视沿江浩浩荡荡的战船溯江而上，沿岸威仪整肃的雄兵劲旅赳赳挺进，旌旗蔽日、剑戟如林，大有泰山压顶之威势。

可以想见，双方从这里就开始短兵相接了，战斗进入了残酷的白热化状态。箭镞暴雨一般地落下，喊杀声直入霄汉。麇国是小国而非弱国，人民不嗜杀却尚武，从出土的兵器看，超大的箭镞和非同一般的戈矛，都显示了当年他们出色的战斗力。

经秦、巴、楚联军数月的强攻，麇国的战斗力燃烧到最后一刻，不得不偃旗息鼓，缴械投降。贵族庶民悉数出降，延续了近八百年的一方诸侯，在这新的政治洗牌中被淘汰，麇国曾经作为一方政治实体的中心地位彻底崩塌。

一段历史此时谢幕，一段历史则应时开幕。

楚庄王亲自登临麇国都城钖穴，只见这里渺渺汉水自东而西环绕，天河荡荡由秦岭深处奔来，古语曰“两水相会，必有神奇”，怪不得麇国在此存世如此之久。为防止麇子后裔重新建国，死灰复燃，楚庄王将其长期以来固有的国家政治设置改为县级政治体制，名为钖县，即楚国国家体制下的一个基层建制。同时，为瓦解当地贵族势力，楚王把江陵一带的楚国贵族大举迁来，实质性填充麇地，使人群结构根本改变，江山完全易主。

麇地自此进入楚国统治下的县治时代，晚于权县建县一百多年。

楚庄王还决定将新建的钖县城址迁到汉江下游岸边五十里处的一条宽阔的坳地，让新的县制远离固有的地气，永无坐大的希望。在麇国旧址上楚庄王驻跸许久，他很享受这个王气不错的地方，希望新的钖县能够取代麇国乃至下游曾经的绞国，把这数百里河山管理好。他与大臣苏从和武举一起为钖县谋划新的县址，留下五千士兵协助当地民众筹建新城。传说有一天，当地土地神听说要在钖穴下游五十里处建城，选派神马神牛从汉江北岸向这里托运材料和金银财宝，以供建设所需。不料神马神牛载物太重，累得寸步难行，天要亮鸡要叫，依然没有托运过河，不久雄鸡一声长鸣，神马神牛一律化作石头，永远地存留在汉江边上。楚庄王听说此事，不胜怅然，心想：这个地方看来不当建城，天意如此，就不勉强了，钖县县城就以麇国故城为城吧！那个构想建城的地方就叫它“安城沟”以作纪念。这个民间传说在郧阳五峰乡安城沟久传不衰。

我在这里讲到这段历史意在说明绞国城址作为郧阳先古城址在历史中湮灭后，郧阳的历史当归属麇国，那么麇国故城乃至此后承继的钖县故城理应隶属于这里，这里是我们可以接续的郧阳远年的县城城址，是我们可以述说的社会流转根脉。

由此，我得顺便说及楚国的建县历史，这是楚国的历史贡献，不论它是否意识到县级行政建制的政治进步和对社会大一统的贡献，这个创举都是了不起的。我在前面讲到楚武王在公元前 738 年，就已将楚国南面权国拿掉，后又建立了地方政权权县，这个县是史学家公认的中国历史上有别于周王室治下的采邑式政治福利区域的行政县，是中国郡县制的萌芽。古权国历史悠久，其祖先是殷人遗民，他们来到周南之地建立起了与中原宋国差不多的国家政权。因为根脉久远，血统高贵，所以对从荆棘中站起来的楚人一向不怎么热络，更不交好，因而被楚武王视为楚南下扩张的障碍和攻击他国时的后顾之忧。灭掉权国后，楚武王将权国故地设置为县，让大夫斗缗为县尹。不久，斗缗反叛。熊通做出果断决策，发兵平叛，包围了权县，捕杀了斗缗，然后将权县迁到今湖北省荆门市。此后，楚每灭一国，便把该国的公族迁到楚国的后方，严加监管，对该国的故地则通常设县，因俗以治之。到楚威王时，悬于楚国国门楚方城以外的南阳、邓州、息县、平舆、淮阳、上蔡、襄城、舞阳、宝丰、叶县等处20余个诸侯国相继被灭，改为楚国县治。此后秦、晋、齐等国在攻城略地后也效仿这种做法，建县以巩固基层政权。

楚国把宫廷中优秀官员下拨到县级政权里去担任“县公”或“县尹”，成就了楚国，也成就了许多有名的人才。如德才兼备的郧公钟仪，性格刚强的陈公穿封戌，公忠不私的城父司马奋扬，还有治理叶县有功的叶公沈诸梁，名将亦有宛守吴起，名士有一代大儒兰陵令荀卿等。《左传》记载，“彭仲爽，申俘也，文王以为令尹，实县申、息”。彭仲爽当初是被抓的申国俘虏，但楚文王怜惜他是人才，就让他做了申县、息县的令尹。《淮南子》有此记：“子发为上蔡令，民有罪当刑，狱断论定，决于令尹前，子发喟然有凄怆之心。”县域的民事裁决、军事斗争、粮赋征集等，均由令尹亲断，其权力直接服务于楚国王权。

冷兵器时代是以县城为中心建筑起牢固的城防，纵使广大农村被敌人占领，但只要城池不失，这个县的政权就不会倒台。倘若城高池深，便能抗拒百万雄师。明代周圣楷曾在《楚宝》中说：“楚方城之外，又别有万城。是时，楚争强中国，多筑列城于北方以逼华夏。”方城即为县城，万城则为周边城镇，起拱护的作用。

建县也加强了郢都与各县的水陆交通建设，这样对内可以促进经济发展，对外便于开展军事斗争。楚国偏居长江以南，却志在中原，为了便于车马行进，从楚文王建立申、息之县起，就开始修建从郢至申的驿道，到楚灵王时，郢都已有驿道通到豫皖交界，楚国淮北至中原防线以及与各大城邑之间的陆路基本贯穿。楚怀王时，楚怀王的儿子鄂君启带着他庞大的商船编队，居然可以溯流通达湖北、安徽全境。

三、方国日暮，庄王图霸

自绞国之后，郧阳往古的这一带基本归属于麇国，往北虽有百濮之地，东北有郧国，但他们都自顾不暇，眼看楚国崛起自己却畏缩不前，不敢拓展空间一寸。麇、庸两个古方国虽也故步自封，但根基久远，又是周王室所封，自然有稳坐汉江上游江山的底气。楚国征服了的地方，一时没建立楚国的政权，就被麇、庸所伸足，所以，绞国退出历史舞台后，郧阳古时的政治中心就上移至那时的麇国，故而后人编纂的郧阳志书多半都称郧阳古时为麇。

楚国根除庸国、麇国，同时又击溃了百濮，汉江上下的古方国基本被收拾殆尽，方国时代就此结束。自早年尧帝时代族群部落衍生而来的方国完成了历史使命，从此画上了句号，郧阳一带开启了郡县制的历史新纪元。

楚人不断逞威势于汉江，至楚庄王便彻底将汉江上下纳入楚国版图。在楚庄王执政的第六年（公元前 608 年），楚国再次攻打宋国，获得战车五百乘；第八年（公元前 606 年），楚国攻打洛阳附近的西北游牧部落陆浑戎，挑衅周王室。打罢陆浑戎就陈兵洛阳城外，阅兵示威。

周定王知道惹不起，就派王孙满慰劳楚庄王。心高气傲的楚庄王被这个年幼的王孙有礼有节地说教了一番，内心受到震动，领兵而归。此后攻灭舒国，攻打陈国，围攻郑国……强势出击，在各诸侯国中楚庄王的威势已是如日中天，无可匹敌，俨然是天下霸主。此时，距齐桓公称霸已过去三十几年，距秦穆公、晋文公、宋襄公他们叱咤风云的年代也已过去二十多年了。

旧时王谢堂前燕，飞入寻常百姓家。麇国被灭，国都被拆，千年王气黯然收。时推1100年后，延至北魏，“因水以证地，即地以存古”的伟大历史地理学家郦道元，考察九州137条主要河流，沿着当年大禹疏浚汉江和麇国时代再治汉江的路径来到汉水之滨，深入考察考证后，发现千年前的麇国在此治水治国，呵护秦巴河谷，厥功至伟；而后来的继任者不侵邻，不掠人，他甚为感佩。尽管现在满目瓦砾，衰草枯杨，古国的影子只依稀映现在断垣坟冢上，令人悲戚，但依然淹没不了百代经营的昭昭功德。于是，郦道元在记录“沔水”到达钖县时用笔十分细致：“汉水又东径魏兴郡之钖县故城北，为白石滩。县，故《春秋》之钖穴地也，故属汉中，王莽之钖治也。县有钖义山，方圆百里，形如城。四面有门……”①

时至2006年，一批由国家和地方文物专家组成的考古工作组来到了麇国都城钖穴一带的肖家河乔家院进行古文物抢救性发掘工作，举目所观，但见江风萧瑟，黄丘嶙峋，城郭遁形，魅影幢幢，土层挡不住宝物之光和万古风华，浩渺的古存荧荧闪烁。专家们定睛于这里的一抔土，一寸地。68座古墓渐次呈现，其中47座春秋古墓，青铜惊艳，葬品豪华，或军武剑戟，寒光四射，或宫宴珍器，往昔生活情境毕现，发掘文

① 郦道元撰：《水经注》，谭属春、陈爱平校点，长沙：岳麓书社，1995年，第419页。

物，稍加拼接便呈现出麇都贵族生活宏博高贵的尊严和气派，即便泥土使其模糊，亦不失其固有的风光。也许他们生前的生活品位比这更高，创造的青铜时代万倍于带进土中的富丽，然而，我们今人仅观这墓中一鼎一镬就已大饱眼福，可以高声赞美“观止矣”！

第四章　稻香民丰，子胥身后的“郧”久绵怀

麇国变身楚国的钖县，这片河山在攻城略地愈演愈烈的春秋战国中相对安全了，作为楚国的土地谁敢践踏，谁敢妄想，谁敢图谋？此时的关中秦国也正改革，军事政治都不断刷新，但它的目标指向关东各国，与楚交好，尚未把目光投向终南山的南边。故而这里暂享历史空间的温煦和宁静，滔滔汉江悠然吹着和平的口哨。

钖县北依雄浑磅礴的巨峰狂岭终南山，南躺巴山，北下的朔风被秦岭强大的脊背挡住，南来的煦风就此止步，大自然的温床在此舒适地铺开，走到哪里都是风光旖旎的田园。我们的先辈自旧石器时期就在此逐麋鹿，追黄羊，唱山歌，从开始拥抱自然的恬静生活，至后来的耕耘自足、鼓盆而歌，日子依然不错。后建立起自己的村落、城镇、方国，扼守一方，充分享用水上文明，舟楫为梦，浪涛骋怀，别有如歌行板。如今成为一县之地，这一片土地及土地上的人民承受政治风险的可能性大大降低，离战争烽火就越来越远了。

然而，自楚庄王策马扬鞭、鼓帆而去 70 年后，这段江河再次迎来一场战事，这就是春秋末期有名的吴楚之战，是伍子胥带着复仇之师攻克了楚国都城，鞭挞了楚平王尸体，穷追不舍楚昭王抵达这一带而发生的一场轰动楚天的历史事件。“国破山河在，城春草木深。”这是怎样一场战事？何以波及郧阳土地？战况结局又如何？我将借助一个历史节点说开去再说回来。

一、祸起平王，惊险逃亡

话说楚庄王六世孙楚平王，是个靠诈骗他爷爷灵王和父亲初王而上位的国君。即位后为掩盖自己的这些不良政治记录，他拼力做好事，让国人忘却他的劣迹，比如恢复陈、蔡两国的国家地位，归还郑国土地，修明政治，施恩百姓，对吴国示好，放回楚国俘虏的吴人……总之，好事做尽。然而，根不好的树木最终都会长得歪歪斜斜，有恶习的人早晚会被风吹开遮脸面纱，露出真容。在他执政第二年，他的恶性就开始暴露，他派大臣费无极从秦国给太子迎娶妻子，却在听说秦女貌美如花后，便自己留着做了妻子，还唯恐儿子不满报复他，就把儿子建外放城父去戍边。这还不够，他听信费无极的谗言，决定把太子建的太傅伍奢父子三人一起杀掉，以断绝太子建在朝中的势力。伍奢是楚庄王时期一位名曰伍举的诤臣的后代，楚国第一号的忠臣，对国君毫无二心。楚平王明明白白地告诉他要杀了他，连同他两个儿子一起喊来杀掉。在此性命攸关之际，伍奢不逃不躲不避，他说自己大儿子伍尚孝顺又听话，自己一召唤他可能就来了，而老二伍员（即伍子胥）可能不会乖乖就命，他不仅不会来送死，还会给楚国带来亡国的忧患。知子莫如父，后来事情果如他所言。

伍奢的大儿子伍尚老老实实去觐见楚平王，现场就被处死，伍子胥果然如父所料不肯白白送死，连夜逃跑了。在父兄之冤上，他也只能隐忍，因为国君的所作所为都是以国家名义冠以合理合法的理由实施的，在此无说法可讨。他一腔复仇怒火只能寄望于某一个国家来燃烧，这是他唯一可以采取的途径。他知道人们会怎样对待他将走的这条路，但皇天在上，父兄和君王，小家和国家，他的血性只能为家而奔涌，为父兄讨天理，诚然这个国也是他的国，但父兄不在，何以为国？

伍子胥与太子建起初并没有在一起，且去向也并不是吴国，那个地方毕竟遥远，大江大河，身无双翼，安能飞翔而去。伍子胥选择了齐国，齐国与楚国是世交，国相交则民相亲，到齐国去，即便楚平王要求齐国交出他，齐国知道楚平王杀忠臣的暴行也不会听从。可是，他一打听太子建的消息，得知此公逃到了宋国，他就只能改道宋国。既然父亲和兄长都是因太子建而遭难，那他的命运自然也就与太子建休戚与共，捆绑在一起了，太子建去哪儿他就追随到哪儿。

他去了宋国，也见到了太子建，都是天涯沦落人，相逢皆是酸和泪。宋国国君原本打算好好收留他们，不料国内华氏作乱篡权，一片混乱，国人都无安全感，外人又安能托身？于是，他们又日夜兼程逃往郑国。郑国此时的国君是郑定公，他和大夫子产都是很不错的贤人，对楚国来避难的这两位名人自然是以礼相待，善加优护。没想到这个太子建德行却不好，在宋期间他去了一趟晋国，晋顷公跟他说：“郑国对你那么好，那么信任，不妨我们利用这个机会联手做件事，你做内应，我们带兵攻打，一举把郑国给灭了，届时我封你做郑国公，你看这样好不好？”太子建居然满口答应，从晋国回到郑国后就开始动手。伍子胥劝说建：“郑国以忠义对待我们，我们怎么能背叛呢？”太子建说那没办法，他已答应晋国了，事到如今，不得不做。他执意如此，没想到里应外合的美梦还在梦中，身边人就告发了他，这个梦霎时破灭，命也丢了。万般无奈之下的伍子胥，也不可能待在郑国了，去哪呢？四顾茫茫，怅然若失，权衡利弊，唯南方吴国，这个崛起中的南方大国早已与楚国为敌了，去借吴国之手报杀父兄之仇，说不定可行。

他不忘太子建遗脉，带着公子胜一同逃出郑国。

此时情势万分危急，到处都张贴有缉捕伍子胥的画像，赏饷五万担粮食。他们不敢公开行走，白天躲藏，晚上赶路，千里飘摇，来到吴楚两国交界的昭关，即今安徽省含山县北，这里东西绵亘，巍峨群峰，南北沟壑纵横，悠悠一线山路可行，扼守此道的便是昭关。关上高悬伍子胥画像，来往行人盘查甚紧，一只苍蝇也难以混过。伍子胥见此情形，煞是焦虑痛苦，一连几夜愁得睡不着觉，满头乌发倏然变白。

天无绝人之路，此时他幸遇了一个名曰东皋公的好心人，此人是居住在昭关不远的一位隐士，他将伍子胥接到家里，一连七天宽心安抚。其实东皋公也无计可施，没有可行的办法。关山齐天，官吏如虎，边境千军万马当道，颇有道行的东皋公突然想起来一个人，经常与东皋公坐而论道的友人皇甫讷与伍子胥相貌相似，何不让他与伍子胥互易衣服，制造浑水摸鱼的场面过关呢？这说不定是个法子。于是，如此精心策划一番，东皋公让皇甫讷扮成伍子胥先行至关，吸引官吏视线和注意力，为伍子胥混迹过关制造机会。果然皇甫讷一至关口就被官吏拿住，审问中皇甫讷大声剖白自己不是伍子胥，他越是不承认官吏就越发盘查得紧，再三比对缉捕画像。当此扰攘间，伍子胥因其满头乌发已成白发，相貌已与缉捕画像大异，官吏便没加留意，他遂混出昭关。这一细节司马迁的《史记·伍子胥列传》《史记·楚世家》，以及冯梦龙的《东周列国志》，京剧《文昭关》等文献和文学艺术作品都做了生动呈现，历代读者因此而感受到伍子胥的千古悲情，也深深理解了伍子胥后来复仇的过激做法。

伍子胥闯关成功，故国从此被弃身后，可依仗的人生舞台就在前方。奔吴的路并不平坦，跋山涉水和心理煎熬过度，他病了，病得不轻，公子胜与他相依为命，两人相互搀扶着，边乞讨，边治病，边行进。历经千辛万苦，伍子胥终于到了吴国。

二、恬退隐忍，苦待时机

此时的吴国正酝酿着一场宫廷夺权的实战大戏，公子光磨刀霍霍准备除掉吴王僚，自己登上王位。吴王寿梦有四个儿子，他去世时，一心想把王位传给最贤惠的老四——季札，怎奈这位贤人不愿接受，那差事就落在老大诸樊身上，诸樊在位十三年就去世了。他去世时想到老父当年传位唯贤是用，那自己也要去除私心，不能传给自己的儿子，反而考虑在其余三个弟弟中选择接班人。老四季札已是死心不承君位，那就在老二、老三两个中考虑，按顺序传给老二馀祭，馀祭就接班了，他也效法哥哥，把王位传给三弟馀眛。馀眛也顺理成章地承继了，但他在位仅四年就去世了。这位君主也曾考虑按序下传弟弟季札，可季札早已铁了心不做国君，老父寿梦当年传他都不受，现在就更不必考虑他了，那传给谁呢？只有传下一代，下一代传谁？传哥哥的儿子还是自己儿子？馀眛此时有私心了，他不是传给任何一个哥哥的儿子，而是直接传给了自己的儿子僚。公子光很是不平：“既然你不考虑我的感受，我就要自己来采取非正常手段平复我的感受了。”但公子光不是盲动主义者，他不轻易动手，私下里结交了不少的贤士。这期间，他听从吴王僚的旨意两次带兵与楚国交战，且每战必胜。吴王对他的心事基本毫无觉察。

伍子胥来到吴国首先觐见的人并非有夺权之心的公子光，而是直奔吴王僚，并迫不及待地向吴王呈上攻打楚国的计划。要说这不是正合吴王心意吗？自楚共王时代以来楚人就把战火烧向了吴国，迄今已大半个世纪。现代学者张经纬在他的《博物馆里的极简中国史》中称：春秋战国期间长达半个世纪的吴楚争霸，实则是对江南铜矿资源的控制、争夺和由此带来的人口挤压。他们之间积怨已深，双方互信度很低。而当伍子胥把攻楚的想法陈述以后，未等吴王僚表态，一旁的公子光就一口否定了，他当着伍子胥的面对吴王僚说："伍子胥这是想借吴国力量报他家里的私仇，对吴国毫无意义，别听他的。"伍子胥一听大为吃惊：此人谁呀？居然把话说得这么直接，不是一般人啊！此人可以暗中帮他一把，然后加以利用。于是他想办法接近公子光，了解了此人抱负后，对症下药，他特地为公子光物色了一个勇士专诸以供其完成刺杀吴王僚的行动。这样看来，一切已准备就绪，但公子光依然没有把计划付诸实施。直至吴王趁楚平王逝世派公子盖馀、烛庸去攻打楚国，吴军被楚军切断后路，大批吴军回不来，最贤德的季札又出使晋国，国都军力空虚等时机一起到来的时候，才毅然开始他的全盘计划。公子光那天在家设宴邀请吴王僚赴宴，让专诸把匕首藏在鱼肚里给吴王僚上菜，顺势抽出匕首刺杀了僚，事情干得干脆利落，没留后患。这一政变先后酝酿达 13 年之久。

此间伍子胥无事可干，他就与太子建的儿子胜躬耕于田野，恬退隐忍，做个村夫，等候时机。终于，公子光自立为王，史称吴王阖闾，此时伍子胥才有了机会。

吴王阖闾不忘助他的伍子胥，于是封伍子胥为行人，协助处理国家大事，并让孙武统军，整顿兵马。又过三年，吴王阖闾方才将伍子胥的复仇愿望纳入日程，但阖闾并未急于直接进击楚都，毕竟楚国已是当今屈指可数的大国，国家实力不可小觑，对楚大规模用兵务必慎之又慎，所以他只是小心翼翼地从楚国边境着手开打，打下楚国与吴国接壤的一个叫舒的小县。阖闾为什么打这个小地方？除了打边境地区看看楚国反应，还因为这里藏着吴王僚的两个逃到楚国的弟弟，这两个人躲在吴楚边境线上，伺机杀回去为兄报仇夺回政权。作为政权的隐患，他不能不首先清除二人，自己政权不稳固，替伍子胥报仇也只能落空。这一战消灭了吴王僚的两个弟弟，除了阖闾心腹之患。此时阖闾跟孙武说，现在没其他障碍了，我们可以长驱直入打进楚国郢都。孙武权衡利弊，表示不可，他说人民连年征战劳苦，战斗力跟不上，不如再等等。阖闾听从其建议，撤兵休战。

执政第四年阖闾方又用兵，这一次打得也很小心，依然是从楚国的边远小县打起，打下“六”和“灊”这两个小地方，这地方早年都是楚国身边的小方国。进入了“六”和“灊”，等于将战争前沿阵地向纵深推进了一步，给楚国制造紧张气氛后，又休战，以逸待劳。阖闾执政的第六年，楚国派出囊瓦攻打吴国，吴军派兵迎击，在豫章大败楚军，占领了楚国边境之地居巢而回师。这一仗打罢又休整三年，直到阖闾执政的第九年，他才觉得向楚国发动一场规模宏大的致命的进攻战的时机到了。阖闾吩咐孙武和伍子胥：放手去打，现在可以实施一场大规模的战争行动了。但吴军仍然觉得不是胜算十足，伍子胥就建议阖闾争取蔡国和唐国的支持，因为这两国被楚欺负已久，对楚恨得咬牙切齿，把它们的仇恨和怒火加在一起，这场复仇大战才会顺利。阖闾采纳了这个建议，争取到了唐、蔡两国的参与支持，战争进行得如顺风扬帆，非常顺利，一直打到汉水边，两军隔江对峙，吴王阖闾的弟弟夫概带五千人先发制人，楚军迎战将领是子常（囊瓦），他没能抵挡住吴军，被一举击溃，只身逃亡郑国避难。其余的楚军仓皇逃回，吴军穷追不舍，在郢都之下双方进行了五次大规模交战，战斗打得极其惨烈，楚昭王眼看国都守不住了，带了他的妹妹季芈畀我逃出郢都，渡过睢水。大臣尹固与楚昭王坐着一条船，楚昭王让人在大象尾部系上火把冲向吴军，方才把吴军吓退。他们逃出了吴军的围追堵截，一阵狂奔逃到郧国避难。

三、穷追不舍，进逼汉江

楚昭王就是当初楚平王为公子建从秦国娶回的女子的儿子，当时已三十出头，执政已十年。伍子胥从公子建的角度出发，考虑到他的出身，对这个楚王也怀有恶感。

第二天，吴军进入郢都，攻进都城的伍子胥要做的第一件事当然是报楚平王的杀父兄之仇。他找到楚平王的墓，掘出尸体，鞭尸三百暴于野，报了二十多年来的深仇大恨，而此时的伍子胥已是五十三岁的老人了。人说大丈夫报仇十年不迟，伍子胥何止十年？他没能手刃楚平王，楚平王已寿终正寝十年了，让他善终，这是伍子胥不能忍受的，鞭尸亦不足以泄愤。

这年是公元前506年，楚昭王十年，吴王阖闾九年。

楚昭王辗转逃到了郧地，这个“郧”早年是方国，位于今湖北京山、安陆一带。治理这个县邑的都是楚王从宫廷派去的大臣，其中斗氏家族几代在郧为官。楚平王元年（公元前528年），斗成然因直言进谏得罪了楚平王和权奸费无极，加上素日自恃有拥立之功，骄傲自满，贪得无厌，被楚平王所杀。为平息斗氏儿子们的仇恨，楚平王遂命斗辛为郧公。楚昭王此次逃难来到郧地，正中斗氏兄弟下怀。不过身为郧公的斗辛从君臣大义上考虑，觉得楚平王当年杀父没错，他是君王，他的所作所为都是不容置疑的。弟弟斗怀说：“平王杀死了我们的父亲，我杀死他的儿子，一对一扯平好了！”斗辛说万万不可做，君主的命令就是上天的命令。他这道理显然无法说服弟弟，担心弟弟杀害楚昭王，斗辛就与楚昭王一起投奔随地。

吴军不懈追击楚昭王一行，一直追到随国，阖闾对随国人说：“周朝在汉水流域的诸侯国，都被楚国给消灭尽了。如今上天发了它本来的善心，把惩罚加到楚国，你们却把楚国君臣藏匿起来，这是对周王室的忠诚吗？你们君主如果还想报答周王朝，那就把楚王给我们交出来，这样，你们就会拥有汉水以北的土地。”

此时的楚昭王躲在随君宫殿的北面，伍子胥的军队正在宫殿的南面，咫尺之间，擒楚昭王如探囊取物。楚昭王的兄长子期相貌与楚昭王酷似，急速逃到楚昭王这里，穿上楚昭王的服饰扮成了楚昭王的样子，对随国国君说：“就把我送给吴军吧，如此，君王可以免遭俘虏。”随国国君立马占卜了一卦，看看这样是否可行。占卜的结果是不吉利，这样做不会有什么效果。于是就公开对吴军说：“我们随国因为僻远弱小，紧邻楚国，是楚国让它存在了下来，我们世代与楚国有盟约誓言，到今天没有改变。现在如果有危难就互相抛弃，我们还有什么信誉呢？”

面对随国国君的陈词，吴军也没理由强行攻克随国搜捕楚昭王，就暂时撤出随国，以待楚昭王自行走出。

楚昭王幸免于难，可郢都回不去，只好溯汉江而上，他的哥哥子期与他相伴。他们驾着神速的战船“艨艟”“先登”“赤马舟”日夜兼程西进。此次汉江逃难行程按传统史书说法，大抵都认为没有超过宜城，但据楚文化学者凌智民先生近年考证，这一历史有了新发现。他在《史话郧西屠羊说》① 一文中描述的楚昭王西逃路线是这样的：从现今的钟祥出发，经过现今的襄阳市宜城过蛮河，进入现今的南漳，到达现今的谷城县庙滩镇，遂又乘船逆汉水而上到达现今的十堰市郧阳区，然后沿汉江抵达钖县，即先前的麇国。在此楚昭王见到专程从汉江对岸羊尾山过来谒见他的一位名说的隐士，此君以宰羊为生，人称屠羊说。他屠宰

---

① 凌智民：《史话郧西屠羊说》，《十堰日报》，2017 年 4 月 5 日，汉水文化版。

了自己蓄养的所有羊群，供楚昭王一行生活，且伴随左右，随时护卫。这人的到来给了楚昭王以极大的温暖和信心，他感受到了民心的支持以及复国希望。屠羊说其人司马迁在《史记》中并未记述，庄子在《庄子·让王》中把此人作为有功不居的典型之一加以表彰："楚昭王失国，屠羊说走而从于昭王……屠羊说曰：'大王失国，非臣之罪，故不敢伏其诛；大王反国，非臣之功，故不敢当其赏。'"这是个境界很高却没有功利之心的君子，其事迹流传很广，令人钦敬，战国后的诸多有志之士的文章中都不时提及他，清朝名流曾国藩就曾感慨道："低头一拜屠羊说，万事浮云过太虚。"此人在传统的史书中被注释为汉江下游随国人，而今凌智民先生通过考古研究和田野调查发现，屠羊说是当今郧西人，也就是当年的钖县人。这一说法是颠覆性的，但凌智民先生自有其足够的理据支撑，除了他独家的考古判断外，还有他第一手的田野调查资料提供佐证。比如，他考察的田野资料显示：现今郧西羊尾镇一带仍有许多屠姓人，他们自称世居于此，是屠羊说后裔。考证出屠羊说的郧西羊尾镇的身世，就证实了楚昭王逃亡汉江上游的路线。

回到正题，楚昭王继续向西逃奔，在现今郧西金钱河外的蓝滩一带遇上一位荡舟江中、悠然自在的人，楚昭王认识他，此君乃国中大夫蓝尹亹，于是高声呼唤他把船荡过来，协助他快速逃离这段危急河段。听到呼救的蓝尹亹不仅不欲出手相助，反而抢白了楚昭王一顿。最终看都没再看楚昭王一眼就把船荡走了。这个见诸史书的蓝尹亹，历来史书都把他注释为汉江下游京山一带的人，说楚国最早建立的蓝县就在那里，蓝尹亹是那里的县令。凌智民先生根据研究《楚居》的最新成果和田野调查，认为蓝尹亹是现今郧西人，楚国当年的蓝县在麇国以上的汉江南岸，也就是今天的郧西景阳乡一带。该地的蓝氏都称他们的始祖是蓝尹亹，他们族谱上也有明确记载。

与屠羊说的温暖比，蓝尹亹给楚昭王的是冷关怀，他并非不尊重国君，不是冷酷冷血，他在危难时刻给楚昭王一点触动，激发君主志气。历经颠沛流离的楚昭王果然没在意蓝尹亹的冷漠，大臣不施援手就更要奋力逃生，一定要在危境中闯过来。于是，他与同行人更加同心同德，最终殊死挣脱吴军尾追。不久，秦军越过秦岭，直抵现今的安康，击溃了穷追不舍的吴军，楚昭王脱离了危险。在秦军掩护下，一行人沿江直下，楚昭王平安回都，结束了长达三个多月的逃亡。

伍子胥的吴军习于水战，但此次全是陆军，只能沿岸追击，从汉江下游一直进逼到汉江中上游。这也就是我要在本章讲述的伍子胥在现今郧阳、早年的绞国地带屯兵驻扎，为民筑堰的故事。

四、筑堰济民，“郧”久缅怀

作为曾经有过驻守樊城经验的军帅，伍子胥对汉水上下再熟悉不过，楚昭王会沿着汉水主流还是某一条支流逃亡，他预估得很清楚。显然楚昭王会朝古麇国以上的方向逃避，因为申包胥已去秦国搬救兵，秦国如果出兵，一定首先抵达汉中一带，顺江而下，为楚昭王提供保护。事实证明，楚昭王确实逃亡到古时的麇国，亦即当时的钖县，吴军也追到这里，占领了这里，并在这里驻扎下来。而楚昭王拼命西逃，向着秦军的方向飞奔。我在前面提到的楚昭王幸遇屠羊说和蓝尹亹的故事也都发生在这期间。

吴军紧追不舍，不幸与前来解救楚昭王的秦军相遇了，毕竟吴军只是伍子胥分出的一部分军力（另一部分驻扎在堰河），也没预测到秦军来得如此之神速，故而，一战即溃，溃逃至麇国故地，守城待援。

将楚昭王追赶到汉江峡谷，等于是瓮中捉鳖，伍子胥有充分的胜算，所以，伍子胥基本没有布局大规模的军事行动，将大军暂时驻扎在古绞国的遗址休整，分出一支军队追击楚昭王。

山民茅屋为居，掘地维生，大军常驻，粮草都是问题。此时正是五月，布谷声声，夏长秋收，堰河连绵山坳一片麦浪滚滚。然而，东望汉江之滨的无垠平川，缺乏水源补给，土地龟裂，庄稼枯萎，乡民坐地悲叹，望天求告。此情此景，不胜怜悯。兵以民为本，民无水不利，何以求粮草？于是，一代名将便从恤民养兵出发，率领驻军在绞国固有的水利基础上，开拓水源，筑坝修库，开渠引流。他们在桑树垭、黄土梁、翻山堰、马场关、后店子到响耳河、桃花沟、洞耳河、堰河、金岗一带进行修筑，纵横衔接；又从堰河到武阳，从堰河到谭家湾，分别开凿两条外引渠堰，把堰河山涧的丰沛水源引到武阳和谭家湾（因位于后来的郧城东边，故名为东堰，亦名盛水堰）的平旷原野上去；又引花果山深处溪水至茶亭梁子下段（因位于后来的郧城西边，故名西堰，亦名武阳堰）。伍子胥用他在江汉平原和南方吴国耕种务农的经验，引导村民实施水田种植，提高他们的生产水平和生活质量。

追击楚昭王的军队不断传来消息，说楚昭王的船队行进神速，且得到民众自发的协助，再后来就传来了秦兵已出兵同楚昭王船队会合的消息，吴军不敌，不时溃退。此时的汉江下游传来更为不利的报告，吴国后院失火，说吴王阖闾的弟弟夫概趁吴王以举国军力攻楚、国内空虚的机会，暗自带兵回国自立为王，吴王阖闾自顾不暇，只好率兵回国平乱。战争形势如此逆转，让伍子胥大为失望，一场接近完美收官的灭楚之战最后功亏一篑，他痛心疾首，不胜悲叹。最后只好整合溃退回来的军队，急速撤出楚地，回到吴国，协助阖闾控制国家局面。

伍子胥在堰河留下民生工程就走了。他没有扰民反而利民，反而为这里的山民以及武阳、谭家湾一带民众造下千秋之福，人们世代拥水耕田，物阜民丰。武阳河川在过去的两千多年里都引堰河水耕种，夏季麦浪滚滚，金黄蔽日；秋季一望无际，稻熟丰稔，谷仓如山。在三道山岭的另一边是另一条堰渠灌溉的近万亩良田，同样四季丰收，不求天，不劳民。后来的郧乡县乃至郧阳建城于这两片粮仓之间，千年不移，均得益于此，功德不可谓不大。

世事可碑，没有这两条汤汤不竭的引水渠堰，就没有后来繁荣千余年的郧阳城！

人们怀念这位志在灭楚但对民怀德的将军，他修筑的堰渠被命名为“子胥堰”，人们将这片自绞国遁世后始终没有行政名称的地方以他的名“员”名之。数百年后进入大秦时期，秦朝将此地设置为军事关隘，“员”地作为军事行政要塞，便在右边加上右耳旁，表示封邑之地，由此写成了“郧”字。此“郧”与江汉平原上春秋以前的郧国之郧无关，既不是郧国灭后迁徙来的郧人带来的“郧”字，也不是春秋前郧国原本就在此留下的原始名称。它实在是人们纪念缅怀伍子胥而烙印的一个地名印记，民间传闻由来已久，尽管不见诸史书典籍，但口耳相传的口碑如史，不可不采纳。我曾在堰河的乡间采访，考察过古老的“子胥堰”的几道堰渠遗址，在堰渠边偶遇一位在 20 世纪 60 年代初曾接受过著名作家碧野采访的老人詹传玉，聊起“子胥堰”的故事，他说：“我们这郧县的‘郧’说来说去，其实都不对，应该是来自伍子胥的名字，伍子胥名‘员’，我们这里人为纪念他就把这地叫了‘员’，‘员’是人名，变成军事地名，便加了右耳旁，就成了现在的‘郧’字。”詹传玉说得有根有据，甚至说这里历史上一直都为伍子胥建有祭祀的庙。伍子胥经常显灵，如关老爷一样灵验。这个关于“郧”的来历与我的《万古一地——郧阳》中“郧”源于地质年代的陨落有关之说法是否相左？其实那是一个文学推想，当尚未考证到“郧”的确凿缘起时，一种推想可以丰富认知，让我们朝着本源去追溯。

“子胥堰”沿用至明代弘治年间，时任郧阳知府的胡伦又加整修，使之焕发生机活力。同时代朝廷大臣王鉴之履职郧阳，非常看重这项水利工程，对于属下胡伦的维修政绩大加赞誉，特地撰写《重修郧阳府武阳盛水二堰记》一文，文中记道：“先代有以郡治之东、灵泉之西，凿石为渠，堑河为堰，引以溉田者二：曰武阳，曰盛水，为利甚慱。”[①] 时隔两百年，康熙三十七年（公元 1698 年），郧阳知府朱寀到任，他一踏上这片土地，第一眼所见的也是这逶迤的渠堰，同样是把执政的精力首先放在治理这千古堰塘上。他率民大规模恢拓，不惜用糯米汁拌石灰浇灌砌筑，渠道进口挖凿千米见方沉沙池，沉降泥沙，又沿山开凿人工大渠，渠宽如河，可容运粮小船穿梭往返。浩荡渠水增大了灌溉面积，还带动了沿途水磨加工。主渠架设六个防洪渡槽，解决了雨涝问题。为纪念伍子胥首开大堰之功和朱太守重修之政绩，当地村民特别修东西庙宇两座，东祠位于现今的谭家湾镇十方院村附近，西祠建于堰河口，祠内塑伍子胥和朱太守神像。祠中朱寀着官服，文静端庄；伍子胥戎装披挂，英姿威武。寺庙后来毁弃，神像而今无存，所立石碑斑驳可见，石碑现存谭家湾水库坝外，上面隐约可见“武阳堰创自春秋先贤伍公”的字样，这应该属于涉及武阳堰与伍子胥关系的田野史料，虽然没直说是伍子胥所修，但所言“春秋先贤伍公”能是谁呢？自然就是伍子胥了。该碑没署年代，文字零星，语焉不详。其中尚可辨识的字文有“武阳堰创自春秋先贤伍公，名曰‘西屯’，比至明末，兵荒民穷，无力修补，堰遂崩坏。国朝康熙三十八年知府朱寀，上重国赋，下恤民命，捐廉重修，民咸德惠建修朱公祠堂，立伍先贤神像……”这些是慎终追远之

① 周绍稷撰：《万历郧阳府志三十一卷》，台北：台湾学生书局，1987 年，第 770 页。

词，对古往今来献力于这项惠民工程的官员进行了肯定，昭告了后人。

对于这项水利工程的历史考究，郧阳地方文化学者邢方贵先生调查甚细，他介绍道：谭家湾曾有一祠建于受水区的杨家岗，坐北朝南，四方院落，周围环稻田三十里，农庄、村院、磨坊掩映其间。春耕时节，水田映日，群牛争耕，一派田园盛景；金风秋初，黄灿灿一片，尽显丰收景象。农人收割罢，遂来祠庙举行一年一度祭祀活动，请山二黄戏班唱戏三天，向先贤致敬。邢先生的描述再现了古老的水利造福民众生产生活的美好景象。

一页风云散，悠悠民生牵，稻花香里年年，缅怀常萦河山！

第五章　陂兰洲莽，屈子行吟中的天人江岸

南朝宋人袁淑曾在《登宣城郡诗》中写道："怅焉讯旧老，兹前乃楚居。十代阙州记，百祀绝方书。"在南朝宣城任太守的袁淑，此时怎么念起楚国的都城？原来这宣城曾是楚国最南边的地盘，楚国的触须当年伸到了这遥远的江南，他难免踏地思故。六百多年的过往，政治舞台的帷幕拉开又合，合又拉开，生旦净末，谁还认得谁？不过，兴废一律，戏场人场无异，替前人流眼泪是后人的宿命。站在楚国故地上感慨的袁淑是文人亦是政治家，他为前人的"百祀绝方书"而忧，难道不是为刘宋王室的后继着想？"元嘉草草，封狼居胥，赢得仓皇北顾。"（南宋辛弃疾《永遇乐·京口北固亭怀古》）当朝文帝刘义隆那样草草行事，仓皇北顾，能使江山长久吗？当然，这不是我本章要延伸的笔墨，这里还得回到关于"郧城"的话题上，前面从绞国时期的"郧城"说到麇国那年代的城郭烽烟乃至后来为楚国守山河的钖县城邑，这一路走来可谓城阙辅楚天，旗幡襟河山，巍复巍哉！

一、有鸟自南，来集汉北

楚怀王十六年（公元前 313 年），是屈瑕得胜绞国后的第 387 年，堰河绞城故址亦即钖县"员"地，又走来一人，名平字原，即屈原，是年 27 岁。

屈氏自屈瑕后有屈重、屈完、屈御寇（子边）、屈赤角（子朱）、屈荡（叔沱）、屈到（子夕）、屈乘、屈建（子木）、屈申、屈生、屈罢、屈大心、屈春、屈建、屈庐、屈固（公阳）、屈宜臼（咎），香火鼎盛。

因屈原的爱国情怀，楚国的历史由此更添卓异篇章，作为楚国一隅的“员”地（郧阳）显然在屈原的足迹里渗进了隽永的记忆和不朽的念想。

绞国故城的血脉深潜，那远年的方国城池文明和神秘的母河滋养，使这一脉江流、两岸风物，盈满古风雅意，荡漾着本土别样的富有，地馨山芳，人哲物华，正如南朝梁代诗人沈约在《四时白纻歌》中所写：“佩服瑶草驻容色，舜日尧年欢无极。”吴楚那场战争后，这片用作纪念伍子胥的河山，这里我仍称它为“员”，近四百年过去，曾经的绞国城池遗址早已被伍子胥引民筑堰造就的田园春色隐没，清流绕冈，稻田弥望，但见布谷鸣古木，雄飞雌从绕林间，又闻子规啼夜月，满群山。更有“秋兰兮麋芜，罗生兮堂下。绿叶兮素华，芳菲菲兮袭予”（《楚辞·少司命》）。相比政治权力中心的郢都充斥的冷漠与排斥，这一隅天地别有世外家园之感。

我应该惊叹这天人江岸的天设！

“有鸟自南兮，来集汉北。”（《楚辞·抽思》）他这只鸟从南边飞来，飞到了汉水北边，落下不走了。这个“北”的周延有多宽多长？这个“北”就是这“员”地吗？屈原没告诉后人，司马迁和贾谊这两位离屈原时代接近的史证大师也没到过郧阳这里，故而也没有对此地的追踪。然而，屈原的心灵独唱所勾勒的意识轨迹和情感走向给了我足以认定“北”的推想，当地人数千年的口口相传给了我揣度的理由，近些年学者的研究给了我一定的追思依据。“望北山而流涕兮，临流水而太息。”（《楚辞·抽思》）能够望北山流泪、对流水长叹的地方，不就是这背山面水，曾留下前人足迹的“员”地吗？不就是他的前辈屈瑕到过、他一生崇敬的伍子胥驻扎过的堰河吗？他言志的作品里曾数次提到要效法伍子胥的死以明心迹，没感受过伍子胥曾经的足迹会具有如此的同怀？“忠不必用兮，贤不必以。伍子逢殃兮，比干菹醢。与前世而皆然兮，吾又何怨乎今之人？余将董道而不豫兮，固将重昏而终身。”（《楚辞·涉江》）“浮江淮而入海兮，从子胥而自适。”（《楚辞·悲回风》）“吴信谗而弗味兮，子胥死而后忧。”（《楚辞·惜往日》）这些诗句里充满着对伍子胥的悲怜和认同，决定以伍子胥人生之结局为自己的落脚终点。钱穆《屈原居汉北为三间大夫考》附文《附屈原沉湘在江北不在江南辨》又给了我思考以支持，其文曰：“余疑沅即涢，今汉北有涢阳。则所谓‘乘舲船而上沅’者，亦在其地。《太平寰宇记》卷一百四十三，均州风俗下，谓‘汉中风俗与汝南同，有汉江川泽山林，少原隰，多以力耕火种。人性刚烈躁急，信巫鬼，重淫祀，尤好楚歌。’余意屈原《九歌》，盖产其地，远承二南遗响。”[①] 钱先生认为“沅”即“涢”，汉北涢（郧）阳之“郧”不就是堰河之畔的“员”地后来的名称吗？“乘舲船余上沅兮”即来于此。2014 年 8 月 25 日，中国屈原学会专家学者在郧阳召开“屈原与郧阳”专题研讨会，对汉水流域郧段进行田野调查和实地踏勘汇报得出结论：屈原曾于楚怀王十六年至十七年（公元前 313—前 312 年）被迫流放郧阳，在郧阳生活两年，并写下《渔父》《抽思》等流传千古的重要作品。这是当今学者的论定。屈原所到“郧阳”即当初的“员”地！

屈原第一次流放地应追踪于此！

二、阭之木兰，洲之宿莽

那年，那时，那地方，那一朵又一朵往事的云，足以让怀古悼今的我不惮传统的钦定说法，在“员”地为屈子“招魂”。

---

① 钱穆：《附屈原沉湘在江北不在江南辨》，载《先秦诸子系年考辨》，上海：上海书店，1992 年，第 356 页。

“子非三闾大夫与?”多么熟悉的面影，这里的人们一眼就认出了他，他与他的族人同当地乡民无间。国事没份儿了，族人的事还是他执掌，他管着包括屈氏在内的昭氏、景氏三闾（三大王族门户）的宗族事务，屈闾亦即屈氏食邑之地，离此不远，从“员”地堰河往西延伸至陕南赵川的一片楚地属于屈氏，他走出宫廷后的去向非此而何往！还有对岸不远的辽瓦店子，那是先祖句亶王的封地，考古学家黄凤春在 2010 年第 2 期的《江汉考古》上撰文《郧县辽瓦店子与楚句亶王——楚熊渠分封三王地理的检讨之一》，向我们提供了这个远古的信息。那年，我的本家蓝世华绘制郧阳府城图，召集一班子知根知底的老郧阳人早晚在他屋舍清谈郧阳古今，我作为府城图写序、作记人，多次参与了他们的聚谈，他们关于郧城古今的漫天记忆中不时涉及一些零星的远古逸事，其中关于屈原当年到此地的说法是他们乐道的话题。他们说屈原被楚怀王外放后，来到了郧阳，柳陂人给他包粽子，堰河人给他戴香囊，北山人给他端雄黄酒……他跳河后，堵河口人最先在船上挂起他的衣服，沿江为他招魂！堰河人从前在端午节的前一天夜里总会梦见一个瘦瘦的有着一撮山羊胡须的人从河中起来，给村民送上一只金鸭子，引导人们竞渡，此后郧阳人端午龙舟赛就以抢鸭子为水上狂欢的中心环节，抢得鸭子的人便全年吉祥如意。

屈原到来的这片河山的行政归属应该还是麇国变身的钖县，钖县又隶属于庸国在楚国碾压后涅槃而生的上庸郡；“员”地堰河在钖县的政治区域里平静安宁。

“朝搴阰之木兰兮，夕揽洲之宿莽。”（《楚辞 · 离骚》）他惊喜，他欢欣，惊喜水渠边满眼的木兰在盛开，他清早奔来采集；欢欣那祠堂洲（堰河对面江中的一片小洲）上的郁郁水莽草，他踏着夕阳余晖赶来抱回一大堆。木兰、宿莽，曾是他精神里的君子，而今举目可见，随手可得，好不快慰，好生对心对怀，诗人的情怀被有灵的花草给盘活了。

“扈江离与辟芷兮，纫秋兰以为佩。”（《楚辞·离骚》）这方河山赋予诗人的还有江离、辟芷、秋兰这些和他情操匹配的高洁之物，他情不自禁，爱不释手，立马采来披在肩上，挂在身旁。江离与辟芷要串在一起，秋兰要结成花环，如此装饰，芬芳别致，洁净身心。

“杂申椒与菌桂兮，岂维纫夫蕙茝？”（《楚辞·离骚》）这里还有更让他心动的脱俗之物，那就是房前屋后的申椒、菌桂，它们的芳香弥漫了庭院，把它们一起装入香囊携带在身，别仅仅钟情于茝、蕙，别只把它们缝在身上，应聚众芳于一身。

“制芰荷以为衣兮，集芙蓉以为裳。”（《楚辞·离骚》）莲叶亭亭似盖如伞，盛开的莲花清香四溢，沁人心脾。诗人在这样的荷风莲馨中为自己制作好了神圣服饰，芰荷为衣，芙蓉为裳，从上到下一律清纯至洁，超尘脱俗！

“朝饮木兰之坠露兮，夕餐秋菊之落英。”（《楚辞·离骚》）趁着早春的晨曦掠过林梢，诗人来到木兰丛中啜饮那晶莹的露珠，与金蝉为伴；随着晚秋落日的最后一抹霞光，诗人拾起菊花残瓣作为圣洁心灵的烛光晚宴。平凡的一天，不平凡的一世，修为从涤尘开始。

“揽木根以结茝兮，贯薜荔之落蕊。”（《楚辞·离骚》）诗人用世间的美武装自己，但他仍感不够，有更多的追求。这里，他选择了木根编结茝草的配饰和薜荔落下的花朵装点，看来他要集百草让这世界都芳香，不给邪恶丝毫存在的空间。

“步余马于兰皋兮，驰椒丘且焉止息。”（《楚辞·离骚》）在这个高度自我的空间里，他时而打马在兰草水边，时而小憩在椒木小山，生活的步履如此，可视的环境优中选优，哪里还有不顺眼的东西让他心外受辱！

“时暧暧其将罢兮，结幽兰而延伫。”（《楚辞·离骚》）在这片芳草弥漫的山乡，诗人有的是迷恋和沉醉，有的是忘情和贴近，天色已然向晚，一天又将在瞩望中过去，暧暧将罢，时不我与，可我怎么愿意日子就这样在眼前飘逝？幽兰如梦，把玩这一株株心灵伴侣，逗留，再逗留一时半会儿，也许这宁馨的一刻就是一个新的纪元开启。

“揽茹蕙以掩涕兮，沾余襟之浪浪。”（《楚辞·离骚》）人可以置身这世外桃源，心安能从纷纭世事中走开？毕竟心怀国事，让他无法真正成为一个山乡散人而纯粹拥抱切合心智的芳草嘉华。风云诡谲的世道不时缭乱在胸间，悲从中来；柔软蕙草揩抹不尽津津泪水，血泪交流，沾湿了衣襟，苦恨了心头。

“索藑茅以筳篿兮，命灵氛为余占之。”（《楚辞·离骚》）忧患不期而至，搅乱了少有的平静，使命感推翻了自娱的小我天地，诗人立马回归到风云时态中，不禁自问：我的前路到底在哪里？我还能走进曾经的国事圈子里吗？山乡回答不了，所有的芳草圣物回答不了。诗人只好寄望这乡间的宿命之术，索藑茅以筳篿，让灵草、灵氛的占卜给个答复。人穷则返本，返本则近鬼神。“可怜夜半虚前席，不问苍生问鬼神。”（李商隐《贾生》）

“折琼枝以为羞兮，精琼爢以为粻。”（《楚辞·离骚》）折下玉树枝叶作为肉脯，舂碎美玉把干粮备下，踏上求真求美的征程，永葆无尘的圣洁。这是永不妥协的生存态度，是世界可变而人生态度不可改变的终极取向。让世人知道了什么是非梧桐不止、非练实不食、非醴泉不饮的凤凰般的非凡脱俗风骨！

三、嫉余蛾眉，谓余善淫

这是初次流放，较后来那被限制人身自由的贬谪要好许多。起初，楚怀王对这位青年才俊是没有恶感的，倒是好感多多，这主要源于屈原的天赋超群，“博闻强志，明于治乱，娴于辞令”（《史记·屈原贾生列传》）。屈原在朝堂大刀阔斧变法，亲手起草改革法令，外交上既有能力又有眼光，能言善辩，合纵之事运筹帷幄，这些天赋素养和政治才干都不是一般人所具备的，再加上生来的忠诚报国，一心为国君效力效忠，哪个国君不看好这样的人才呢？所以，怀王与之商议国事，让他发号施令，接遇宾客，应对诸侯，奔走于各国间，将楚国带到合纵阵营中的领头羊位置，是打心眼里信任他。事实证明，他不仅是那个时代的“潮男”和“超男”，也是后来人们心中的“潮男”和“超男”。屈原竭忠尽智，踌躇满志，他还亲自办学校，培养治国人才梯队，以三闾大夫的使命“序其谱属，率其贤良，以厉国士”，完全把楚国国事视为己任。他做的正是怀王想要的，所以怀王放手让他施展才能。他生来并不存文艺青年的抱负，也许根本都没为诗为文做过梦，即便“信而见疑，忠而被谤”，仍执笔抒怀明志，大约也没想在诗文上成就人生，心心念念的依然是政治抱负，寄望怀王对他态度的转变，所以，他以极其温软之笔通达君王之灵犀。

屈原早早地崭露头角，任楚怀王左徒，成了楚国内政外交顶梁人物，这是多么值得羡慕的事。这样的人难免遭人嫉妒，所以，随之而来的事情就不奇怪了。当时与他地位相当、同朝为官的上官大夫靳尚，嫉恨他，离间怀王与屈原关系，在君王那里给屈原制造恶感，挤兑的目的就达到了。这做法有些不地道，但朝堂上自古哪有什么正道可言呢！靳尚寻找机会下手，这机会随之寻得，那就是借屈原制定改革宪令的时机对屈原进行人格的污蔑，《史记·屈原贾生列传》中提到这一点，说屈原制定的改革法令尚未送交怀王审阅时，靳尚就想把它夺过来，窃取为自己的政治智慧，屈原当然不会给他。这样，两人因此结下了梁子，靳尚就到怀王那里进谗言，说屈原特别自负，经常自夸其功。言外之意是说屈原自大，都没把怀王放在眼里。按理说，这样一番他人转述的话不至于颠覆怀王此前对屈原的全部信任，堂堂一大国之君，君臣又彼此合作得那么好，不知根也知底，哪能因一言而废人？对此，《战国策》记载不多，郭沫若先生凭借屈原作品中含而不露地提及的一些拨弄是非的小人现象，在《屈原》这部历史剧中合理想象，加进了怀王的宠姬郑秀、令尹子兰等对立面，增加了宫廷矛盾的复杂性，写出了怀王作为政治家的低能和屈原不得不退出权力中心的无可奈何。“众女嫉余之蛾眉兮，谣诼谓余以善淫。”（《楚辞·离骚》）一群女人（比喻一帮政治小人）嫉妒他长得太漂亮，造谣污蔑他生活放荡不检点。“固时俗之工巧兮，偭规矩而改错。”（《楚辞·离骚》）时下的流俗很不尽如人意，邪恶占据了主导面，他处在单打独斗的不利境地。“世幽昧以昡曜兮，孰云察余之善恶？民好恶其不同兮，惟此党人其独异。”（《楚辞·离骚》）人们个个工于心计，巧于言辞，背离正常世道，刻意改变法则，搅乱是非曲直，屈原清醒地看到这一点。原以为一向爱着、忠着、敬着的怀王会当然地站在他那一边，给他以公道，排除小人干扰，可恰恰相反，“荃不察余之中情兮，反信谗而齌怒”（《楚辞·离骚》）。怀王根本不考虑他的忠心，不问青红皂白，反而听信那些谗言而动怒。这让他失望透顶，寒心彻骨。

怀王因上官大夫挑拨怒气冲天："如此自负傲慢还了得？再不能委以重任！"从此不让他参与国事。

这颗政治新星就这样开始暗淡。

期间，怀王也有几次吃了秦国的亏，他想起屈原不可多得的治国之才，便重新起用他。但怀王总是不长记性，一旦国事好转，便又听那些奸臣的话，疏远屈原。就这样，流放再流放成了屈原 27 岁以后的人生路。"屈心而抑志兮，忍尤而攘诟。"（《楚辞·离骚》）他压抑着自己，忍受着小人的诽谤。

屈原遭到排挤，究其原因，应该与当时楚国的外交策略有关，或者说与政治正确者和政治投机者的利害之争有关。在"纵合则楚王，横成则秦帝"的战国后期的牌局中，连齐合纵显然是楚国唯一的正确战略，亲秦离齐那是自断前程，死路一条，不顾国家利益，只图秦国离间者赋予的某些私利的那些短视者以及来自秦国的政治外交间谍，自然就把坚持正确国策的屈原视为异端，欲除之而后快。

在战国纵横捭阖中，屈原为自己的国家明智地选择了以齐楚结盟为轴心的合纵抗秦联盟之路，与当时游走于合纵联盟各国的新型政治家孟尝君的策略不谋而合，他们同声相应、同气相求。《战国策·齐策三》就通过一个细节说明了他们之间的默契。一天，孟尝君一行人来到楚国拜见怀王，怀王眼看合纵大事成功在望，对前来访问的孟尝君非常友好，打算送他一张珍贵的象牙床作为礼敬的礼物。怀王为何这样礼待齐国一个宰相？他当然有自己的小算盘：一旦合纵大旗举起，自己就是纵长（六国联盟的首长），一旦成为纵长，这统一天下的果实不就收入囊中了？所以，他不惜重礼以待。盛情款待孟尝君，当然是寄望他奔走各国，使楚国作为纵长的非正式决定成为各国的共识，此时的孟尝君是合纵战略中秘书长式的关键人物，他的沟通作用非常重要。考虑到这一点，怀王才那样做。这看起来不是什么坏事，一切似乎都水到渠成。可是，屈原发现这个小动作后，敏感地觉得这会因小失大，立即就对孟尝君身边的人说，不能接受这个礼物，世上没有不漏风的墙，一旦传出去，其他国家怎么想？倘若其他国家也跟风送礼，这一趟回去，孟尝君还能在齐国执掌大权吗？他一旦不能执掌齐国大权，那这合纵大业就要泡汤了。现如今，所谓的合纵之策基本就取决于齐楚这两个大国，更取决于这两个大国的现行掌权者。某一个出问题，合纵就会流产。屈原把时局看得太清楚了，所以他及时间接地劝告了孟尝君，为使孟尝君不扫兴，他特意把自己祖传的一把宝剑送给孟尝君，以弥补推辞掉象牙床后的遗憾。从这件小事看，屈原政治头脑非同一般，做事谨慎超乎常人。如此缜密的思考能力和高度的政治智慧对于楚国和各国联盟抗秦是极其重要的，但政治智慧不及他的怀王就不一定能看得明白了，那些想在国与国的矛盾纠葛中钻空子捞个人好处的政治投机者自然是忌惮仇视屈原的。所以，后来在内外奸人的诬陷之下屈原被排挤出局，就不足为怪了。

仅从不用屈原这一点看，就可以说怀王根本不配带领楚国，引领其他五国抗击秦国，更不配担当一统天下之大任。屈原作为一代英才，生而逢时，却不逢明君，眼看国君不跟贤臣走正路而跟小人走邪路，他只能在远离朝堂的乡野徒唤奈何，徒生叹息。

数百年间，地处秦楚之间的汉江中上游，和平是梅雨季节里偶尔的阳光，战争是夏季里随时出现的滚雷。秦惠公十三年（公元前387年），秦人伐蜀，顺势取了南郑，之后巩固汉水上游汉中盆地的统治地位，使南郑成为秦国跨越秦岭山脉，挺进汉水中下游和四川盆地的前沿阵地及秦岭南部最可靠的政治军事堡垒。这都是楚国最稳妥的后防基地，有此依托可以风雨不动安如山，而今被秦人占据，是何后果？公元前361年，秦孝公即位，他任用商鞅，五年便秦强，秦人开始出兵秦岭东南，争夺商於之地，这是秦楚及三晋均看好的金三角。秦人志在必得，随而夺取丹淅，控制了东进中原和南达江汉的武关及函谷关。楚人特别痛惜这块土地，无不对秦人恨之入骨，但君主无能，战略失策，楚人对秦人的强势推进毫无还手之力。

“六国商於恨最多，良弓休绾剑休磨。君王不剪如簧舌，再得张仪欲奈何？”（唐代徐夤《楚国史》）。

“六里江山天下笑，张仪容易去还来。”（唐代崔道融《楚怀王》）。

对于商於之地的丢失和楚怀王被秦人玩弄，时人后人多有指控。

占领巴蜀、汉中、上庸，秦国步步紧逼，把百二秦关推进到楚国的后院钖县、房陵、保康、荆山一带，且与此前占领的商於之地连成一片，从西到北到东，包抄过来，楚国背靠的椅子圈彻底失却，最后秦楚谁最终横扫寰宇，局面已基本明朗。屈原游走在这片江岸，鸣镝宛然在耳，熟稔的楚土大多已被秦人插上了疆界的草标。赵逵夫的《屈原与他的时代》向我们讲述了屈原忧心的世局和战国最后的残酷。一个带血带泪深爱故国的屈原，此刻那悲悯的心、焦虑的人真是天可怜见！

我的楚国啊，我的祖国！

四、余心所善，九死未悔

从“员”地涉丹水北上，抵先祖发祥地“终古之所居”商於之地。屈原对这古老河山充满敬意，他深知楚先人在此吸收了华夏文化与苗蛮文化的精华，糅合南方北方等多种文化的优势，在丹水流域崛起，然后由丹江走向江汉、江淮大地。

北山南山，往事如烟。“步余马兮山皋，邸余车兮方林。”（《楚辞·涉江》）他徘徊，驻足，向先辈的串串足迹叩拜！

沿丹淅南阳至宛洛，游走于楚韩边境。

千里之外，正升腾着强秦攻取韩、魏的战火。不盟即敌的韩、魏，深知这都是站错队的楚人惹的祸，遂转而攻楚。眼看故国彻底失策而引起同盟战火，屈原痛心疾首，忧心如焚，用古人王逸的话说，是“嗟号昊旻，仰天叹息”。一天，屈原偶见楚先王遗庙及公卿祠堂，上有天地山川神灵及古圣贤画像，欣喜不已，以至于疲倦地躺下来，仰头观看。无尽的感愤都化作了奇文《天问》。一番“天问”，倾吐了心中块垒，但仍然无法释怀的是：现如今，国事至此，是留在这国土上与之共存亡，还是远走他国一展抱负？是退而复修吾初服，还是从彭咸之所居？此时天下的纵横家、阴阳家、儒家、墨家、道家、法家、杂家、名家、兵家等，竞相奔走，却并不以故国为念。面对时下潮流，屈原不时自我拷问：能这样吗？符合古之大贤处世准则吗？担心其安危的姐姐，也特意赶来相劝："汝何博謇而好修兮，纷独有此姱节。薋菉葹以盈室兮，判独离而不服……世并举而好朋兮，夫何茕独而不予听？"（《楚辞·离骚》）其姊责备他执拗于自己的操守，劝他学油滑一点。他知道姐姐的好意，可骨子里的"姱节"无法逾越。"余固知謇謇之为患兮，忍而不能舍也。""亦余心之所善兮，虽九死其犹未悔。""宁溘死以流亡兮，余不忍为此态也。"（《楚辞·离骚》）他抱定了自己的忠直之志，任何的苟且他都不上心。

心灵的博弈最终诞生了其袒露心迹的《离骚》，长歌当哭，他向万古苍天、列祖列宗道出自己良苦之忠心。

步入商於以西的旬阳、汉中盆地，山峻蔽日，林深猿号，云霏承宇，霰雪无垠。

一日，云散天开，群犬向日，狂吠不止。他疑惑：这是为何？狗为什么视太阳为寇仇？好奇之下，豁然有悟：原来这里的狗多见荫翳少见日啊，明亮的太阳在它们眼里即是怪物，少见才多怪。由此，他立马想到自己时下处境，于朝堂、各国间，皎然而发光发热，其卓异之处安能不被少见多怪的犬一般的小人妒忌？"邑犬之群吠兮，吠所怪也。"（《楚辞·怀沙》）这一山地奇象让他颇有感悟，《怀沙》便由此铺开心绪。

披发跣足，走出山谷，行吟堵河（汉江南岸支流）与汉江古岸，屈原以自己的悲绪迎迓悠远的江水之音。他对汉江古河怀有一种庄严的情结，因为这江是楚国未识长江以前就认识的一条血缘之江，在楚人早先的视野里，"江"就是汉水、汉江。堵河入汉，其景殊异，此处时有汉江清、堵河浑，清浊各异之奇景。自此而下，一段汪洋恣肆的汉水被初民称为沧浪之水。奇景有奇人，这里多少孩童、女子、渔夫都是生活的高人。早于屈原的孔子，一百八十年前适楚，途经此地就领略了这里人的造化。首先是那个乳臭未干的小孩唱的一段“沧浪之水”的民谣，让孔子大开眼界，获得处世之道；再是“阿谷处子”，一个浣衣的村姑，她的修养，让百般复礼而无得的孔子看到了周南楚地非同寻常的教化，从此有了“礼失求诸野”的独到识见。屈原现今来到这里，希望一沐古风，果然没让他失望。不久，眼前一只渔船翩然行来，其上一位葛衣飘飘的渔者来向他打招呼：“啊哈，您不是三闾大夫，何以至此？世事负您，您为何不知变通？您看我们沧浪水畔的人们，都知道到浑水处洗脚，清水处洗帽子，您何必执着地苛求世道变清？”这不是当年孔子听到的那孺子所唱的沧浪哲理歌吗？哦，遇上了孔夫子所逢的智者了，这里的小孩、打鱼人都是有思想的人啊。屈原郑重迎上，感谢渔者劝告，遂自我剖白：“我是个生来洁身自好者，让我把洁净的身子放到污泥里与之共欢，那我宁愿跳河淹死也做不到啊！”听到这儿，打鱼人苦涩一笑：“真是个当今天下难寻的君子，圆润变通的混世哲学原来在铁心忠贞之人面前毫无意义。”遂高歌一遍沧浪歌而去。

歌声低回，江水怅然，万古沧浪此时也显出几许无奈。

既然普世的道理无解，还能到哪儿寻得心灵之助？

钖县不远处的姚方传说曾是帝尧之女娥皇、女英的居处，也是舜帝曾生活过的地方，古来祭祀的庙宇以及舜和娥皇、女英的传说仍在，他可以去拜谒圣迹，求取精神旗帜的指引。

对圣明而德范的舜帝，屈原有一种与生俱来的崇敬，尤其那劳苦个人、造福天下的悲剧性人生是他主观意念里的不朽旗帜，念念在心，时有面向重华陈词的冲动。此次近距离接近圣迹，安能不前往礼拜？

姚方，位于汉水北岸，北向商洛，直达洞庭山以及古之资水、沅水、澧水，舜帝、禹帝往返南北，都途经于此。“鸟次兮屋上，水周兮堂下。”（《楚辞·湘君》）走进这幽眇之地，屈原的思绪顿回千古：那一袭麻衣葛鞋的舜帝，仿佛映现在遥远的天际，两位忠贞的妻子风情万种，她们正依水骋目，“荒忽兮远望，观流水兮潺湲”（《楚辞·湘夫人》）。她们痴情的眼神散射在山岚水草间，相思泪化作鸾鸟之鸣漫溢长空。这是怎样一种琴瑟之和呀，君臣之遇若有此番的思慕，当是何等令人称羡的事儿。想到这儿，屈原不禁情回郢都，再次萦怀怀王，尽管“交不忠兮怨长，期不信兮告余以不闲”（《楚辞·湘夫人》），屈原自己也不会放弃对君王的厚望，当稽首以待。

这种寄望让他有所平静，平静地沉入乡风民情中，感受贵族之家不曾接触的东西。山野民风淳朴，这一带乡言土语如歌，尤其话语中绵绵的尾音总带着“些、吔、哎”等字，交流中好像在征询听者意见，又似问询亲近你，其轻松可爱之处，与严谨的春秋官话中的“之乎者也”迥然有别，给他留下特别印象。在后来的《招魂》中，每当屈原感情低落、悲催惋惜时，便着意嵌用该方言语气词，显示出深长的不忍之意：“魂兮归来！去君之恒干，何为四方些？舍君之乐处，而离彼不祥些？魂兮归来，东方不可以托些！长人千仞，惟魂是索些。”其中的“何为四方些”“东方不可以托些”“惟魂是索些”所用的“些”字，在今天的郧地人听来还很像他们说话时的余音。

乡民中俚语、谚语、俗语多寓世情道理，其呈现的乡土气息，是古来庙堂典籍雅言难见的，“久病成良医”“黑白不分”“上下颠倒”“方圆不容”“拔毛的凤凰不如鸡”等，表情达意更为生动直接，是充分释放强烈个性的鲜活语言材料，屈原不期然地收入自己的语言府库中，丰富了其博学才思。此后《惜诵》中的“九折臂而成医兮，吾至今而知其信然”，《怀沙》中的“变白以为黑兮，倒上以为下。凤皇在笯兮，鸡鹜翔舞。同糅玉石兮，一概而相量”，《抽思》中的“孰无施而有报兮，孰不实而有获”，《离骚》中的“何方圜之能周兮，夫孰异道而相安”等诗句，都可以看到屈原刻意化用“员”地方言的影子。

遍历“员”地南北两年后，屈原终于迎来“美人”转意，怀王二度起用他，并安排他出使齐国，重修盟国关系，他当仁不让，担起此任奔赴齐国。

此前，怀王对秦国的欺骗感到十分气愤，于是举全国之力在丹阳与强秦决一死战，一次战死八万士兵、被俘七十余战将，不甘心失败的怀王再度举兵蓝田，再次失败。

为挽回损失，怀王重拾齐楚联盟的外交政策，与齐再度携手。秦惠文王坐不住了，连忙捎话说把曾占领的汉中分一半还楚，彼此结盟。怀王仍处在对秦国使者张仪的气愤中，断然放弃领土而只求把张仪送来。秦人当然乐意，张仪毫无惧色地来了，但和楚国内奸勾结，又安然地回到了秦国。怀王神经一时短路，待屈原使齐回来提醒，他才缓过神：“是啊，怎么听那几个内宫人鼓捣鼓捣就把那家伙放了呢？”立马下令追杀。可是，兔子早已过了八架山，哪能追得上。

五、魂兮归来，西方之害

战国局势仍然是秦、楚、齐几个大国间的博弈，合纵连横依然是七雄间彼此结盟、见招拆招的基本外交战略游戏。张仪逃脱，汉中地又没要，怀王不仅没解恨，反而更增愤怒，沮丧中的他自然对屈原好起来，并把国策又调整到联齐抗秦上来。可惜，这样的策略实施没多久，北边的秦人无法坐视山东诸国与楚国并肩携手，阻挡其东进步伐，遂又用财物、美女等“糖果”哄骗容易上当的怀王。健忘的怀王居然再一次放弃楚齐友好，转而向秦，并于次年与秦昭王会于黄棘①，还接受了秦归还上庸之地这一小惠，再结同盟。屈原极度伤心，无心参与朝政，只得自令放逐，再次离开国都到汉北。

四年后，秦楚再次反目，秦攻楚地重丘，斩楚将唐昧、景缺，杀士兵两万。秦王邀怀王武关一晤。不长记性的怀王在儿子撺掇下居然不设防地又去了，这一去再未回还，三年后怀王客死秦地，楚人为之哀痛。秦人送还怀王灵柩，自武关而来，经商洛至丹阳，屈原前往扶柩致哀。在丹阳举行的国祭上，他抚今追昔，悲不胜悲，仿“员”地人为亲人招魂方式吟唱了亲手书写的《招魂》：“魂兮归来，西方之害……”“魂兮归来，北方不可以止些……”一声一声，沉重而凄婉，深情而悲切，至此他倾尽了对国家的最后一腔衷情。

此后屈原蹉跎数年，至“赴湘流、葬于江鱼之腹中”，都与朝政无涉。“屈子当年赋楚骚，手中握有杀人刀。艾萧太盛椒兰少，一跃冲向

---

① 黄棘，在今河南新野溧河铺镇江黄集附近。

万里涛。”（毛泽东《七绝·屈原》）尽管诗笔如刀又奈世事何？

《哀郢》《怀沙》《惜往日》是他最后的绝唱。这些亦痛亦恨的心路之笔，无论借喻草木或托古说话，其诗风隐隐烙有早年流落“员”地时濡染乡土民风的印记。

楚国无可逆转地走向下坡。楚顷襄王十九年（公元前 280 年），秦伐楚，楚军败，割上庸、汉北予秦。唐代张守节为《史记·楚世家》所作的《史记正义》对此段历史注解为“谓割房、金、均三州及汉水之北与秦”①。这里的“金”即今陕西安康，“员”地包含在“均”地之中。这一历史事件，标志着楚国全面退出汉水中上游。随后就有了楚顷襄王二十一年（公元前 278 年）的白起攻取郢都，烧楚先王墓之大事件。楚王负刍五年（公元前 223 年），楚国从战国的历史舞台上与分裂的战国一同彻底消失。

屈原殉国，凄风呜咽，长歌当哭，“员”地（后来的郧阳）曾给予了他灵魂的寄托和诗的骨血！

---

① 司马迁撰：《史记》，裴骃集解，司马贞索隐，张守节正义，上海：上海古籍出版社，2016 年，第 1247 页。

第六章　郧关属望，始皇巡行留给这方河山的旷古回响

随着远交近攻、分化离间战略的成功实施，始皇统一六国的目标即将实现：秦王政十七年灭韩、秦王政十九年灭赵、秦王政二十二年灭魏、秦王政二十四年灭楚、秦王政二十五年灭燕、秦王政二十六年灭齐，齐国最后被推倒，秦帝国宣告天下归我，是年公元前221年。自此，各路炎黄子孙走到一起瞩目这个终结了八百载诸侯纷乱的伟人，他开启了以郡县制为政治基础的中央大一统皇权统御的新纪元——“秦”。从最初的西部牧马人获得的那片很不起眼的封地，历经数十代韬光养晦，潜心发展，自强不息，纵横拓展，终于无可匹敌，这个曾经不起眼的国名光芒万丈，照亮全球，成为华人的普世性指代。

大一统，国家只有一个，皇帝只有一人，这个国家只属于皇帝，天下不再被尾大不掉的领主国或诸侯分割，皇权以下的权力和地位不再被世袭，即便皇亲国戚的支系食邑，也只是一种生存待遇的安排，其政治生命都得听命于皇帝，从中央到地方，各级官吏的权力随时会更替，社会被一个前所未有的权力系统所控制。这年是华夏政治文明由王权到皇权、由王国到帝国转身的标志性起点！

“秦王扫六合，虎视何雄哉！挥剑决浮云，诸侯尽西来。”（唐代李白《古风》）这是诗人李白给予秦始皇历史功勋的纵情赞誉。

一、百二秦关

秦帝国治下的华夏大地划分为48郡756县（据岳麓书院从海外紧急抢救的2098枚珍贵秦汉竹简中考证的数据统计），东到东海以及朝鲜，

西到临洮、羌中，南到北向户，北到黄河关塞，从阴山一直到辽东。统一后的第二年，秦国修筑历史上最早的“高速路”——驰道，供皇帝巡守之用，“以示强，威服海内”，先后修筑的著名驰道有：出今高陵通上郡（陕北）的上郡道，过黄河通山西的临晋道，出函谷关通河南、河北、山东的东方道，出今商洛通东南的武关道，出秦岭通四川的栈道，出今陇县通宁夏、甘肃的西方道，出今淳化通九原的直道等。《汉书·贾山传》记载，秦驰道宽五十步，隔三丈栽一棵树，道两旁用金属锥夯筑厚实，路中间铺筑一道专供皇帝出巡车行的核心路面。有的驰道铺有枕木，枕木间距与马步合拍，成为“轨路”。马、车到了轨道，就不由自主地发生自激振荡，飞快奔跑，速度加快。此外，始皇创驿站，修驿道，以供中央传递官府文书和军事情报，接待来往官员，更换马匹，保障供给。

郡县星罗棋布，大道一鞭直达，彻底消弭了诸侯国时代画地为牢的城池沟垒，万里河山尽在一目扫视之间，六合寰宇皆在一掌一握之中。

这里说说秦统一六国前汉江中上游秦巴区域的局势。

汉江中上游以北的商於之地、以南的麇庸之地，原本属于楚国立国之初蚕食的方国，楚向南发展后，这里就成为楚的尾巴，即“楚尾”。秦国越过秦岭后，常常揪住楚国这个尾巴进攻，侵占楚国的后院，将其变为秦国的前沿阵地，即“秦头”。所以，这片区域就被称为“秦头楚尾”。在秦楚相争最为激烈的时候，往往早上还是秦人占领的地方，晚上就又被楚军夺了回去，“朝秦暮楚”也诞生于这片区域的这个特殊历史时期。“朝秦暮楚”不仅形容了当年那些摇摆于秦楚两大国之间的区域不得已而采取的随风倒的小国立场，也真实记录了这方土地当年被撕扯、被争夺的惨烈情景。隶属钖县境内、流经现今十堰市区的百二河，其名“百二”就关涉这个时期的历史。这条发源于房陵峡谷的河流，流进了秦楚撕咬的时代，它见证了那惊心动魄的血色黄昏和铁血朝阳，见证秦军修筑到楚国后方十堰一带的座座关隘。这是一片很大的区域，包括汉南古绞国，即自伍子胥离去后被人们称作“员”的这片土地，处处都部署了秦国的军队，史称“百二秦关”（一百多座秦关）。

这片区域里的“员”地由“员”变为“郧”始于这个历史时期，当它只是作为伍子胥这个名人足迹的纪念地时称“员”，被秦国占领后作为军事要塞，后来作为县级行政建制，便在右边加上右耳旁“阝”，称为“郧”或“郧关”，从“员”到“郧”“郧关”“郧乡”“郧乡县”“郧县”，这片区域经历了从自然地名到军事、行政属地的历史变迁。

谭其骧先生主编的《中国历史地图集》清楚地记录了秦时“郧关”出现的历史节点，其他史书也有所记载。《汉书·地理志》：“（汉中郡）有郧关。”西汉郡县图中也标注有“郧关”。《水经注》：“《地理志》曰：有郧关，李奇以为郧子国。”《郧阳府志》（王正常嘉庆二年修）：“琵琶谷在郡城东二十里，一名琵琶滩。”《湖北省建制沿革》引《省志》：“郧县，春秋绞国。汉为长利县地。郧关在县西。”《读史方舆纪要》：“郧关，在府西，《史记》所云‘南阳西通郧关’者也。”作为汉江中上游的一个军事关隘，它设置在锡县以东的古绞国区域内，具体在郧城东还是西？前后史籍所述不一。不过，这些史料记载有一个共同指向，即郧关处在古绞国的区域内，郧城东西都可能成为古郧关的关防，但从狭隘的关口来看，郧城以东的琵琶谷口，即古史书所称的琵琶关，应该就是具体的郧关。

琵琶谷口亦即琵琶滩，在郧阳老城东菜园以东。这里曾是大禹治水时期确立的荆梁分界线，汉江中游的一个地望界点，荆湘、巴蜀、商南进入汉江均需经过此地。在绞国存世的往古时期，郧关是绞国面对下游楚国的第一道防线，此后漫长的岁月里，它是楚国源源不断输入锡县住民的入关处。其境内虽无雄峰断崖，但轸石嶙峋，河道如门，水流激越，且汉江南岸筑有层层营垒，关防绵延数里，无论水陆都是不可逾越之塞，故而秦设军事关防。

郧地秦时隶属汉中郡。秦时沿黄河入秦，有“函谷关”为险；由丹水趋秦，有“武关”为隘；由汉水袭秦，有“郧关”为阻。据《资治通鉴》记载，周赧王二年（公元前 313 年）“张仪至楚”，以计破齐楚联盟，楚怀王大怒，引发了秦楚丹阳之战。结果楚师大败，秦国夺得了楚之汉中及汉北之地。郧阳以西包括新城（房县）、上庸（竹山县）为秦之汉中郡；郧阳以东包括原均县舆地，归秦后设南阳郡，以郧为关。

实地勘察，昔日汉水至古绞国大堰（江北）和辽瓦（江南），水域宽阔，水势平缓，但流经武阳岭至狼子山时，因水流受阻，被迫呈半弧形流向汉江对岸的山门岩，水流受山门岩阻碍，又呈反弧形直冲天马崖，有人潜入天马崖下见到水流所致形成的壶状水下景观，壶形巨大，深不可测。这里因两岸山岩夹峙，河道陡然变窄，水流被逼成反“S”形径流，流速大，多漩涡。再下，汉水一路依长岭冲刺，至琵琶谷口形成激流险滩，水声震天如倾空琵琶弹拨之声响，又因滩涂巨石形似琵琶，故谓之琵琶滩。过了琵琶滩，河道又窄，两岸山岩犹如天然石门，行船人称之为琵琶关。自古此段汉水行船，颇多凶险，翻船撞排者无以数计，不少船家和放排者称此为“鬼门关”。过此水隘，水流又一路平缓直至杨溪、安阳。自古由此入川或由汉中进入楚之腹地，确为一道难以逾越的险关。

海内归一，郧关极目无楚天。

大批的楚国贵族依然生活在钖县，他们人在秦国心在楚。对于这一带的楚人恨秦念楚的情绪始皇非常清楚，他以“掺沙子”的办法将聚居的楚人离散，使秦人楚人杂居而离心离德。始皇十九年（公元前 228

年）灭赵后，始皇将赵王及其家族迁到房陵，进一步混合了钖县的人群。不仅如此，始皇在巡行帝国疆域的过程中，还特意安排了途经郧关、巡视钖县的日程，他要亲自看看并安抚一下在此争斗了上百年，如今成为大秦帝国臣民的人们。

一个小小的钖县就如此让大秦皇帝操心，那些被强力纳入掌中的各国民众安能臣服于帝国的威势之下？但秦始皇毕竟不是普通人，他能打天下，亦能平复天下，谁敢在他的威势下造次？除了政治威权控制，始皇还通过频繁出巡宣德扬威。始皇二十七年至二十九年（公元前 220 年—公元前 218 年），他在先前六国的领地上巡游了一遍，并在各地刻石颂功。当然，秦始皇不是每一个地方都走到，他的巡游有几个重要活动区域，这区域大抵是齐地、燕北赵代之地和东南吴楚之地，汉水流域楚国故地则是他安排在巡行归途的最后一站。

二、绕道郧关

回首踏平六国的过程，齐国是始皇兵不血刃灭掉的六国中最后一个国家，齐属于老牌强国，依山傍海，商业繁荣，经济发达，是秦人征调粮赋的基地。统一之初的秦政权对齐地的统治比较粗放、薄弱，秦始皇了如指掌，故而他巡游东方六国时三次历齐，表现出对齐地的特别关注。匈奴是北疆的一大边患，统一六年后，始皇命蒙恬率大军北征，收复失地，拓展疆域，又把秦、赵、燕长城连为一体，修筑了西起临洮、东到辽阳的万里长城以及大量边关防御工事，它们成为秦帝国固守北疆、应对百越和西南夷的有力屏障。始皇东巡还有一个政治目的不容忽视，就是方士们给他灌输的所谓东南有天子气，务须东游以厌之。吴楚之地潜伏着取秦而代之的浓郁的不满情绪和政治骚动，此乃心腹之患，故始皇借巡游、视察政务以抑制。后世有不少文献记载了他在巡行吴楚之地过程中，采取更改地名、挖断地脉、修筑厌气台等种种手段破坏金陵（秣陵）、朱方（丹徒）、剡山、徐州等地“天子气”。当然，始皇巡游也与他先辈养成的“慕远行、爱河山”的传统有关，秦国历代国君多有不辞辛劳，跋山涉水，蒙犯霜露，频繁远行的历史记录，尤以秦惠文王、秦武王、秦昭襄王等为甚，及至始皇，也不例外，则有所谓勤本事、夙兴夜寐、朝夕不懈、视听不怠以及“上至以衡石量书，日夜有呈，不中呈不得休息”①（《史记·秦始皇本纪》）的勤政风格，他事必躬亲，并实地体察民风民情，进行政治巡游。秦二世即位初年（公元前209年），二世皇帝就学习他父亲前往东方巡行，从他与赵高的对话和东巡中所表现出的节奏，可以看出秦人好慕远行的传统。

民间传说始皇大军沿汉江而上，及至郧关，涛声如怒，波浪汹涌，始皇步出舱门，仰天大吼一声，瞬间涛息水平，万山含笑，长空焕彩，船队遂平稳通过，众人山呼万岁。始皇的船队继续行进，在即将抵近钖县的小石沟口再次被大风阻隔，怒吼的江风将桅樯折断，逶迤的船瞬间乱作一团。“这是什么地方?”始皇问询身边的博士，博士答：“此乃钖县之姚方，姚方者舜之妃所居也。”始皇怒不可遏，遂命房陵贬谪之人前来，将姚方之湘山树木砍光，并令方士掏出令牌，作法镇风，不久风止船行，始皇抵达钖县城下。

---

① 引文意思：皇帝甚至称量各种书写文件的竹简木简的重量，白日夜晚处理的文件都有定额，阅读达不到定额，自己就不休息。

锡县县令、县尉一律盛装官服走出城门，来到岸边，游徼、三老、啬夫、有秩、亭长、里长等地方官员也一并赶到码头，希望能一睹始皇天颜。在百官簇拥下，始皇伟岸如山，车马扈从如云，从人群中走过，然后下车，登上了滨江锡县古城。古城沿江而筑，依山临江，古风郁勃，凭雉堞放眼四顾这方悠久的河山，铁马冰河，历历如昨。他知道当他的先辈还在汉水源头天水放马的时候，这里已是人头攒动的城邦国家，这里的文明远远早于秦国那片发祥地。此后秦国多少次与楚国争夺周南商於河山，就是瞄准了这个经营汉江千百年的麇子开国之地，今天实地一观，确实天赋胜地，虽王者之气已收，但水阔地沃，群峰环抱，万壑朝宗，可谓天心，依然让他由衷爱慕。这样成熟的土地，理应作为汉中郡的东边门户，南阳郡的西进通衢，勾连大秦北河南江的中枢。一江汉水虽多有险滩，但仍不失为黄金通道，古人吟诵它“汉之广矣，不可泳思。江之永矣，不可方思”，此言不虚。还有波光潋滟的天河，在锡县的对岸，渺渺邈邈，直达终南山深处，形似苍穹之银河，这样的水脉和地脉，合当惠及大秦江山之永福！

恭迎始皇陛下的盛典在县令的府署进行，县令向始皇呈上麇国早年遗留的精美神圣的礼器，先是一系列的君子列鼎，继而是伴随着乐章而呈现的铙、钟、镈、鼓乐器，飨宴排开，由此而来的是盛着金浆玉醴的爵、觯、觥、尊、卣、壶、斝、罍、觚等庄严华美器物，随而呈上簋、盨、豆等盛满佳肴的食器，精妙绝伦，藏礼于器，古法今用，始皇大为快慰。县令禀报了锡县臣民对国家、对始皇的忠诚，对典章制度的遵守，各类赋税徭役的完成情况，这让始皇顿生好感。看始皇龙颜大悦，县令情不自禁地向皇帝诉说起这个老牌县区的辉煌过去，述说起麇国时期就开始的繁盛的青铜时代，丰富的铜矿资源与长江流域悠久的冶铜技术为钖县提供了取之不尽的物质财富。

钖县城防坚固，山川冲和，大道铺展，屋宇成片，水天相属。冶铁是其筋骨支撑，雄峰是其屏障。山能屏蔽一切，亦能气通万物。钖县仰赖五峰充实其浩然之气，既景乃冈，阴阳相济，怀其流泉，四维端方！钖县城郭可谓大举九州之势以立之，遥观终南，势薄云天，巴蜀壁立霄壤，平行游走其中的汉江千船竞发，万军开拔，东联西结，北取南运，不亦畅乎！西有子午河、褚河，东有东荆河，南有堵河、白河，北来丹江、金钱河、天河、蜀河……大小百条支流，这江水浑似一张联袂南北的蛛网，于其间纵横通达，天地变得自如，乾坤就在眼底，世事就在掌中，它把钖县紧紧维系在皇都咸阳的门槛上。吾皇可以不修驰道贯南北，汉江就是陛下的通衢大道，钖县就是陛下的养心园囿！

钖县没有那么强烈的仇秦情绪，民众已习惯秦国的法律法规，贵族们安于新的现状，满足于典章管束下的安稳日子。

钖县县令博学多识，迎送有方，应对得体适切，始皇及随行群臣均心生欢喜。临行始皇特别赠送钖县一口巨型大镬，口径五丈，可容千人同食，以褒奖此地臣民拥戴大秦、明理知法、同心同德。①

始皇船队继续溯江而上，不出数里，一道白水从山中涌出，随行的博士告诉他："这条河叫白河，环伺的青峰人称荆山，这山产绿松石，早已开采。"始皇见山水殊异，遂率人马登岸观景。只见乡民依山而居，茅屋绳枢，多有开山破石取玉的功夫，他们奉卞和为神。

由白河上行数十里，北来一条河水与汉水相会，由此北行可达商

---

① 现今郧阳五峰乡复制的一口巨型大锅即是对当年历史的呈现。

南。帝国的版图标识着这条河流北溯三百里登陆，沿陆路直达商州南郡驰道，越武关即可抵关中。这是一道雄浑的高山故道，南北自此终结，故而古人称之为终南山或南山，东极青华大帝太乙天尊在此显灵，故又名太乙山。秦人先辈南征东讨，将大秦威严横扫这道巨峰，自此此山姓秦，成了秦家之山，秦岭由此而来。

这条通往商州的河流原名甲水，在秦楚交锋的那些年曾是南粮北运、补给秦军的水运要道之一，现如今舟楫穿梭，商贾云集，信使不绝，桨声欸乃。传说行进过程中，始皇恍然一梦，梦中说甲水上游有个龙洞，洞内有座金库，金银堆积如山，可资帝国财政数年之需，始皇甚是欣喜。梦醒以为真，于是派随行的太傅前行探视，果然发现一个潜在水底的老龙洞，就尝试着以平民之身去向老龙借金。老龙本不想借，碍于情面，为难地说："金银我有，只恐到咸阳遥远，难以运回。"太傅连忙答道："无妨，只要你肯借，运输是我的事儿，您不用操心。"老龙无奈答应，但要求太傅天亮前须全部运走。太傅禀报始皇，始皇随即拜请各路神灵，众神作法，把甲水岸边柳州城柳叶取来全部扔到河里，说了一声"变"，顿时都变作了柳叶舟，说一声"载"，大粒小粒的金银都蹦到那片片柳叶舟上，满河的柳叶舟将龙洞所有金银财宝悉数运来，始皇大喜，满载而归。

柳叶舟落下的金沫子，洒落在甲水里，太阳一照金光闪闪，人们纷纷下河淘金，从此，这条河便更名"金钱河"了。《水经》以及《水经注》都有提到这条河流，说它接秦之水，水澈见底，云绕鹤飞，仙境叠翠。

船队行至柳州，水势渐微，河道趋狭，由此登岸，改道车马行。河埠岸柳拂风，行人衣袂飘飘，莺歌如梦如魅。始皇来到渡口，众官吏趋行在前渡河，丽日当空，白云如棉，渡船一篙及岸，在万民依依的目光中，车马奔腾，虎贲开道，皇帝一行遮天蔽日而去。

天子由此渡河，是为万世之幸，始皇去后，人们立石河岸，大书“天子渡口”，继而称柳州为“上津”。

山河孕育伟人，伟人造就河山，上津自此万古！

“古来郧西三大关，夹河六郎及漫川，穿陕进鄂绕群山，三百里蛰伏汇入汉。人们都说宽坪宽，未必来过上津县，若到上津看一看，道说宽坪不算宽。”这段流传民间的顺口溜记述了郧西以西的几道关隘和上津河道的情形，洋溢着对天子途经此地的自豪。生生不息纤夫号，山间铃响马帮来。水流千古，民生千古。

三、湘君庙遗恨

再回到始皇抵达钖县之前“赭湘山”的那段经历，这段流传在钖县的传说似乎是挪用了《史记·秦始皇本纪》里面记述始皇过长江至湘君祠遭遇大风那一段故事，其实，这个貌似雷同正史的逸闻并非无稽之说。在钖县下游不远处的汉江南岸确有一个地方名曰姚方，姚方背后一兀立的山叫湘山，该山在现今的郧西县归仙河境内。秦始皇在江上遇风的故事，就在此处。对这段历史，著名学者谭其骧、石泉先生都做过专门的考证，他们一致的看法是湘山寺不在湖南而在汉水流域。

钖县下游不远处的归仙河入江水处有一个地方叫令牌石，之所以叫令牌石，是因为这个地方的汉江边有一块人工竖立的像宝剑又酷似令牌的大石头，这石头就是当年为始皇镇风的方士丢下的那块令牌化作的，当地人讲，秦始皇走后便吩咐人们好好安放这块令牌，让它永远在这里镇风。数千年来，在汉江河里行船的人途经此处都要来此朝拜，焚香上贡。20 世纪 70 年代此处修建了排灌站，这一古迹遭到破坏，时至今日，安放这块大石头的基座还在江边，隐隐可见。

郧阳地方文化学者凌智民先生对出土文物《鄂君启舟节》进行地望解读，进一步佐证了姚方就在此处，而且这段汉水在秦时称湘水，其北面是古时的九嶷山，南面则是古时的苍梧。姚方乃舜及后人的长期居住地，舜、娥皇、女英均葬在这一带。2009 年，考古工作者在这一地区发掘了一批石家河文化遗存[①]，而石家河文化所处的年代距今约 4600 年，正是舜生活的年代。2014 年全国屈原文化研究会专家一行在十堰市郧阳区召开“屈原与郧阳”研讨会，会间，各位专家学者在凌智民先生的带领下，实地踏勘了令牌石遗址、小石沟过风楼遗址和归仙河湘山。传说中的令牌石业已不存，其基座赫然在目，汉水消落，江中乱石狰狞可怖。小石沟外的一道山陵上尚可见过风楼遗址，登上这个山坡，无风也感衣袖飘飘，江风赫赫，不绝不止。从这里瞭望河对岸，归仙河那道山口似乎是一个鼓风机，不时滚动的西南风气流横扫汉江河面，一直吹到过风楼。归仙河一旁隐约可见一座青山，村民说，那就是湘山，上面有古木数株，人们在树上披了无数的红绫，祭拜山神。专家们经过这番田野调查，深感民间文化的神奇与深厚，他们纷纷表示，对于屈原《湘

① 陈白水、刘祥宇、左志强等:《湖北郧西归仙河遗址 2009 年度发掘简报》,《江汉考古》2012 年第 1 期。

君》《湘夫人》的研究，对于秦始皇这段巡游历史的研究，要与这里的民间传说和田野调查结合起来，以此获得更为丰富科学的真知灼见。

现在，我们回到故事本源上来分析始皇何以对湘妃兴风如此动怒，原来这件事不仅阻止了他行进，还与他奉行的原始宗教信仰有关。学者们对湖北云梦出土的睡虎地秦简《日书》和甘肃天水放马滩出土的秦墓竹简《日书》及有关文献记载进行分析，发现秦代已具有了宗教信仰，其特征是所信奉的神灵具有丰富性和多样性，是多神崇拜，而且神权思想支配着整个社会政治、经济和军事活动，神学思想在始皇十余年短暂的统一帝国历史上，成为统治的支柱之一。在他的理念中，全国各地的山山水水无不有神存在。在这样的背景下，始皇推崇五德始终说，到泰山封禅，到各地祭祀山川鬼神。众神佑我，你湘妃二神女却与我过不去，安能容忍？严惩不贷，便在所难免。

其实，娥皇、女英无意与始皇过不去。其一，假定是湘妃兴风的话，这也不是湘妃对始皇有什么怨恨使然，史书记载：帝之二女常游于江渊，出入必以飘风暴雨。看来，“兴风作浪”是两位女子出行时的基本风格，正像龙从云、虎从风一样，这天始皇的行进正好与二女出行相遇了，于是就闹出了这点不愉快，让始皇受惊了。其二，我们从现代地理科学分析姚方（归仙河）那段汉江多大风的原因，不禁好笑。原来这里因为西北向的归仙河河谷是一道经常裹挟西北、西南风的风口，即便四周无风的时候，这里风流也极大，风流出口越过汉江江面，直抵小石沟。从前人们为此在小石沟口专筑一座过风楼，风从楼上穿过，人们登此楼可沐浩浩长风，可听呜呜江咽。水上经济时代，行船人多半经过风楼而知当时风势大小，以此判断可否行船。始皇的遭逢乃地理使然，途经风口又适逢风急浪高，安能不舟楫摧折？实乃天威，并非神女作祟。

这次姚方历险，始皇手持的一块玉璧落入江中，他回咸阳不久，这块玉璧神奇地重现于华阴舒平道。那日，一位皓首白须的老者自称黄河水神持璧奉还，并告诉他一个不吉利的预言："明年祖龙死！"得知此讯，始皇立即命人占卜，占卜的结果是"游徙吉"，也就是皇帝出巡与让百姓搬迁会吉祥。这些玄虚之事难言真假，只能说明始皇深感"赭湘山"的行为太过，有犯神灵，犯罪感从心理上给一代伟人以压力。始皇就是始皇，他始终不会忘却他的勃勃雄心。于是，他又于在位的第三十七年踏上东巡的路程，不忘谢罪舜帝二妃，再次来到汉江，在望祀虞舜，也算是向湘君谢罪。诚然谢罪，但为时已晚，已然造就，无可挽回，始皇遗憾地在这最后一次巡游途中终结了他伟大的一生。

第七章　堵阳长风，韩氏守候的孤岛与县址

公元前206年，楚汉两大军事集团的争斗落下帷幕，大一统的秦帝国成为历史，取而代之的是大汉王朝。汉初实施郡县制与分封制混合的政体模式。刘邦与项羽相争时，先后分封七个异姓王，称帝后，他又分封九个同姓子弟王。面对这拼凑起来的诸侯势力和亡秦后的六国历史背景，刘邦确立的国策是：勉力维持稳定局面，适时铲除异姓诸侯王，调和分封制与郡县制的矛盾，稳定中央政府及封国之间的关系。郡国杂处，彼此掣肘。

一、堵阳何处

汉初，汉水流域的郡县大体保持秦时格局，汉中郡、南阳郡、南郡、江夏郡，这些郡基本被楚王刘戊所节制。属于汉中郡的钖县一度被裁撤，在钖县对面的天河一岸观音镇新设长利县，不久又恢复钖县，管辖汉北汉南两岸的区域；在汉江与堵河交汇处的韩家洲新设堵阳县，隶属南阳郡，辖古钖县以下绞国区域以及汉北以东、汉南区域，包括郧关。

堵阳何处？汉水、堵水交汇处之韩家洲。

郦道元《水经注》卷二十八注沔水（即汉水）时顺势注明了堵阳方位，其文如此："堵水出建平郡界故亭谷，东历新城郡。郡，故汉中之房陵县也。世祖建武元年，封邓晨为侯国。汉末以为房陵郡。魏文帝合房陵、上庸、西城，立以为新城郡，以孟达为太守，治房陵故县。有粉水，县居其上，故曰上粉县也。堵水之旁有别溪，岸侧土色鲜黄，乃云

可啖。有言饮此水者，令人无病而寿，岂有信乎？又有白马山，山石似马，望之逼真。侧水谓之白马塞。孟达为守，登之而叹曰：刘封、申耽据金城千里，而更失之乎！为《上堵吟》，音韵哀切，有恻人心，今水次尚歌之。堵水又东北径上庸郡，故庸国也。《春秋》文公十六年，楚人、秦人、巴人灭庸。庸，小国，附楚，楚有灾不救，举群蛮以叛，故灭之以为县，属汉中郡。汉末又分为上庸郡，城三面际水。堵水又东径方城亭南，东北历嵾山下，而北径堵阳县南，北流注于汉，谓之堵口。"① 这是郦道元写到旧时的钖县故地后，随而转手写汉水支流堵水的，由此而顺及堵阳。他说堵水源头在古时的建平郡地界的亭谷，即神农架北麓阴条岭山谷，然后向东流经新城郡，这个郡是当年汉中郡的房陵县改的。东汉光武帝建武元年（公元 25 年），他封一同打江山有功的邓晨为房陵侯。东汉末年，房陵县升格为房陵郡。到三国时期，魏文帝曹丕将房陵、上庸、西城三个行政区合并为新城郡，由叛蜀投魏的孟达任太守，驻守在原房陵地界。此地有一条溪水和一片粉土，水上有一县，因水得名上粉县。岸边有一种黄色粉土可以吃，这就是迄今仍可见到的观音土，在粮食短缺时人们常常食此土维生。有传说饮了此溪水可以祛病长寿，郦道元认为这不可信。这里还有一座山，名曰白马山，山石酷似马状，远望十分逼真，一旁堵水流过，此地望被称为白马塞。孟达驻守此地时，写下《上堵吟》咏怀，此诗音韵哀怨悲切，凄恻动人，堵河岸边住着的人都在传唱。南朝宋文学家、史学家盛弘之《荆州记》进一步证实了这一历史："竹山县有白马塞。孟达为新城太守，登白马而叹曰：'刘封、申耽据金城千里而不能守，岂丈夫哉！'"② 堵水又东

① 郦道元撰：《水经注》，谭属春、陈爱平校点，长沙：岳麓书社，1995 年，第 420 页。

② 李昉编纂：《太平御览》第 2 卷，王晓天、钟隆林校点，第 2 版，石家庄：河北教育出版社，1994 年，第 593 页。

北流经上庸郡，也就是古庸国地带。庸国相对于楚国，不过区区小国，只依附于楚国而存在，可是，那年楚国有灾却不救援，反而带着西南诸多蛮夷之人背叛楚，于是被楚国灭掉，改庸国为县。汉朝末年，再设为上庸郡，庸城三面环水。堵水又东经过方城亭南，东北经过嵾山，向北经过堵阳县南，北流入汉水，此处叫堵河口。

我这里之所以将《水经注》关于“堵水”以及“堵阳县”的详细记述原文搬来又逐句译出，无他，旨在佐证堵阳县具体位置就在这堵河与汉江交汇处的堵河口上的韩家洲，而不在其他处。河南南阳利用《水经注》中一些纠缠混杂的河流注释，将历史上的堵阳县说成现今方城县老城区，没有道理，“堵阳”者，堵河之北、秦岭之南者也，韩家洲当其位。

二、春秋箭镞

韩家洲，是汉江第一洲，舟楫通达时代，行船人都对韩家洲敬畏有加，只因它俯卧在堵河与汉江交汇处，扼两水之要害。韩家洲呈东西走向，形似汪洋上一道屏风，更似一条逆流而上的巨型鲸鱼。方圆九里，波涛汹涌中它似进非进、似动非动，大有主宰堵水与汉水命脉的霸气。从巴山深处过来的堵河，直驰韩家洲阳面，至此也颇有几分浪涛声势，可在满河咆哮的汉水面前，它自惭形秽，只能乖乖听凭汉水横行，俯首为之让路，自己则折而西流一段后又回头汇入汉水东流。洪水季节两水汹涌澎湃，滔滔然，轰轰然，山摇地动，上行下行之舟在两水汇合中被冲击得载浮载沉。这里的人们常常看到一大天然景观：大河涨水向东流，堵河涨水向西流，而且一条浑浊，一条清澈。一清一浊，泾渭分明。历史上的沧浪水便由此缘起，民间传说沧浪听孺子歌的孔子和江畔听渔父歌的屈原均亲历此处。

韩家洲北边山坡陡峭，河道水流湍急，漩涡密集，俗称背心滩，船如在剑戟上行走，西进巴蜀、北通三秦的货物在此需经千灾百难方可通过。洲头有座巨大的穹隆状坟茔，迄今巍然，乃为洲头。人说汉初三杰之一的韩信曾出生韩家洲，说他曾为取得洲头那片具有王侯将相之地气的风水宝地，不惜将生母活埋，人们将巍巍苍苍的洲头作为韩信母墓的封土堆。2010 年之前的岁月里，洲上阳坡斜面曾住三百多户人家，一律姓韩，自称韩信嫡传后裔，他们以名人之后的身世为耀，世代奉韩信母墓为祖坟，年节里全洲人齐集祭拜，拜罢这座祖坟才祭各家各户的先辈。从传说到信以为真，数千年来，这里形成了一种神圣的韩信家族文化崇拜，并定格于人们心中，此洲上生存的人们不会说韩信故事就算不上韩家洲人。洲上有连片的汉墓，春秋箭镞俯拾皆是，墙角檐坎随处可见汉砖，当年村民家家藏有玉尊或玉带钩之类的战国、秦、汉文物珍品，几枚五铢钱、几件远古漆器那都是韩家洲人司空见惯的东西，不足为奇。后此地被列为省级文物保护单位。

韩家洲沉积了悠远的活生生的历史往事，故而魅惑丛生，神秘至幻，烟云霭霭，铁血故事牵绊着郧阳儿女的脚步，一坡黄土掩不住苍茫世事，亦真亦幻皆可走进典籍。

三、“韩信活埋母”

再回到韩家洲故事源头，“韩信活埋母”是流行在当地民间的传说，无人不知，无人不晓。

某日，东海龙王酬酢水族百官，水晶殿上珍馐美馔、醴泉佳酿，不胜其享。觥筹交错间，转眼已是五更，醉意酣畅中，个个癫狂。修炼万年的鲇鱼和造化千年的须虾掐了起来，口舌不让，怒目相向。巨鲇愤然，挥动山一样的巨翅扑来，张血盆之口欲一口吞之而后快。知道动了强敌脾气，弱虾安敢再争，转身而逃。小巧灵敏之身，穿水似箭，那憋着气的老鲇，搅浪掀波而随。一个死命潜逃，一个穷追不舍，越海入江，钻江泅河，水底千万里，寥廓何处遁？也不知游到了何方，忽然，前面一个两河汇流的地界，那虾走的哪条河，向西还是向南去了？大鲇徘徊张望，好生踌躇。强者面对歧路一时也没了主张，居然忽略了一个致命问题：从仙界来到凡间的灵物，上天赋予其活动的时间是有限的，只有入夜到鸡鸣前的这段短暂夜色，此间若不返回，就在民间化作山石，永世无回。果然，属于它的时间进入倒计时，五更声响，一声鸡鸣，巨鲇瞬间化作一岛，永远的以其山石鲇身定格于两水汇合的江中了。那只让它动气的须虾其实也未前行多远，在距离十里外的上河也化作一堆岩石，酷似鹰隼，人们称其鹰嘴石。怅恨难弥，回望下游的鲇山，鹰嘴石时有啄骨之愤。

一冲动竟毁了千万年苦心孤诣之修行。

这条河就是汉江，引鲇鱼徘徊的那岔河便是汉江最大支流堵河。

新的一天来临，江边人突然发现河中耸峙一山，卡两河如鲠在喉，甚为奇异。大家乘兴绕行一遭，发现方圆九里，便称其九里山。其后，又经几世几劫几朝几代至大秦，一堪舆先生路过此地，见那酷似鲇鱼的江中山丘，好奇心促其登临一观，至鲇鱼山头部，见万丈清流奔涌而来，分流而去，又见两岸青山似城似阙，可凭可揽，而这山头处则惊涛骇浪、浩荡洪波，于中流岿然如砥柱，执两河如辔，俨然大将风范，遂而惊叹：好地，一片好地，晚上插根枯树枝，早上即可发芽！堪舆先生说罢飘然离去，他的话不经意被当地一放牛娃听到，当晚就去插了根树枝，果然，第二天青枝绿叶。啊呀，真是好地呀！好一片阴地，何不自己先占？怎么占得这风水呢？放牛娃一时又无亲人遗骨可葬。突然，他有主意了，他打起了老母的主意，他对老母谎称河对岸有庙会，明天背她去逛庙会。当晚掘好墓穴，给老母好吃好喝一番，天不亮便悄然将老母背去活埋了。此地地气确实不错，不久坟冢见长，逐日隆起，随洪流而高崇，日后便浑如小山，似鲇鱼头顶一冠，神威殊异。放牛娃此后加入到秦末群雄并起的队伍里，先是追随项羽后是跟着刘邦，走马挥戈，打败项羽，奠定汉朝天下，功勋赫赫，这放牛娃便是战功卓著且封侯的韩信。但毕竟活埋母亲丧阴德，韩信后果很惨，为王为侯，数年之间，命断长乐宫，并连带了他妻子儿女及三族所有亲人一同丧命，几乎断后。韩家洲留有遗脉，幸而没有随他临朝为官，驻足此山延了根系。洲上韩信的子孙守祖脉不离不弃，拒异姓掺入，于是，千秋而今，清一色韩姓人。如此，九里山便叫了韩家洲，九里山前活埋母的故事也口耳相传，与此同时，韩信与楚霸王的英雄故事也被韩家洲人移植到眼前，他们称堵河入汉江那段叫作乌家河的河流为乌江，认定那里就是韩信逼死楚霸王之处。

江中小渚，被窜入了如此故事来头。

汉初三杰之一的韩信被韩家洲人引为先祖，引为自家人了。

他生于此？在此埋母？且看太史公司马迁在《史记·淮阴侯列传》结尾怎么写的："我到淮阴去，淮阴本地人对我说，韩信还是个贫民的时候，他的志向抱负就和一般人不一样。他母亲死了，穷得没钱办丧事，然而他却到各处寻求高而宽敞的坟地，要让那坟地可以安顿下一万家。我去参观他母亲坟地，果真像人们所说的。"这是太史公在江苏淮阴看到的实景，看来郧阳汉江韩家洲的这个坟头与韩信无涉，与韩信母墓无关。九里山前韩信活埋母，只是个传说，只是个故事而已。

四、历史寓言

面对千里汉江，万古沧桑，横亘秦巴河谷的韩家洲，在水上经济时代，是兵家棋盘上的要害一筹，烽火诡谲，守住此洲，就守住了门户，打开此门，也就畅通了东南西北，在攻和守的漫长角力中，该有多少的悲伤故事，留给世人多少的想象和传说啊！如今依然俯拾皆是的箭镞如盛长的蔓草，弥漫视野，那猩红的锈蚀，似地脉之血，箭体早已融入了土地肌肤。“利镞穿骨，惊沙入面。”“声析江河，势崩雷电。”（李华《吊古战场文》）完全可以从这些曾穿过肉体或直接落地的夺命之镞，想到韩家洲上曾有过的英雄传奇和惨烈持久的战事；连片大墓，掩埋着守将忠骨，每一个主人都曾枕着江水，凌然江头，屹立倒下间，春秋代序，朝代兴替；田边地头的秦砖汉瓦、石础雕栏，那曾是楼台营垒，高门宅院，云卷云舒，江河易主，盛况也就散落一地了……

帆樯耸起兮，大江倒流，鼓衰力尽兮，矢竭弦绝。

历史可以再回溯到汉江最为鼎盛的部落、方国时期，韩家洲那时何等重要，早年区区江中一洲并非一般民居之地，更非那些声称是韩信后裔的家传之地，那是争霸一方者把持的水上军事要隘。起先逐水草而居的人们由族群而部落，由部落而方国，上下两岸骤然散落大大小小几十个国家，好不热闹，比现今乡镇还要多。北岸的绞、黎、唐、濮等，南岸的微、彭、房、庸、麇等，它们要壮大实力范围，需要占有水上通道，要显示一定能耐，也需要驾驭水上通道，韩家洲便是它们都想控制的汉江锁钥。地处北岸的绞国，一度扩展势力至现今的青曲、青龙泉、商南等地，对于一旁的汉江以及韩家洲理应拥有主导权，筑东西南北烽火台，左右河道布拦河绳，强兵健将驻其上，楚国人曾试图抢夺，但船只刚刚逼近，洲上万箭齐发，排山倒海，就只好退而远之。楚国很是无奈，最后只好向绞国示好，送上铜簋、铜鼎等精美礼器，才获得过往的通行证，千年后大寺出土的文物证明了这一点。堵河上游的微国、庸国，要进入汉江主航道，韩家洲是不可逾越的一道门，好在他们古来就与绞国人交好，路经此处，即开绿灯。

后来，绞国因“城下之盟”一战，逐渐式微，退出历史舞台，远迁山东。汉江方国进入麇庸合璧发展时期，此间，两个方国不断强大，缔造了秦巴一隅自绞国之后的艳阳时代。庸国背倚巴山、长江，据堵河之利，结谊巴人、麇子，稳据一方江山；麇人南联上庸，北联百濮，西交羌戎，东结鄂渚，安泰富强。麇山多铜，从拥有青铜文明的鄂渚获技，率先步入青铜文明繁盛期，拥有了冷兵器制作的优厚资源，占有韩家洲等沿江军事布防，让他国望而生畏。

楚国沿丹水至汉江，不断蚕食汉江中上游的方国，亦不断汲取这些方国的生产技术，提高其开发汉江下游的能力。当看到麇地早已是人丁聚集的开化之地，成熟精致的陶制品，炉火正旺的青铜冶炼术，何其了得，这令他们激动不已。尤其那帆樯木筏往返、江水繁忙的盛况，实在令人欣羡，那是他们心中最为渴望拥有的国家愿景，于是楚国决定借麇地之光，洞照江汉平原的蛮荒，廓开荆莽新天地。

当此时韩家洲进入他们的视野：好一个通关关口，怪不得麇庸尽享天日！入麇，当扣之。

楚人从麇地取得薪火，陶制文明被广泛掌握，釜鼎罐盆，生活焕然一新，又借得青铜炉火，箭镞增锐，礼器增光，楚人腰杆挺直，以敢于吃苦的精神开垦新大陆，成就斐然。楚国年复一年地打下了千里疆土、四方沃野，它已不再是小小方国，而是敢与周天子叫板的南方王国。邓国、随国、蔡国、申国，甚至宋国，一一被教训，江汉大鳄视周边方国如虾米小菜。楚国一味地东伸南扩，似乎没打上游麇地的算盘，大约因共饮一江水之缘，又从那里学得生存之术，暂时不忍下手。至楚国第六代君主熊渠，楚王很得江汉民心，楚势日炽，不稀罕周天子给个子爵，自命为王，借诸侯不朝觐天子之名，兴兵伐上庸、杨粤，直到鄂渚。而庸国一旁的麇人依然没有受惊，那是因为楚国要利用汉江水道，要从韩家洲的江防要隘顺利通过，只能暂时善待麇国，不能一锅端。

之后，楚又传十六代而至庄王，楚国进入霸主时代，霸气逼人，齐、晋这些老牌霸主已是夕阳西下，新一代国君揣着小心与之说话。要与强秦打交道，自然要完全将作为楚国西进北上重要通道的汉江掌握在自己手里才好，大后方的西北也应该成为自己管辖的土地才妥当，不应该再存在其他主权。于是，庄王先举兵把庸灭了，削去麇之左膀，随后挥戈捣麇。

楚庄王三年（公元前 611 年），楚兵水陆并进，排山倒海，势不可当，将麇之下游江防悉数攻克，抵韩家洲军事要塞。心想以当下之声势，只需隔空喊话即可纳降韩家洲守兵。然而，数百年不断加固的江上门锁，地面营垒巍然，地下洞藏玄妙，连同两岸参差攻势，逶迤布防，固若金汤，楚军陈兵数万于江中，箭飞如蝗，昼夜不息，韩家洲上飞矢蔽天，落箭如雨，一连数日，江水为之断流，汉江大门始终未能推开，楚军无可奈何。率军者乃楚司马蒍贾，他也服了，小小江洲势如崤函，坚不可越，不可小觑。楚军遂调来攻城云梯，从韩家洲背后峭壁攀缘偷袭，强登山巅，打开缺口，数千精兵一拥而上，混战中四面营垒被夺，此时麇人方才乱了阵脚，江防大门在麇人悲壮赴死后缓缓打开。楚人长驱直入，一路抵达锡穴，攻取了麇人都城，然后划麇地为楚地一县，自此延续了数百年的古老麇国从方国政治版图中消失。

韩家洲一战，让楚军知道了小小江中一洲的厉害，因而此后便重兵驻守，在麇人基础上进一步强化以韩家洲为核心的百里汉江防御体系，使其成为对付西蜀、北秦、东齐三面来兵的水上屏障。

楚怀王时期，秦与楚战于丹阳，楚军痛失八万精兵。楚王不服气，倾全国军力再战蓝田，再次遭受重挫，秦人再占楚之汉中，顺江直下占了上庸。抵近毗连古麇的白河，同样难以再进，沿江攻势无法逾越。此次乘势欺楚的还有韩魏，他们到达汉水，见关防威严，退而回师，只占了邓地而去。韩国在定都南郑期间，趁秦楚一度撤兵汉水中上游，见空扎针把势力推到河南中南部和鄂西北一带，韩家洲是其看准的水上风水宝地，于是将韩裔迁居，这大约是最早落居韩家洲的韩姓人。至楚顷襄王继位，秦楚再回汉江，韩国军事势力被逼走，但韩国韩姓人士居住此洲未受影响。

至楚最末一位君主负刍当政的第五年，秦扫平大半天下，收拾已僵的楚国势在必行，志在必得。大将王翦、蒙武由东向西收拾楚军，俘虏楚王负刍，楚国土崩瓦解，延续了八百年的楚国至此灭亡。

深知秦头楚尾之重要的秦帝国，立马将汉江战略防御攻势纳为大秦的军事部署范畴，将其用作掌控西南、牵制江南的内陆防线，高度强化，于山脊之开阔地设瞭望塔哨、营帐，驻步兵、水军；洲之南坡筑梯级城郭，迁关中豪门和韩赵后裔居之，营造孤洲水上居住旺气，可见始皇帝对此地之重视。

秦朝严苛的政治管制和繁重的徭役使得大批楚人处于高度紧张状态，处在汉江通道上的韩家洲及其周边山乡人也不例外，于是他们寻机逃窜。一部分人向巴山深处逃离，躲进渺无人烟的峡谷，成为缥缈无定的“桃源人”；一部分人悄悄沿江而下，边打鱼边寻路，不知不觉已达万里之外的异国他乡了。他们过淮河，涉泗水，漂洋过海到达朝鲜南半岛，落户定居。这些人不忘故国，更不忘根本何来，“韩”是他们始终铭记心头的血脉标记，亦是他们的身世源头。他们不仅将汉江的江名搬去，也把汉江、长江上的诸如江陵、襄阳等地名也一同搬去，以至于在千百年之后立国，仍以大韩民国为国名。学者金泽荣在他的《韩国历代小史》里记述了这一历史经过。

汉朝统一天下后，为加强秦岭以南的防守，把控汉江要冲，特在韩家洲置堵阳县，辖堵河汉水两岸以下百里区域，从政治军事上强化长安南边的汉江布防，这在本章开篇已述及。堵阳县虽为平凡一隅，但代有名流，《史记》记载官至廷尉、供职于文景盛世、以执法公正不阿闻名的张释之，就出生于堵阳县，他给这个山川形胜的地方增辉不少。河南南阳称张释之为南阳人，理由是堵阳县为他们现今的方城县老城区，此乃谬误，前面详述《水经注》关于“堵水”的讲述，就对这一说法充分地予以了纠正。《后汉书·朱祐传》记载，汉光武帝建武二年（公元 26 年），封当朝开国将帅朱祐为堵阳侯，这是堵阳设县后被封于此的一位著名人物。

前面说到韩家洲较早的原住民，一部分是战国时期韩国当年悄然迁徙来的韩氏后裔，这些早年的韩国韩姓人的入住就是后世人传言韩信九里山前活埋母的故事基础。

关于楚国往事我在前面几章中都不时提及，本章又述及，不是无聊的重复，而是在于解析另外一个颇有意思的寓意。

思及前文提到的韩家洲以及鲇鱼须虾神话，纵览楚国与汉江方国的历史，便可知这原来是前人譬比汉江政治文明进程中的一个历史寓言。我们从米粒小虾修炼成江中的虾精，吞食无数小虾，最终又被另一条大鲇所追杀的神话，不就是在象征、演绎楚与秦、楚与江汉方国之历史吗？它们数百年苦心孤诣，上演了汉江上无以数计的历史大戏，到头来，鸡鸣天亮，大戏落幕，喧嚣沉寂，一切又当从头做起，乾坤变数，历史因果，如许，如许。

韩氏传至东汉末年，又走出几位有为之人。有位叫韩术，官至河东太守，儿子韩纯，官至南郡太守，山民之家能走出郡守大员，是令世人啧啧称羡的，也就在一片称羡声中，有人开始了背后的算计。一个叫陈茂的当地土豪上奏，说韩纯为抢得风水，把自己双目失明的母亲活埋了，那洲头坟冢即为实证。他一边向官署举证，一边在民间风传九里山前活埋母的逸闻。三人成虎，在以孝治天下的汉朝，犯下这等忤逆不孝之事定会被判死刑，韩纯及其长子被丢进大牢，差点被处死。其实，韩纯安能如此不孝，其母双目失明，恐拖累儿女自缢，逝后葬于洲头，陈茂纯属诬陷。他妒忌韩家出才，更妒韩纯之母埋到了那洲头风水的正穴上。韩纯之次子韩暨痛心疾首，在官司无力讨说法的情况下，便暗地筹资养敢死之士，不久即割了陈茂人头，以其首祭父墓。仇虽报，传闻难弥，先入为主，人们普遍接受了活埋母的伪造版本，一传再传，且把活埋母的主要人物从韩纯移到了韩信头上，这一移就成了千古口传的定论，无人甄辩，无人更改。①

韩暨承继祖辈优秀血统，报父仇名声大振。他因深恶东汉末年政治

① 兰善清：《万古一地——郧阳》，武汉：长江文艺出版社，2016年，第124页。

黑暗，举孝廉，誓不应命，大军阀袁术征召，他躲进深山。初被刘表征召了，任宜城长。后曹操得知其才，平定荆州后征召他为丞相士曹属，韩家再度崛起。他因在水边长大，深知水能作用，在乐陵太守任上，把冶铁所用的马力转动鼓风机改为水力转动，功效提高了三倍。任内七年，治下器具充实，朝廷颁诏褒赞。曹丕称帝后封其为宜城亭侯，后迁太常，位列九卿之首，地位至尊；晚年，升司徒，位列三公。他德高望重，备受赞誉。继任皇帝曹叡称他“澡身浴德，志节高洁，年逾八十，守道弥固，可谓纯笃，老而益劭者也”。历史学家陈寿在《三国志》中评价他“处以静居行化，出以任职流称”，堪称政坛楷模。传记记其籍贯为南阳郡之堵阳，世人由此方知他出生于堵阳县址的韩家洲。

随韩暨出仕，又一支韩氏支脉走出韩家洲，或河南，或辽阳，开枝散叶。南阳韩氏鼎盛，代有人才，唐代大文学家韩愈即为其后裔。

韩家洲韩氏自汉朝后似无显辈，但千年以袭，以先祖韩信为宗，恪守韩姓祖脉血统，不容杂姓，家家男丁姓韩。并不宽广的岛丘，即使加上河船生意，能承载的衣食人口也有限，何以负担倍增的人居？总奈此地养人，水路宽广，人口又消长有序，多而三百户，少而几十户，自然平衡，不曾让孤岛荒寂。

江流万转，天地不移，韩家洲以弹丸之身迎送了汉江世纪中的方国、王国、帝国的烽火岁月，使命已毕，它恬然归位于滋生养民的自然本分，回归到造物之初。在尽天泽、育生灵中，以一个小岛之身承载了赫赫大姓的千秋延续，悉心葆有了一个华夏名门的逸闻故事、家世文化，岁月悠悠，不期然再造了韩信传奇后的千年传奇，伟矣哉！奇矣哉！

延至 2010 年 8 月 30 日，韩家洲 483 名韩姓人，为南水北调而远迁汉江下游的随州黑龙口和凤凰山，与相依相守了千年的孤洲永远告别。

韩家洲人经历着与祖脉割裂的深痛！

从此，过往的春秋故事、堵阳县址历史、韩氏逸闻将以一种缥缈的人文回忆潜存于孤岛，荒草榛莽，一切交付于长空长风。

第八章　太康五年，“郧乡县”进入历史视野

西晋太康五年（公元 284 年），天下一统已然四年，从魏国承继下来的政权，其行政区划大体保留了魏国的建制。随着对东吴的统一，天下州县略有调整，其调整后的数据如此：全国 19 州、173 郡国、1200 余县。州的长官称刺史，刺史之下设别驾、治中从事、诸曹从事等辅官；郡置太守；与郡同级别的是封国，国有大国、次国、小国，至于公国、侯国，地位同县级差不多。这些大大小小的王国是皇帝为皇子或皇族所赐之地，亦为王朝藩属，皇权皇土自上而下被皇家血统所拥有，不至于像魏国曹氏政权，被异姓人钻了空子。封国大多地位同郡，亦有县一级的小地方，无论大小均置国相，由朝廷任命，形同太守。武帝分封诸王，随而裁撤州郡兵，解除天下武备，分封诸王与去州郡兵都是为了避免权臣专政，显示天下太平。《晋书・山涛传》：“大郡置武吏百人，小郡五十人。”《晋书・职官志》：“大国置守土百人，次国八十人，小国六十人，郡侯县公亦如小国制度。”这些军事配备显然只是个象征，当时整个中原没有常备军防御，尽管诸侯王名义上可以建立千人的部队，镇守本国，但是实际并没有落实。《晋书・地理志》：“王不之国，官于京师。”诸侯王都留居京城。郡以下的县，大者置令，小者置长。

一、孤城枕江湄

西晋太康五年，原属荆州魏兴郡的堵阳县裁撤，政治中心下移至武阳三川，建立郧乡县，仍属魏兴郡，但随后魏兴郡划归了梁州，郡治设于晋兴县。魏兴郡即今陕西安康市，曹丕以此为魏国龙兴之地，故而在

此置魏兴郡。为突出晋朝兴起之意，晋王朝将此前的平阳县改为晋兴县，此县故治在郧西县上津城附近。

武阳地处汉江北岸二级阶地开阔地带，平旷宽广，沃野丰蕴，汉江萦绕，舟楫盈门，民谣曰："柳陂三川不敌武阳一边。"对岸柳陂数十里莲叶田田，柳浪闻莺，稻菽千重浪，莲蓬飘芬芳，这样的天府之原居然抵不过武阳一个地边，可想武阳是多么浩瀚宽广，作为新县址、新城池、区域新筑，显然，别有新天地。伍子胥当年引水筑堰，清流汤汤，数百年仍福泽恩厚。自绞国以后近九百年不被行政建制光顾的"员"地，一度作为郧关，走进人们的视野，现今又上承州郡下接乡里，成为这方河山的人群簇拥之地，重新步入政治、经济中心。北宋徽宗年间任房州司法参军的张嵲①过郧乡县时写下了《过郧乡县》的诗，除了他个人感伤外，还可看到已有八百多年历史的郧乡县城的基本格局和后来历经战火的凄凉景象："孤城寂寂枕江湄，万室烧余事可悲。故老归来泣环堵，行人伫立问遗基。年华只觉凋容鬓，花鸟何曾管乱离。依旧汉傍春事好，野桃开尽暖风迟。"物非人非，城池难觅，春事尚好，王朝已是几兴几迭，野桃花在暖风里尽管开得迟了些，但风光里依稀可感昔日风貌。

郧乡县东去便是西晋王朝都城洛阳，紫气东来，长风快马，一鞭直达。悠久的汉江黄金通道，早已赋予武阳河埠鼎盛繁荣，街衢人稠的景象。县址由堵阳下移至此，可谓顺势应时，奉天承运。

同治本《郧阳志》卷之八从另一个角度记载了当时晋王朝统御之初的郧乡及周边县区的那些特别的历史见闻和记忆："武帝太始八年（公元272年，西晋尚未统一东吴）四月，太白（古代把金星叫作太白星，早晨出现在东方时叫启明星，晚上出现在西方时叫长庚星）昼见上庸分

① 张嵲，北宋末南宋初年间襄阳人，曾任房州司法参军。

野。”“惠帝元康四年（公元 294 年）二月，上庸地震。六月，寿春大雷，山崩地坼，人家陷死，上庸郡亦如之。八月，上庸地陷四处，山崩地坠，广三十丈，长百三十丈，水出杀人。”“穆帝升平四年（东晋时期，公元 360 年）二月辛亥，凤凰将九子见郧乡之丰城（即钖县裁撤后的新称，现今的五峰），十二月甲子，又见丰城，众鸟随从。”这里无论呈现的是天灾还是祥瑞，都可以看出郧乡县及其周边县邑进入了统一王朝的视野，引起了官方的留心与关注。

分久必合，人心归一，西晋带领人们走进了期待许久的和平安宁。《资治通鉴·晋纪三》：“（太康五年）春，正月，己亥，有青龙二，见武库井中。帝观之，有喜色。百官将贺，尚书左仆射刘毅表曰：‘昔龙降夏庭，卒为周祸。《易》称“潜龙勿用，阳在下也。”寻案旧典，无贺龙之礼。’帝从之。”① 从这段逸事记载看，当时的晋武帝还是很理智很开明的，纳言听谏，从善如流，社会宽松，所以就有了短暂的太康之治。

二、太康嘉年华

晋朝在历史上首先建立了门下省，三省制度完善，中央从此有了独立的国家最高政府机构，增强了国家执行力，这比秦汉以皇帝为中心的三公九卿制前进了一步，显然这是个历史性创举。司马炎非常重视教育，他于公元 276 年创建了国子学，迈开了国家发展教育的重要一步。

司马炎采取无为而治的国策，和汉初奉行黄老哲学的无为而治异曲同工，大体都是为了百姓休养生息，不过西晋的无为而治包括了政治的

---

① 司马光编著：《资治通鉴》，胡三省音注，“标点资治通鉴小组”校点，北京：中华书局，1956 年，第 2586-2587 页。

开明，集思广益，让大臣各抒己见，皇帝择其善者而从之。这做法有点像现在的股东大会，决策由大家举手表决来裁定。让众官员当家做主，顺应他们的号召，很好地隐去了皇权在执政当中的影响力，也就间接地削弱了大家对司马家族篡权的不良印象。这一点做得非常巧妙，使皇权在前期无为而有为，有了极大的号召力。兼收多种思想和采取多种制度治国的方式对于西晋以及南北朝的影响都极为深远，且具有现代化意义。譬如占田制的施行不就是现在的开垦荒地、开源节流吗？农民依法占有了一定的土地，进而调动了农民辟田开荒，从事生产的热情。将军队融入百姓当中，也是非常符合我们现代社会人民子弟兵的做法。只是司马炎之后的帝王，没能很好贯彻自己先辈所开创的理念，反而是想当然地执政，这样就造成大好局面的逆转，平民生活再次回到三国时期那种动荡的年代，直到东晋前期才有所好转。

由于政治开明，诸臣可以在一些重大政治议题上充分发表见解，但这也必然导致各党派的出现，造成了利益集团的争斗。以侍中任恺为首，由张华、庾纯、温颙、向秀、和峤等大臣形成的“侍中”派，与以尚书令贾充为首，由杨珧、王恂、华廙等大臣组成的“尚书”派，为立嗣争得不可开交。当时太子司马衷智力低下，昏庸无能，武帝之弟齐王司马攸仁孝慧敏，司马骏、卫瓘等大臣便主张废太子立皇弟，但遭杨皇后和贾充、荀勖等人反对，最终晋武帝遵从了拥戴太子这一派人的意见，遣返弟弟司马攸回到封国，司马攸由此忧病而死，这便为西晋的命运埋下了祸根。

太康之治虽不足称，难比此前的文景之治、光武中兴，但也让世人有了一时的获得感和幸福感，“白骨露于野，千里无鸡鸣”的惨烈景象已经成为历史，大多数人不用担心饿死，不用担心被军阀屠杀。上层士大夫可以过着清谈自娱的日子，曹魏时期被压制的世族抬头，当时出名的世族有琅玡王祥、荥阳郑冲、陈国何曾、临淮陈骞、颍川荀顗和荀勖、河东卫瓘和斐秀、太原王浑、泰山羊祜、河内山涛、京兆杜预等，置身功名利禄又求出世隐遁，人生优游。中下层人民也可以安居乐业，发展生产。

西晋王朝还注重兴修水利，改善农业生产状况，扩大水田种植，确保人民生活丰裕和国家粮食储备充足，所以，西晋初年的社会经济得到了恢复和发展。

太康盛世维持了十年，短暂却难忘，晋武帝加强了民族融合，各民族交流频繁，他将北方许多游牧民族友善地招揽进来，让他们南北融合，虽然这一点影响了晋朝后期的统治，但在司马炎统治时期确实起到了很好的促进发展作用，因为北方民族将自己独有的文化以及强大的生产力全部带到中原，多民族融合之后，整个社会文化教育以及生产力各方面都得到发展，这对于中华多民族大家庭的形成起到了至关重要的作用。司马炎非常清楚底层百姓想要什么，其实当时在北方还是有不少部族对中原虎视眈眈，他完全可以派兵前去征讨，但是他没有这样做，而是将这些多民族往中原方向吸引，“请进来”比“赶出去”代价小得多，这样就能避免大的战争。《资治通鉴·晋纪三》记载：“是岁，塞外匈奴胡太阿厚帅部落二万九千三百人来降；帝处之塞内西河。”[①] 这是说晋武帝以德怀远，太康五年（公元 284 年），匈奴人首领胡太阿厚从宁夏以北地区亲率近三万大军归顺晋朝，晋武帝亲自将他们安置到现今的河南汤阴县西河村。这是最好的地段，地肥水美，对于草原游牧人应是天大的恩赐。《资治通鉴·晋纪三》载：“是岁，慕容删为其下所杀，部众复迎涉归子廆而立之。涉归与宇文部素有隙，廆请讨之，朝廷弗许。廆怒，入寇辽西，杀略甚众。帝遣幽州军讨廆，战于肥如，廆众大败。自

① 司马光编著：《资治通鉴》，胡三省音注，“标点资治通鉴小组”校点，北京：中华书局，1956 年，第 2589 页。

是每岁犯边，又东击扶余，扶余王依虑自杀，子弟走保沃沮。廆夷其国城，驱万余人而归。”① 作为胡人之分支的鲜卑首领慕容删被杀后，其兄长之子慕容廆被推举为首领，慕容涉归（慕容廆之父）与鲜卑另一部族宇文部有矛盾，被推为首领的慕容廆想复仇，请示晋朝皇帝讨伐宇文部。朝廷没有应允，慕容廆便勃然大怒，径直带兵攻打驻扎在辽西的宇文部，杀伤众多。晋武帝派遣幽州驻军讨伐慕容廆，在肥如将慕容廆打败，但未彻底消灭。不久，慕容廆恢复元气后，便开始频繁骚扰边境，还进攻扶余，扶余王司马依虑自杀殉国，其子弟逃往沃沮避难，慕容廆掳掠了一万多人。此君非省油之灯，但晋武帝容忍了他的存在。他生了一个雄才大略的儿子慕容皝，后来这个儿子创建了前燕国，在五胡十六国时期叱咤风云。此类记录在《资治通鉴》里屡见不鲜，仅晋武帝太康年间先后就有四次大规模胡人内迁，人数达 24 万人，包括此前已徙居的胡人，总共达 50 万之多，他们主要被安置在河套以南、汾水流域及关中地区，当然他们大多是归顺，且相安无事，像慕容廆这类暴烈之徒、挑事闹事之辈，在西晋还是少数。

三、郧乡胡民

我在这里讲述了西晋初年政治、经济、民族形势，不在于罗列历史，而是要陈述一个背景，为郧乡县在新的历史时期的社会图景找到相应接口。西晋初年的郧乡县由于城池新筑，吸引了四方来客，北方的胡人不仅对中原有浓厚的兴趣，还对汉水滋润的这片土地特别热爱，南下

---

① 司马光编著：《资治通鉴》，胡三省音注，“标点资治通鉴小组”校点，北京：中华书局，1956 年，第 2590 页。

牧马，一度越过秦岭，直奔汉中盆地和郧乡山川。其中西北匈奴一支刘姓的铁弗部人在西晋实行宽松的民族政策条件下来到了郧乡，他们着长袍马裤，佩腰刀弓箭，臂力过人，看似面凶，却和善可近。他们自带帐篷，席地为家。一部分落住于柳陂三川，一部分颇有身份的贵族在郧乡城内安家。在相当长的一段时期内，他们保持着牧民生活习俗：吃烤肉、喝牛奶、穿皮衣。郧乡城背依一条长长的山谷，牧草葱茏，四季如茵，他们就把那里作为牧场，作为家园，乐不思蜀。与之相连的古绞国境内大片山冈，山坳嫩绿，气候温润，成了名副其实的生存福地，以至于他们忘我地融入这天地，不知不觉成为这方山水的这方人。东晋末年，赫连勃勃在统万城（今内蒙古白城子）建立大夏政权，当年赫连家族的贵族兴奋异常，他们大举回归，参与到大夏的政权中。一小部分下层人仍留住于此，成了郧乡的永久居民，他们的姓则由“赫连”直接简化为“赫”，后来就成了“郝”。千秋而后，胡汉早已相融为一，没有外貌上的区别，但这里留下的牧场沟等地名见证了他们初来乍到的光景和曾经的客居身份。

北方出现五胡纷至、众国分立局面时，西域突厥人、维吾尔族人、哈萨克族人也参与进来，其中突厥的一支姓朱耶的沙陀下层人在拓跋氏政权里生存得很不顺心，就翻越秦岭来到了汉水流域，他们与早已成了这方土地主人的赫连人一见如故，天然亲近。他们放牧、耕种，带着自己的习俗融入汉人生活中。留在北方的沙陀贵族们经过五百多年的穿云破雾，当他们在山西定襄站住脚的时候，已拥有了万骑战马和骁勇善战的军队，他们帮助唐王朝镇压庞勋戍卒起义以及黄巢起义立了战功，被赐皇姓李氏，从此朱耶不再是他们血统的符号，李国昌、李克用、李存勖祖孙三代义士成为他们更换姓氏后的标志性人物。唐末梁王朱温篡唐立国，他们却始终心怀感恩，站在大唐一边，不予承认。在后梁江河日下之际，李氏第三代杰出人物李存勖于三垂冈一战定国，以延续大唐国祚的方式建立了后唐，表达了对大唐的忠心。

可惜后唐昙花一现，他们的子孙被新的王朝追杀，狼狈四散，一部分又逃奔到汉水之滨，在郧乡县和武当县寻求栖身之地。从前的宗亲虽然已经汉化，但那天赋的血缘依然深植，让他们相亲相近。在武当县落脚的这些沙陀人，聚居成村，沙陀村既是他们的居住之地，又是他们对本民族难忘的地标符号，故而老均州世代保有“沙陀村”名称，迄今该村仍在。徙居柳陂山跟前村的沙陀人，他们在相当长的一个时期里保持不与汉人通婚的习俗，以纪念祖上不可混乱的血统，后来习俗随着岁月淡化，他们方才与本地人混血。在郧阳一位李姓人家里，收藏有一件祖传之物——长约 16 厘米的褐色石剑，一面雕饰汉人画像，一面雕饰胡人画像，胡人面部形态特征明显：头发卷曲、鼻梁高挺、眼眶凹陷，表情生动。郧阳地方文化学者邢方贵先生随之考察了柳陂镇山跟前村李姓人士，发现他们的长相确实与汉人有异，头发为天然的自来卷，幼年呈棕红色。

对这个民族的标志性人物，精读历史的毛泽东主席也曾抱有莫大兴趣，他在 1964 年 12 月 29 日给田家英的信中写道：“近读五代史后唐庄宗传三垂冈战役，记起了年轻时曾读过一首咏史诗，忘记了是何代何人所作。请你一查，告我为盼！”① 随信附上三垂冈诗一首：“英雄立马起

---

① 董边、镡德山、曾自编：《毛泽东和他的秘书田家英》，北京：中央文献出版社，1989 年，第 113 页。

沙陀，奈此朱梁跋扈何。只手难扶唐社稷，连城犹拥晋山河。风云帐下奇儿在，鼓角灯前老泪多。萧瑟三垂冈下路，至今人唱百年歌。”① 毛主席在信后特别提示：“诗歌颂李克用父子。”后经查对，此诗作者是清代雍正年间进士严遂成。毛主席读史可谓滴水不漏，十分严谨，他所关注的“三垂冈”即李存勖一战定江山的山西潞州（今山西长治市）境内的三垂冈，由诗及人，足见沙陀人李氏父子的优秀！

四、“祖师爷”播种的孝道

这里需要随着历史演进说说晋朝时期宗教背景下的郧乡县城。无论佛教还是道教，都在汉代正式进入官方理念和寻常百姓家，此后它们便被生活化、日常化。郧乡县城距皇都较近，又在武当山下，受到的影响当然十分明显。这一切都成为郧乡县人虔敬道教的最强引力。武当是中原道教活动的中心，毗邻的郧乡县自然沐浴在道教的圣光里。有史记载，郧城最早的庙宇是武阳岭下、郧乡城北面的城隍庙，重檐庑殿，一进三重。“城隍”是人们寄托着剪恶除凶、护国保邦重任的神仙，他能应人所请：旱时降雨、涝时放晴、保民平安、五谷丰登。所以，官方必敬，百姓随之。随着敬奉的虔诚者增多，城隍也就成为神鬼世界中的一城之主，他的职权范围相当于人世间的县官，所以县城必建城隍庙。此外，城内还建有社稷坛，祭祀土神、谷神；厉坛，祭祀那些孤魂野鬼；

---

① 同上。

火星庙，祭祀火神祝融；旗纛庙，祭祀军牙六纛之神；马王庙，祭祀马王爷；龙神祠，祭祀龙王爷；八蜡庙，祭祀神农氏等八位神灵；泰山庙，祭祀东岳大帝；萧公祠，祭奠汉鄼侯萧何……

自汉代以来强调的孝道在道教里得到更大的弘扬，郧乡人信仰道教体现在对玄武神的膜拜上，对玄武神的膜拜又体现在对尊辈的孝道上，人们普遍称玄武神为祖师爷，虔敬玄武祖师的先决条件就是要孝顺父母及其他长辈，不孝就万事莫提。郧乡民间流传最广的一个故事便是关于孝行的：一天，一个小伙子要去朝觐武当祖师爷，母亲用家里仅有的一点麦面为他蒸好了一袋子馍作为贡品和干粮，麦面馍是乡民平时极少吃到的上等食品，所以特地用来朝觐玄武祖师。清早，小伙子要走时，看到母亲在面前，想把蒸馍给母亲一个，又恐敬神少了、干粮少了，于是他想了个歪点子把母亲支开。他对母亲说，猪圈的母猪跑了，快去赶回来。母亲听儿子的话就出去了，在母亲转身出门的时候，这小伙子乘机走掉。一路上小伙子蛮得意的，心想是母亲不在身边，不是我不给她吃，于是也就心安理得。到了祖师爷面前，他供上贡馍，许下心愿，企望得到祖师爷神助，不料耳畔隐隐约约有一个声音萦绕："活母不敬敬死母，使你老娘赶母猪，不孝之子，安有好报！"他仔细再一听还是这个声音，吓出一身冷汗，连连磕头求祖师爷饶恕，立即带上自己没吃的干粮馍回去敬奉母亲。此时在家的母亲恍惚一梦，梦见祖师爷来到面前，赐给她一支金黄的麦穗和一块麦地，示意她明年一定五谷丰登。醒来后，果然一束麦穗在手，门前山沟变成一片沃地，此时一脸惶恐的儿子归来，母子瞬间都明白了，儿子向母亲下了跪，母亲也谅解了儿子。

从此，母慈子孝，勤耕细作，养老敬神。这个传说广为流传，以至于成为郧乡人信道行孝的民间教科书。

郧乡人的道教情怀远在道教形成前已播下精神的种子，从屈原以郧阳文化圈为轴心所写的《远游》就可看到，其中涉及的“真人”“玄武”“宓妃”“王子乔”等文化符号，就与郧乡秦汉之前当地流传的洛水宓妃、玄武武当、神仙王子乔等文化传说息息相关。这些远年的神话故事，无论是神还是人，都寄托着人们潜在的长生不老的美好祈愿，显示着他们对自然万物无限的寄望，如传说吃百年何首乌长生不老、吃千年灵芝长生不老、采阴补阳长生不老等。玄武在古代郧阳还作为生殖之神和司命之神备受崇拜，蛇本身就是生殖和繁衍的象征，玄武以龟蛇相交合体的形象出现，自然被古人视为雌雄交配、生殖繁衍的标志。正如东汉魏伯阳在《周易参同契》中所说的：“关关雎鸠，在河之洲；窈窕淑女，君子好逑。雄不独处，雌不孤居；玄武龟蛇，蟠纠相扶；以明牝牡，竟当相须。”① 龟在郧阳人心目中也是长寿的象征，玄武所代表的北方七宿中的斗宿，又称南斗，主宰寿命，古人认为常拜南斗可增寿，让郧乡人深怀膜拜之心。

五、萧寺留题

至于当时朝野对佛教的信仰，已经相当普遍，西晋时代洛阳、长安

---

① 魏伯阳：《周易参同契》，章伟文译注，北京：中华书局，2014 年，第 319 页。

东西两京寺院有一百八十所之多，僧尼三千七百余人之众（法琳《辩正论》卷三）。洛阳有白马寺、东牛寺、菩萨寺、石塔寺、愍怀太子[1]浮图、满水寺、大市寺、竹林寺等十余所。据郧阳地方文物专家田野调查，西晋时郧乡县城已建有兴福寺、宝峰寺、东寺、安国寺等寺院，它们和道教庙观一样受到官民礼拜。囿于抄写的困难，传入的经典均靠佛僧口授相传，一般信众难以理解、牢记原始经文，他们只能口诵“阿弥陀佛”，不能掌握系统法门，所以大多只是心理上的走近，难以成为真正的信徒。

郧乡与洛阳陆路相通，洛阳的诵经声一路飘来，不时感化了汉水之滨红尘中的善男信女。据民间传说，西晋时郧乡县城对岸的柳陂山巅住着一户王姓人家，田产广植，家道殷实，为富以仁，经常在青黄不接时节摆开十几口大锅救济逃荒饥民。而同村徐氏、赵氏、黄氏大户人家面对饥民始终一毛不拔，有谁门前乞讨，立刻闭门。一天，一僧一道，托钵于徐、赵、黄三家门前，化缘求食，均遭冷遇。他们来到王家大户门前，却被主人殷勤邀入家门，好茶好饭款待，又送上几斗粮食，全家人礼送十里开外。僧道也不致谢，径直而去。王家人眼望僧道远去的背影消失于视野才转身往回走，此时突然电闪雷鸣，暴雨倾盆，一会儿山倾地陷，整个村庄眨眼间被洪水冲击得荡然无存，同村的几大富户一律葬

---

① 愍怀太子即司马遹，西晋武帝司马炎之孙，晋惠帝司马衷之子。自幼聪慧，有司马懿之风。然长大后，不修德业，性刚烈且奢侈残暴，于东宫摆摊切肉卖酒，在西园销售杂货，以收其利。又好算卦巫术，忌讳颇多。皇后贾南风以其非己出，恐即位后自己地位难保，乃与贾谧等设计谋害，诬太子谋反，囚于金墉城，后徙许昌宫，遣黄门孙虑将太子杀害。

身洪流，幸好王家一家人走出村外躲过了洪灾，可他们眼看家园被毁，片瓦无存，痛苦万般，就相拥着跳河。这时雨过天晴，一道彩虹降落眼前，直把他们的房屋和家产完好呈现在眼前，一切如故，家园无损无伤，万事太平。经此一劫，有惊无险，王家深知这是佛祖的奖励，人生在世，唯有众善奉行、诸恶莫做方为大道。郧乡县知事得知此事，特将王家所居之山命名为广施山，并建广施寺一座，以教化众生。

进入东晋、南北朝时期，郧乡县属于南北争夺的门户，北出南进，南出北进，江河无定。东晋后期，五胡十六国中的前赵边境一度抵近郧乡县，但最终被东晋收复；前秦占据益州、梁州、洛州、荆州，郧乡县被纳入前秦版图；后秦时，势力回缩，郧乡县重回东晋；南北朝时郧乡控制在刘宋王朝手中，隶属南朝疆土；齐朝北魏的边境几乎抵近汉水中游，郧乡仍属南朝；梁朝时西魏边境到达南洛州，直下淅州、荆州，郧乡基本就在北朝的视野里，但仍属南朝梁国；陈朝时，国土被北齐北周挤压到江南之南的一隅，郧乡县被北周占领，自荆州以北以西都在宇文氏政权的框架中。

无论南朝还是北朝，都有一个广泛的共识，即从君主到百姓都信奉佛教，信佛是人生第一要义，是政治生活乃至日常生活中的大事。北方大量开凿佛窟、塑像、建塔；南方大规模兴建寺庙，至梁朝梁武帝时期，建康市内“四百八十寺”，僧尼十余万，可谓举目皆佛了。传说，萧衍任雍州刺史时，夫人郗氏性酷妒，既亡，化为巨蟒，入后宫托梦于他，他请僧行忏礼，制《慈悲道场忏法》十卷，夫人遂化为天人，在空中谢帝而去。成为一国之君后，萧衍以皇帝之身四次出家，其忏法行世，称“梁皇忏”，佛门吟诵。郧乡县城保有的梁朝时期的萧寺（以梁朝国姓“萧”命名的寺名，后萧寺成为寺庙的泛称），就是那个佛教盛世时期兴建的。嘉靖《湖广图经志书》卷九有“郧阳十景”：天马崖高、摘星坡峻、南门晴望、十堰春耕、萧寺留题、仙宫遗像、武阳神洞、盛水灵泉、龙滚滩声、沄洲雨意。“萧寺留题”即在此列。

第九章　郧天如梦，唐王室的怅惘与守望（上）

历经三百多年的南北争逐，山河破碎风飘絮，身世浮沉雨打萍，至大隋终于人心再归，海内平定。可惜这又是个短命王朝，杨坚、杨广父子两位颇有作为的皇帝，留下了后人称奇的伟业，却仅享国 37 年便又弄得群雄并起，遍地狼烟。到公元 618 年，唐王李渊从北方举旗，以他家族长期经营的北方为政治高地向各路英雄好汉喊话，一个让天下可以真正稳定下来的新政权走向万民，方才岁月长长，天晴日朗。

隋代地方建制分为郡、县二级，全国共 190 个郡，1255 个县。郧乡县隶属淅阳郡，县城依然如故，武阳岭下，城头变幻人王旗，更鼓不歇逐夜深。

唐代开创了中国行政建制史上道和府的历史，贞观元年（公元 627 年），唐太宗按山川形势分天下为十道，即关内、河南、河东、河北、山南、陇右、淮南、江南、剑南、岭南等，不过这些道并非行政定制，仅方便朝廷不定期派监察大员巡视而已。府属于京师、陪都、本朝帝王驻跸之地，建府以示其地位特殊，府的行政长官有府牧、府尹、少尹等，其下属机构大致相当于州，但府属官吏品秩比州高。州下设县。文献记载，贞观十四年（公元 640 年），唐朝共设 360 州（府），辖 1557 县。开元年间又将山南、江南各分东西，并增置京畿、都畿、黔中三道，形成十五道的格局。开元末年，全国共有州、府城 328 座，县城 1573 座，郧乡县隶属山南道均州。

一、殷丞相的郧乡传奇

郧乡县城承袭旧址而恢拓，街衢参照关中建筑风格，市井大户人家争相效仿长安皇家范式，神似而不逾矩。无论四合院还是楼门，都注重层次和格局，天井、正堂、茶室、厢房、绣楼、戏楼、书房……易卦布局，诗礼秩序。豪门贵族屋脊屋檐均塑大象、麒麟等蹲兽立兽，镇水火、显尊荣。“公子王孙逐后尘，绿珠垂泪滴罗巾。侯门一入深如海，从此萧郎是路人。”（唐代崔郊《赠婢》）东阳门内是隋朝初年迁徙来的罗家望族，正门前矗雌雄两狮，口衔巨大活动石球，生气扑面，奇威无比。整幢楼雕梁画栋，飞檐隆脊，门楣宏阔，雅舍如棋。窗棂木雕、墙壁砖雕、屋檐石雕，把关中造宅的花巧悉数学来，棂花凤雀、麒麟送子、八仙祝寿等造型，刻意契合达官显贵之需要。墙雕以雷公布雨、神骏腾云、羚鹿献瑞等浮雕象征运达之人得天地之福佑。檐沿逶迤缠绕游龙附凤青石雕，栩栩然似腾若飞，为整个城市上空营造了一种来自上苍荫遮的龙凤呈祥浩然之气。大部分市民居所亦求美求好，雅好雕饰，雕花从足下一直到楼顶，所有需要花饰的结构空间，都被恰到好处地美饰，玲珑剔透，美不胜收，视野所及，天女散花一般，无上绚丽，一眼之间，顿感曾见之物俗不可耐，世间之美大失其色。大唐贞观年间的郧乡县城完全是座巨型工艺品，世人称其画城雕市，以其稀有的审美雕凿了汉水边独一无二的市井繁花。

如此锦绣城池，安能不与国之勋臣相与共！

贞观十七年（公元 643 年），唐王朝江山大定，太宗不禁想到开国以来一同浴血奋战、外征内讨的那些功勋卓著的元勋们，该使之彪炳千秋才是。于是，太宗就细述有功之臣，请来褚遂良题写、阎立本作画，让他们在长安城三清殿旁的凌烟阁描绘出共计24位功臣的真实肖像，使之栩栩如生，见之似真人在目。不论他们在世与否，早年是否为太宗政治对头，只要做出历史性贡献，都一律给予彰显。这些功臣是赵公长孙无忌、赵郡王李孝恭、莱公杜如晦、郑公魏徵、梁公房玄龄、申公高士廉、鄂公尉迟敬德、卫公李靖、宋公萧瑀、褒公段志玄、夔公刘弘基、蒋公屈突通、勋公殷开山、谯公柴绍、邳公长孙顺德、郧公张亮、陈公侯君集、郯公张公谨、卢公程知节、永兴公虞世南、渝公刘政会、莒公唐俭、英公李勣、胡公秦叔宝。这里名列其中的殷开山、张亮是先后封在郧乡县的两位国公，这是自郧乡设县以来首次有国家功臣分封于此，也是最后一次。国公，自古有之，位次郡王，为封爵的第三等，公爵的第一等；郡王与国公均为从一品。历史上有许多名臣都被授予国公的爵位，这是一种地位、身份的象征，也是一种荣耀。当然，一个地方作为封地，与这类功臣联系起来，此地也永久荣耀。

凌烟阁上各位功臣大家大多熟悉，但殷、张二位也许不甚了然，他们有何功绩被封上凌烟阁呢？毫无疑问与军功有关，唐代李贺有诗“请君暂上凌烟阁，若个书生万户侯？”就是说那些功臣王侯们均为疆场功绩所封。

先说殷开山，此人的真实历史也许你有些茫然，但在小说故事里你一定对他不陌生。著名的神话小说《西游记》在讲述唐僧诞生之初时，提到了他的外公——丞相殷开山，即是此人。唐僧父亲陈光蕊科考优异，唐王御笔钦赐状元，陈光蕊跃马游街三日，游到丞相殷开山门前被正在抛绣球招婚的殷温娇小姐相中成亲，此后携殷小姐江州上任，不幸被歹人刘洪投水，夺名夺妻；幸有水下龙王相救，十八年后，陈光蕊死而复生，和殷小姐重逢，儿子玄奘也在寺庙成人；殷丞相再见女儿、女婿、外孙，皆大欢喜。这故事里，殷丞相出面不多，但与跌宕的人物情节连在一起，令人颇感兴趣，所以，提到殷开山，就自然想起那跌宕的故事。

历史中的殷开山是这样吗？《西游记》的故事有根据吗？据史学家考证，除了神魔仙怪，《西游记》几乎所有人物的塑造，皆不是空穴来风，都有其依据。这样看来，殷开山与西游故事挂上钩，也许不无历史因素。

殷开山为隋朝旧臣，又是与唐高祖李渊、太宗李世民一同打天下的唐朝开国人物，《新唐书》《旧唐书》《资治通鉴》《通典》皆有详略不同的记载。其祖父殷不害为南朝陈国司农卿、光禄大夫。其父为隋朝秘书丞，当时很有名气。殷开山年轻时即以良好才气闻名，字写得特别好，还擅长公文书函写作，陈亡后，举家迁居京兆，在隋代出任太谷长，有治理之才。李渊在晋阳起兵，自冠以大将军名，殷开山遂被召为大将军府掾，参与谋略，被视为心腹，成为佐助李氏父子的一名干将，不久，他即以军功拜光禄大夫。李世民担任渭北道元帅，随太子李建成攻克山西汾阳时，又将殷开山提拔为长史，随大军征讨。当时关中群盗聚结，流民各自为政，李世民就让殷开山前往招抚，接受任务后，他以其卓越的才智将这些流民改造成起义军所用力量，得到李世民赞赏。随后他与刘弘基分兵西略扶风，率兵六万南渡渭水，屯兵长安故城，隋将卫孝节自金光门出战，殷开山与刘弘基将其击溃，先行挺进京城长安，为唐王朝定都打下基础，被赐爵陈郡公，迁丞相府掾，不久，又授吏部侍郎。

武德元年（公元618年），作为元帅府司马，他跟随李世民征讨西北丝绸之路上的军阀薛举，双方对峙于陕西长武县城北的浅水原。此时，李世民患病，将指挥事宜委托给前方指挥刘文静，并告诫他：“薛举远道而来，士气高涨，意在急战，此时对决，我们不容易打赢，应该打持久战，等他们粮食消耗差不多了，我们就可以一举破敌，现在应坚守不出。”这个重要吩咐，刘文静没听进去，他乐观认为唐军人多势众，立即应战才是上策。同为前敌指挥的殷开山，也对刘文静的想法持赞成态度，他帮刘文静分析说：“秦王觉得你没有胜算的把握，才这样交代，但就目前形势看，似乎可以正面迎敌。薛举老贼知道秦王有疾，轻视我等，乘虚而来，我们应该炫耀武力以威镇之。”有殷开山的怂恿，刘文静便于高墌城西南列阵示威，甚至“恃众而不设备”，不加防御。薛举发现后暗中调集军队，以精锐铁骑背后偷袭唐军，时年七月，浅水原战斗打响，唐军八总管兵皆败，士卒死者过半。病中的李世民慌忙回营，引兵退还长安，薛举遂占领高墌。仗打输了总要追究责任，刘文静和殷开山一同被免职。

不久，薛举病死，被称为万人敌的儿子薛仁杲统军，但他忙于治丧，疏忽了防御。李世民抓住机会带病亲自征讨，围高墌城六十余日，迫使薛仁杲率众投降。这次大战为唐王朝立足关中清除了外患，殷开山积极参与了这场战役，因战功又复职。此年八月，唐军攻打霍邑，用计谋诱使隋将宋老生出城迎战，李建成、李世民等数十骑兵马正面对敌，待宋出城后，李渊命殷开山召集后军，李世民手杀数十人，两刀皆缺，流血满袖，洒之复战。唐军士气大振，高声传呼“已获老生矣”，宋军大溃，唐军迅速占领并关闭城门，断了隋军退路，宋老生纵身投入护城河，被刘弘基就地斩首。战斗接近尾声，横尸数里，日暮西山，残阳如血，李渊即命登城，虽然当时没有攻城的战具，但将士们叠罗汉而上，遂一举夺城。

武德二年（公元 619 年），殷开山兼任陕东道大行台兵部尚书，升任吏部尚书，跟从李世民讨伐平定王世充，以战功晋爵勋国公。郧乡既不是他工作生活的地方，也不是他战斗过的地方，为何以此地封爵？可能是郧乡军事位置重要吧！这里古来为南北东西要冲，之前一直称郧关，“关”者，军事布防重地之谓也，一个以战功著称的人以这样的地方相封当然匹配！

殷开山，为三朝所用，位极人臣。当然，他终究没有当上丞相，只是历史上曾记录他丞相府掾的履历，吴承恩就抓住了这点线索，充分想象，于是就有了唐僧的丞相外祖父这个小说形象的冠戴，甚是好玩。民间传说《西游记》中所述的陈光蕊与殷温娇乘船所遇的歹人刘洪不在别处，就在现今郧西的景阳，那景阳山上的刘洪寨迄今仍在，一切遗迹似乎还见证着当年刘洪在汉江上劫掠陈公子、殷小姐，殷小姐江中放生儿子玄奘等故事。郧西有殷小姐的传说，邻近的郧乡县又是她父亲的封爵之地，这巧合附会，难道不好玩？更有意思的是，吴承恩还写到唐太宗李世民被泾河老龙魂魄告到冥府，魂魄分离，在冥府见到了十殿阎君，许下诺言，还阳后将以南瓜进贡。太宗还阳后为了兑现诺言，在国内征询愿赴阴曹地府的人选，均州富商刘全妻子新丧，悲痛得无意苟活人间，遂揭了皇榜，头顶北瓜服砒霜自尽，去阴曹地府呈送了南瓜，完成了太宗的诺言。在郧乡县的下游均州又有此故事，《西游记》中关于唐王李世民的一段故事把郧乡上下都写了进去，这是历史的纪实还是小说的虚构？显然是小说的虚构而已。

吴承恩不是这里人，怎么把这几个故事都想象到了这里，写得如此逼真？大约还是因为唐王朝在此留下了太多故事，这里沉淀的种种往事化为是小说家笔下鲜活的幻境，唐太宗、殷开山、陈光蕊、刘全、唐玄奘就这样打上郧乡烙印，走进了《西游记》。

二、动若有神的郧国公张亮

这里再说张亮，古代对他的演义传说不多，但现今影视剧却多看好他，中国的《贞观长歌》《唐太宗李世民》《贞观之治》等电视剧都以相当多的情节讲述他，可见他是唐代建国不可小觑、历史不可忘怀的人物。

太子李建成与秦王李世民的斗争白热化时，张亮受李世民之命去洛阳，密结山东豪杰以备政局之变。齐王李元吉告发张亮欲图不轨，高祖派遣属吏拷问张亮，张亮守口不泄密，不久被释放，故李世民十分感激他。李世民即位，张亮遂被任命为右卫将军，封长平郡公。贞观五年（公元631年），张亮累迁御史大夫，后转光禄卿，再晋封鄅国公，受益州食邑五百户，历任豳、夏、鄜三州都督。贞观七年（公元633年），张亮晋封金紫光禄大夫，行相州大都督长史。贞观十一年（公元637年），改封郧国公。此时，之前受封郧国公的殷开山已逝，他才转而被封此处。贞观十四年（公元640年），太宗召张亮入朝，任工部尚书。贞观十五年（公元641年），张亮被任命为太子詹事，出任洛州都督。

张亮有明察之能，常常暗遣手下侦知治下善恶细隐，史称他动若有神，抑豪强而恤贫弱，颇有政声。然而，他后来没娶到好妻子，坏了前程。他抛弃前妻娶李氏，李氏素有淫行，骄妒特甚，淫悍又好巫蛊，干预政事，渐渐张亮的名声就被这妇人败坏掉了。郏县有个少年，以卖笔为业，擅长歌舞，李氏见到后很喜欢，便与这少年私通，之后又让张亮收为儿子，起名慎几。张亮前妇所生一子叫慎微，他看到这些不正常现象后多次劝解张亮，张亮却不以为意。

贞观十七年（公元643年），太子李承乾谋反被废黜，侯君集等人被杀，张亮由于曾检举过他而挽回不良印象，迁为刑部尚书，参与朝政。

贞观十八年（公元644年），太宗征讨高句丽，张亮频谏，太宗不纳，因此要求亲自出征，太宗拜其为沧海道行军大总管，统率水军。次年，张亮率兵自莱州出发，越海至辽东半岛登陆，攻陷沙卑城，驻军建安城下。营垒未固，敌军劫营，张亮张皇失措。他怯懦恐战，没有计策，吓得不敢动弹，干坐在胡床上，直视屋顶无所言，将士们误以为张临危不惧，处变不惊，就士气高涨，在副将张金树带领下鸣鼓奋击，竟大破敌军。此事传到太宗那里，李世民默然一笑，知张亮没有阵前御敌、驾驭战争之才能，不责备他，也不再重用。

有一位民间方士叫程公颖，张亮十分相信他。在相州，他曾私下召见程公颖说："相州形胜之地，人言不出数年有王者起，公以为何如？"程公颖知他有异心，就因势怂恿，说他卧似龙形，必当大贵。此时又来了一位叫公孙常的术士，擅文辞，自言有黄白之术，与张亮一见如故，一拍即合。他对张亮说："我曾听说图谶上有'有弓长之君当别都'这样的说法，这话大约要应验在你身上。"张亮听了高兴不已，心里便萌生了谋反的意思。贞观二十年（公元646年），陕人常德玄向皇帝报告了张亮与方术之人密谋的事，并说他养义儿五百。太宗一听，大为震怒，遣司法官将张亮和二术士捉拿归案，程公颖和公孙常都承认了罪过，张亮始终不认罪。太宗听取左右侍臣意见，朝臣李道裕说他现今不具备谋反条件，只是有动机而已，论证据，张亮谋反不成立，不当斩。但太宗不认同，盛怒而迅疾定案，他命长孙无忌、房玄龄到狱中与其诀别，随后斩首抄家。张亮人生就此画上句号，一代开国功臣未能善终。对张亮的处理是否有些过于草率？是的，有点操之过急。一年后，太宗在确定刑部侍郎的人选时想到当时为张亮说话的李道裕，太宗此时所说的一番话就证明了对当年杀张亮过急的悔意。他说："我找到适合当刑部侍郎的人选了。因为张亮当年那事。当初，李道裕说张亮反形未具，不当处以极刑，当时我没听进去，现在想来是那回事，至今追悔不已。由此我看到李道裕是个称职的人选，这刑部侍郎非他莫属。"

殷、张二位国公，是盛世唐朝的开国人物，他们同封郧阳，这让这方山水、这座城飘荡着那非常朝代的非常人物及其不凡故事的风采。

三、白鹿郧缘

长安南山的郧乡，大唐天子李世民不曾涉足，他戎马一生，东征西讨，并不曾抵达汉水之滨，一个偶然事件让他对这里有了印象。

相传贞观十八年（公元 644 年），他的爱妃徐惠罹患眼疾，久治不愈。终南山道人为之进言，说白鹿之血点睛可治。太宗依言，急命尉迟敬德率军于终南山寻觅白鹿。将军领命而行，于千山万壑中得见一团精灵般的白雾迎风而飘，悠悠行云，越秦巴，入汉水谷底。尉迟将军与众军士驰马紧随，至郧乡县城南岸的茶店曾家沟射杀白鹿，白雾散落山涧。接下来是将白鹿八百里加急送往长安，太医以天鹅之羽蘸白鹿之鲜血医徐妃眼患，不日即愈。疗效之神，令太宗大为感怀。太宗询及白鹿扑倒之处，尉迟敬德向太宗描述了郧乡县城四围山色和扑倒白鹿的座座青峰。显然，这是一个灵异之地，需对其珍视，太宗遂敕命建寺超度，化育苍生，惠及万物。白鹿的祥瑞从此将郧乡带到了太宗面前，天子目光总会时不时越过苍茫秦岭，到浑如天外的郧汉世界。

建寺的诏书下达，群臣不敢怠慢，不久便于郧乡县城对岸的曾家沟兴建了一座名曰圆通寺的寺院。何以名“圆通”？圆者圆满普遍，通者通达无碍，圆满普遍、通达无碍的境界，或曰究竟觉悟的层次，禅意与圣意大大被包含，圆了太宗感恩之念。从曾家沟这地域看，此地通达四方，交集南北，勾连上下，据山聘水，可谓世道之圆通。

在佛法世界里，“圆通”亦属于观音菩萨道场，是人们祈福保平安的精神高地，同时也是观音的三十二法号之一，意为明白、开窍。“圆通”即观音的代名词，不偏倚，无阻碍，圆满通达，遍满一切，融通无碍。

这个不见于正史的传闻，有无田野证据可考？历时千余年，该寺是否尚存遗址？传闻是民间信史，碑铭不惧长风。我曾听闻地方史专家邢方贵先生讲述这段逸闻，又几度现场考察，得识该寺因缘。

千年倏忽，寺址仍在。该寺位于郧阳曾家沟，此地林木郁茂，山体葱茏，谷地湿润，天泉喷涌。九条龙脉盘桓，山峦呈环绕合抱之势，巍巍攒簇，特殊奇异的山势正如尉迟敬德向太宗报告的那样。莽莽沃地坦呈，漫谷越壑，或隐或显，阴阳分割，云雾袅袅。年平均气温 16 摄氏度左右，四季分明，无酷暑，无旱涝，山果盈视，野蔬匝地。青山常青，绿水常绿，画眉婉转谷涧，喜鹊欢叫虬枝，蛙声阵阵，知了和鸣，草蛇出没，蜈蚣探头，水草花木葳蕤。山民散居于坳地平坡，或农耕，或养殖，有天颐之舒。茶山朝阳，芽嫩色碧，曾为府衙专享，山下为古时驿道，故有茶店地名，茶之肆，供四方商客绅士品茗雅会。俯瞰足下一旁的十堰市中心城区，高楼巍巍，朝气蓬勃。

圆通寺坍圮于山峰敞怀处，中华人民共和国成立后曾为校舍，前些年荒废为牛场。土坯一堵，曲尺两面的屋框，柱梁横檩衰朽，伶仃孤立，屋椽几根，瓦片几张，废败不可尽言。杂沓处，一派萧萧然、萋萋然，岁月风蚀不知几何。残存者，络绎相观，不过五六间旧舍而已，而上下左右屋场俨然，当年大场面依稀煌煌。

唐代诗人李华《吊古战场文》中“黯兮惨悴，风悲日曛”“鸟飞不下，兽铤亡群”之句似可言圆通寺现状。荆棘蓬藤中掩映着一方两平米的古碑，经邢方贵先生精心拓印，得见碑文内容。碑载圆通寺于大明天顺年间复建，弘治十三年（公元1500年）立此碑，时任住持佛依，总住持佛宽、佛海。碑上明确该寺创建于唐贞观年间，乃梁朝大兴寺院之余绪，亦因太宗皇帝得白鹿治爱妃眼疾一段感恩之旅……碑文历历其详。[①]

圆通寺名声久植，先前村镇建制，皆以“圆通”命名，诸如现今的茶店、茅坪、长岗岭、大岭山等区域，古时均为“圆通保”所辖。

太宗敕建圆通圣地，为儿孙落足这方山水种下福田。

① 圆通寺碑文拓印件，现存于郧阳区地方文化学者邢方贵先生家里。

第十章　郧天如梦，唐王室的怅惘与守望（下）

史载唐太宗有十四个儿子，分别是恒山王李承乾、濮王李泰、高宗李治、吴王李恪、蜀王李愔、庶人李祐、越王李贞、江王李嚣、纪王李慎、赵王李福、曹王李明、蒋王李恽、楚王李宽、代王李简。这么多王子，太宗应该不担心没有接班人了，但是如何甄选又是个烦恼。立嫡立长，虽有例规，但嫡长无才无德又该如何？另外，皇位只一个，若让无能者上位，旁人岂不觊觎？太宗当初是怎么走到皇帝宝座的，他心里清楚。

一、李泰落寞郧乡

譬如四子李泰，其才不弱先太子李承乾，更不让后来的太子李治，才气和能量远超他人，太宗不无选定他为接班人的意思。正因为这些英迈之气，大臣们都提防他危及太子，太宗也担心他上位重演“玄武门”悲剧。结果一个涉嫌与太子争位的罪名到了李泰头上，他于贞观十七年（公元643年），徙居郧乡县。好在太宗采取的只是隔离政策，将这位钟爱的儿子移居外地，并未施以残酷手段。

李泰是不可多得的才子，看郧县李王墓出土的李泰碑文对他的赞誉：“降辰为之粹精，禀河岳之冲气，蕴清明于岐嶷，立端懿于绨绮；夙著聪敏，轶北海之流声，早擅文章，掩东阿之远誉；于是括词林而游刃，揔儒肆以操矛，鸾文凤艳之奇，回翔于玄翰，玉策金縢之秘，昭晰于灵府。”[①] 这是何等了得的禀赋和才气，碑文说他生来出类拔萃，荟萃

① 大唐赠太尉雍州牧故濮恭王墓志铭，其碑现收藏于郧阳博物馆。

了天下河山的灵气，揽天地之精华。他端庄威严，华光四射，素来聪明敏捷，美名远播，最为擅长文章，声誉盖世，能在诗词文林中游刃自如，纵览学问似操矛于万军之中，更似翱翔的凤凰回翔于浩瀚的天际，治国之策在他心里清晰明澈。多么有才，可惜生在兄弟众多的帝王家，继位有长兄，由不得自己去争取，更不能靠天下人推举，绝世才华也只能作《梁甫吟》[①]。也正因为太有才，他只能被逐出京都，被撵到遥远的终南山以南的郧乡。而且他只能在郧乡西北八十里的青曲山坳建宫居住，不能住在行政中心的县城干扰政事，聚众妄为。对于从长安锦绣地来此的李泰，对于曾经经常出入于“园中广厦修廊，连亘屈曲，其他延袤爽垲，跨带原隰，又有修竹茂林，绿被冈阜，东坂下有凉堂，堂东有临水亭”，“居地二十顷”的大唐芙蓉园的李泰来说，这算是坠入寂寞深渊。

一来九年，九年蛰居，心傲气盛的李泰从一个二十多岁的愣头青变为一个心灰意冷的落寞人，他黯然的心不时希望得到朝廷垂顾。相比历史上争位失败的皇子，他的处境还算不错，迁郧几年他又由顺阳王晋封濮王，邑万户。皇子的待遇是豪奢的，父皇允许他建了濮王府，方圆数十顷的府邸，红墙绿瓦，重楼危檐，耀眼夺目。王勃写《滕王阁序》“披绣闼，俯雕甍，山原旷其盈视，川泽纡其骇瞩。闾阎扑地，钟鸣鼎食之家；舸舰迷津，青雀黄龙之轴。”这些精彩词语所描述的现实情境都可说是濮王府的写实，李泰的境界远高于他那位封在江西做滕王的叔叔李元婴。所以，濮王府是不亚于滕王阁的。尽管这里远离京都，远离国家政治文化中心，但他有一班僚属官员供驱使，通驿四方，为其服务。他有足够的经济实力，供其兴土木，拓宅院。他雅好文学，工草隶，集书万卷，特别喜好书画鉴赏，这些爱好为他打发流落郧乡的寂寥

① 古代用作葬歌的一支民间曲调，音调悲切凄苦。

岁月提供了帮助。当年在京都时，他召集一班人编撰的《括地志》曾为他带来极高的声誉，父皇赞赏。他希望这番事业像刘向编撰《淮南子》、昭明太子编撰《文选》那样增加名望，然而，这些工作的现实效应都与其所愿适得其反，在政治斗争中，文化的准备工作往往不及铁腕和毒辣的心计来得有力。一心扶持他弟弟李治上台的亲舅舅长孙无忌，极其不愿看到他的才华，不时地在他父皇面前进谗言，损害其在父皇心中的形象，而李泰完全罔顾了这些，一心要做一番千秋功业。而现今他把这套价值不菲的书带到濮王府邸，时而翻翻，回首有为的当年，消磨当下无聊时光。该著作正文 550 卷、序略 5 卷，按贞观时所设的全国 10 道 358 州（府），再以州为单位，分述辖境各县沿革、地望、得名、山川、城池、古迹、神话传说、重大历史事件等，《山海经》《水经注》的精华皆在其中。该书旁征博引，保存了六朝地理书中珍贵资料，大唐帝国的雄奇富丽、民族千古的足迹在此得到深度盘点和大典式集成，让人们从中读到一个精彩奇异、人文深厚的大国家寰宇图景，显然，这是重要的国家级人文珍本。这套心血之作伴陪他走过人生最后的岁月，可惜，随着他的逝去，这仅存不多的一套书也随濮王宫更改为寺院而散佚。明代文豪王世贞任职郧阳时，曾试图寻觅这套宝贵的书籍，可惜一无所得。王世贞在《郧阳藏书记》中说："考之兹城之流寓，独有唐濮恭王泰。恭王之撰《志括地》，其蓄典籍踰于秘阁。及殁而施宅为寺，而遗书之存者无一也。"① 字里行间流露出无比的遗憾。《濮王泰集》20 卷在李泰寓居郧乡的那些年编定，这部收录了李泰全部诗文的文集也在郧乡散佚，他父亲太宗所夸"泰文词美丽，岂非才士"的真实情形我们无法从具体文章中读到了，实为憾事。还有他颇具艺术价值的"龟益"印章，以及

① 王世贞：《郧阳藏书记》，载王学范主编《王世贞抚郧诗文集》，武汉：长江出版社，2010 年，第 359 页。

他极擅长的大量草隶作品也在此丢失无存。

在郧乡的前六年，父皇太宗在世，一切护着他，他赏画写字，心境颇佳，身心安逸。太宗逝后，世界变了，即使弟弟高宗极具善意，改善其待遇，车服馐膳，特加优异，也无法改变其心境的悲凉。其舅父时刻提防他，唯恐他显才惑众，影响李治之位。所以，父皇驾崩，皇子纷纷回京，唯阻他于外。这种打击是致命的。三年后，正当百官庶民迎新年之际，这位才华横溢的皇子在郧乡抑郁而终。时年 33 岁，比曹植还早逝 7 年。“呜呼！阙水成川，伤百龄之讵几；倾羲无旦，何千月之能终。惧英猷之或泯，雕纪德于泉宫。”[1]

李泰逝，皇宫为之辍朝，追赠太尉、雍州牧，敕葬郧乡，葬于棒槌河与汉江交汇处的郧城之北一座土丘马檀山。葬事官给，务从优厚，班剑卌人，羽葆鼓吹，赙物三千段，米粟三千石，赐东园秘器，陶俑、仪仗俑、瓷器、银器、金器、石器、铜器、铁器、珍珠、玻璃器物、水晶珠等上千件，封赏甚厚，极尽哀荣。那稀世珍品唐三彩[2]，在千年后完好出土，其精美程度仍让人惊叹不已。高宗特请法藏禅师为哥哥往生祈福，李泰王妃阎婉于其生前所居的府邸旁建延福寺，造浮屠，为其诵经超度。昔日濮王府的生机转而为今日延福寺的木鱼声声，大山不见了皇子踪影，唯有魂幡高擎。延福寺延至三百年后的大宋兴国年间，郧乡迎来一位做主簿的年轻官员张士逊，这位此后做了大宋宰相的政治新秀，对李唐皇子恭敬有加，拜谒了延福寺后，特为该寺经藏碑口述铭文，追忆濮王短暂而不凡的一生，又报请当朝皇帝改名乾明寺，以示乾坤大转，天下澄明。

李泰逝后 38 年，王妃阎婉辞世。

---

① 大唐赠太尉雍州牧故濮恭王墓志铭，其碑现藏于郧阳博物馆。

② 李康墓出土，现藏于郧阳博物馆。

长子李欣环州身亡，先葬于洛州龙门，李峤迁葬祖母时一并将其迁至郧乡与李泰同聚。次子李徽，逝于郧乡，同葬于马檀山。李泰后裔不见于郧乡，2014 年 8 月 12 日，李泰七世孙李伯陵后人率家族五人带着族谱从安徽宣州来郧祭奠先祖，方知其传人不竭。

悠悠千百载，戚戚一家人，王孙驾鹤去，长风哀茔冢。

从李泰落魄郧乡至孙子李峤迁葬叔、父、祖母，使之家族合墓团聚，这家人在郧乡先后度过了七十余年时光。而后，三代人又于此千年共黄土。皇家难做人，因才获苦痛，苦难几无止境，终了还得融于这片河山作泥土，永世饮恨。王子之命乎？才子之命乎？

李泰家族墓群是郧阳一大历史文化胜迹，经考古发掘，得以发现一批珍贵文物，然而，相关的损失难以弥补。早年被盗，20 世纪 70 年代建砖瓦厂、80 年代建烟厂，将遗址毁弃，千年李王坟的痕迹被抹去，那位从大唐陨落的皇子及其故事无处凭吊，一切都被打扫得了无影踪。

二、庐陵王的郧乡遗踪

嗣圣元年（公元 684 年），李泰的侄儿李显，因生母武则天瞧不上他驭国之才，不满之下，他这个刚继位的帝王被贬于均州郧乡，再迁房陵，从水路便利的地方赶往大山隔绝的落凤坡，先后达 15 年之久，唐王室再与郧乡续缘。

当年强势帝王李世民选了儿子李治继位，舍了能力出众的李泰，而今武则天则极度不待见李显，包括另一儿子李旦，毫不犹豫地将其拉开，自己去台前掌事。

幼年时备受高宗、武则天宠爱的李显，只是个甘于清享富贵的太平皇子，并不想争那什么天下独一无二的位子，那太凶险，不安身，做个无忧无虑的皇儿，与谁也不争锋，好不自在。上天却故意与图安逸的人过不去，不想的事偏偏砸到他头上，两位兄长相继离世，东宫储位非他莫属了，进而在他 27 岁时坐上了皇位，这乾坤旋转实在让他一度匪夷所思。

担心的事很快发生，武则天对他的执政百般挑剔而无一首肯，事事掣肘，他龙椅尚未坐热就被无情废黜，赶出京城，到他叔叔李泰生活过的郧乡去了。他不及叔叔待遇，李泰一到郧乡就没再被折腾，而他是先被遣到均州，那地方在汉江边，又是州郡所在地，来往方便；后作为政敌的母亲又将其迁到万山巇崰、林壑幽密、不见天日的野人出没之地——房陵，高路入云端，出都无法出。铁血母亲，比无血亲的外人还要狠心百倍。郧乡到房陵是越爬越陡峭的决绝山路，舟车不通。他的建筑、刺绣、烹饪、酿造等一行随从及其家人，只能徒步，日行不过数里。他的妻子韦氏已是怀足月的身子，颠沛途中临产，连裹布都没有，李显只好用自己的衣服来包，幸而无险。于是，这女孩就叫“裹儿”，以纪念此生的艰辛。

房州刺史张知謇、董玄质、崔敬嗣非势利小人，很是善待他们一行人。将他们安排到房州较为坦荡的化龙河畔，协助他筑起一座可供家人、仆人、随从居住的庐舍，随后还因水而筑了护城河，以保其安全。真是山高皇帝远，完全与世隔绝。林莽浩荡，峰峦如聚，虎豹、群狼是为常客，山民、商旅少有踪迹。在此，他大抵知道为什么历史上的累次重大贬谪都选择这里了，原来此乃绝境，迁至这里就是丢给大山吞食，扔给野兽挟持，抑或永世隔绝，寂寞至死。从大唐开国到李显，五六十年间，已有四批次皇室亲被贬至房陵了。最近的是李显同父异母的哥哥李忠，他被贬到这里做刺史，李忠敏感多患，时恐为母后所害，每日着红妆，扮妇人，装神弄鬼，愚弄耳目，最终也没逃脱覆灭命运；稍前的是李显姑父房遗爱，他被太宗贬来做刺史，实在受不了政治打击和生活迫害，他和妻子高阳公主谋划了不轨之事，其结果自然是没有好下场，获罪身殁；再是李显另一位姑父杜荷，素来与太子李承乾亲近，常为其出谋划策，配合太子李承乾夺位，后被杀；城阳公主第二任丈夫薛瓘受公主连累，被贬到房州任刺史，再也不敢想不敢做，最后和城阳公主与大山同眠了。短短几十年，竟有如此之多的宗亲走马灯似的于房陵坠落，难道大唐王室注定躲不开房陵之活监狱？悲魂不远，他一想便毛骨悚然。再看之前历史，大汉朝的河间献王之子刘元是贬谪这里逝去的，汉武帝之孙刘勃是贬于此逝去的，西汉济川王刘明是被贬这里丧命的，刘邦的女儿鲁元公主和驸马张敖也是贬在此地，耗死在这里的，大汉一朝也是四批王室宗亲做了房陵鬼魂。再看大秦时期，始皇贬吕不韦、嫪毐的宗族及党羽等万余人来此，如此庞大人群也禁不住这大山消耗，最终都化为密林一缕烟；战国时的赵国最后一任国君赵迁，亡国后没被杀，被始皇扔到这里，孤寂郁闷而死……累累坟冢，哀哀谪人，举目无亲，唯有阴魂。千古不祥地，万世落凤冢！

谪地魅影即已惊恐万状，又时时飘来戕害的刀光剑影，李显几无活下去的心了。被贬至此，母皇依然不依不饶，不让他宽松一日，不时遣使暗查，命地方官吏严加制约，倘有异动，立马除掉，使其神经旦暮处于高度紧张状态。难得同命运的妻子韦氏，相偎相劝，助其精神。又难得刺史张、崔二人多有关照，每每遇上京城来人，都悉心打点过去，免遭惊扰。生活不便，不时供给，免于家常之忧。熬过两三年惶惶不可终日的岁月，内外环境渐渐宽松，皇宫不再监视，地方官吏友善相处，正常人的光景才有了。

武则天称帝十八年，在思考将来谁承帝位的事时，被狄仁杰一句

“姑侄与母子孰亲”的话点醒，遂以李显有病需到洛阳治疗为由，秘密将其召回。已做稳了庐陵王、决计守庐度此生的李显万没想到，天日如此瞬变，十数年噩梦方才淡去，这又来的命运是吉是凶？无论好歹，同样由不得他。

天下汹汹，世道滔滔，反大周声浪不绝，李显回朝也回应了民愿。这是唾手转运，他未筹集人马，亦未发动各路拥戴志士，虽然心中常有时来运转，报他人之恩的心愿，寄望有朝一日复位，定当不负恩人，可那只是想想而已，实质上他根本没有为李唐夺天下的大志，自己只想做个顺民。后来民间流传的“薛刚反唐”故事，并非历史，只是由庐陵王故事生发的传奇而已，是那段真实历史里诸多拥李反周现象的缩影罢了，此类民间逸闻我将在后面详述。

从贬官鬼魂堆里活着走出，他比前人幸运；举家结束流放生涯回到都城，也比终老郧阳的李泰叔叔及其家人幸运。回到最高权力的旋涡，与已经立为皇嗣的弟弟李旦相比，有点尴尬，然弟弟深明大义谦让于他，母皇与大臣权衡，改立李显做了太子。昔日的皇帝、庐陵王，现今又从太子做起，以储君之位待未来。

公元 705 年，病重的武则天被迫逊位，李显被众臣拥立，年号“神龙”。从当年的“嗣圣”到这“神龙”，已过去 21 年了。21 年间，天朝被易帜，经历了由唐而周的颠覆性变迁。李显再登帝座，大唐的命脉又接续上了。他记得房陵这个善待了他的流放地，命诸州百姓免税赋一年，而特许房州百姓免除徭役三年，可谓不忘侥幸活下来的那些年。

政治是强人驾驭的，李显就不该被一而再地推到这境地里。他在皇座上仅待了五年，不敢横刀斩乱臣，不敢节制妻女膨胀的欲望，种种罪孽在他这适宜土壤里恣肆蠢动，结果便被患难与共的妻女夺命。当初刀俎之下凄惶，而今扬眉吐气时刻凄然丧命，生来图安逸的中宗，倘不涉高位，何来此祸？悲夫！若李泰有缘此位，那是何等境遇？

李显远去了，留给房陵大山、留给郧乡土地的是他做庐陵王时那令人同情的故事和迄今仍造福庶民的庐陵王米酒。

李泰、李显，让郧乡有缘留下了叔侄两代的足迹，把郧汉山谷与大唐历史关联起来，我们则有了更多为古人感慨的话题。

三、樊梨花传奇

传说是人们对有特色的自然山河和英雄人物的一种惦念，一种憧憬，原生的土地和生活总太过于循本，没有可做梦的奇幻和可交流的夸耀，即便那鬼斧神工的名胜之山河，不附丽传说也总是觉得不够味儿，有了遐想神话，一切都变了模样。

传说多半有渊源。

譬如郧乡关于樊梨花的传说，应该说能从历史深处捕捉到一些影子。

由于郧乡与大唐王朝有些缘分，故而，她的故事也被附会到这里。在郧乡有两个地方，一是白桑战马沟，一是大堰梨花寨。另外还有刘海砍樵的故事，在此也有流传。

白桑关镇地处郧乡东北部的雷峰垭以北，是北进南出必经关隘，堪称豫秦荆楚之咽喉。紧挨白桑街市的山脉中有条沟叫战马沟，长达七里，该处背依大王山，东向大花山，西临九里岗，地旷山阔，可屯兵马。当地人说当年樊梨花就在此驻军，招兵驯马，故而名之战马沟，迄今仍存梨花寨、点将台、跑马场等遗迹。

传奇的遗迹常常让人追问：这是真的吗？历史上真有樊梨花其人到

过此地吗？

樊梨花不见于史书，但见于民间文学，显然只是一个传说，和花木兰、穆桂英、梁红玉等巾帼红颜一样，属于想象的文学人物。作为文学塑造，一切皆有可能，一切也皆为虚空，真伪不必考辨。那么，历史上为什么推出这么个传奇人物呢？大唐是个英雄辈出的朝代，薛家将就是那个时代应运而生的，而且在众多英才将帅中，薛家将因其传奇色彩而更加令世人关注，这样的将星门第没有一个传奇的英烈女子丰富将门故事，那是很乏味的。因此，正像后人为杨家将添进佘太君、穆桂英、杨八姐等女英豪一样，他们也给薛家军塑造了这样一位特别女性，为薛仁贵、薛丁山两代将领在东征西伐的血腥战场故事平添一道娱目的彩霞。

樊梨花故事，散见于《薛丁山征西》《薛刚反唐》《薛家将》《樊梨花挂帅》《樊梨花出山》《樊梨花招亲》《三请樊梨花》等古代话本中，离奇的小说创造让她更生动立体。幼年的樊梨花随父习武，刚强英武，后得梨山老母真传，练得绝世武功。当其时，父亲又为她择好了佳婿，即父亲拜把兄弟之子杨藩。恰此时，大唐与西凉国的战火烧起，她在战场上认识了唐朝领兵元帅薛丁山，那一刻，眼前陡然一亮，可毕竟是敌我对峙，他是敌国战将，怎能与敌相爱？

作为大唐平辽王薛仁贵的儿子薛丁山，他会因私情而误军国吗？薛丁山见了面前这清秀英气的女子，虽有刹那的目瞪口呆，但敌我原则高于一切，更何况自己已有心许之人——老师的养女陈金定，因而，转眼间就淡去了对樊梨花的一丝好感，仍以仇眼相向。

寒江关前，刀剑横飞，不分轩轾。总因那不解之缘，在生死战场上双方似乎是习武磋商，彼此谁也不愿使狠手。樊梨花的爱表现得越来越强烈，而薛丁山则囿于家国观念和已许婚约而心情矛盾。他们之间的纠葛直接影响到大唐征西的成败，关键时候，樊梨花的师父告诉她放弃敌对观念，阵上招亲，化干戈为玉帛，西凉臣服大唐，樊家父子还可保全性命。樊梨花的思想通了，薛丁山怎么办？樊梨花得知大唐两朝元老程咬金在薛家颇有影响力，遂向程咬金求助。老将了解到樊梨花武功超群，非常高兴，这样的藩国奇人主动来嫁，不是天大好事？他一定撮合，坚决玉成其事。遂答应帮樊梨花游说薛家两老，然薛家人仍心存芥蒂，无法接纳异邦女子的爱和橄榄枝。无奈之下，樊梨花及程咬金不惜把事情反映到皇帝那里，在大是大非面前，皇帝断然做主，拍板了薛丁山与樊梨花的婚事。至此，一桩夙愿经波折终得以偿，一场战火情爱花好月圆。

樊梨花正式成为薛门一员，她没辜负李唐王朝和薛家，因为她的到来，征西战事完胜，此后又因为她的强势支撑，临难不惧，使薛家在兴败起落的跌宕中得以再度雄起。

这是一血性女子，那一腔热血激荡着古往今来男男女女的心。她可爱可敬，虽然她的形象应该落脚在现今的甘肃武威，许多的战事也都该发生在那里，但大家由衷喜欢这个洒脱的女子，都愿意她出生在他们那里，故事发生在他们那里，所以，就把发生在他处的那些事引到身边来，或把当地某女杰的事嫁接成她的事，让她世世代代在这里，与大家同在，人人得到慰勉。因而，所到之处，总有人说樊梨花就出生在这里，那山那石均是她当年所用之物的幻化，或曰，她曾在这里待过，战场烽火依稀可感。久而久之，落地生根，成为一种民间固化的文化，世世代代脍炙人口，与民相伴。

四、李唐后裔的郧阳缘分

我在《迁徙，自然人的一个命题》一文里细述了郧阳古今移进移出的生民，包括这些唐代移来的皇裔们。他们的移入代表着一个时代的重大变迁，郧乡能在他们眼里温暖可居，也是郧乡这块土地的造化。

据邢方贵先生的田野考证，郧阳区江北梅铺、高庙现今居住一批李氏人群乃唐太宗三子李恪之后。得知这个发现不禁心生好奇：大唐天子的后尘沦落到这山圪垯来了？2015 年 10 月 22 日，我随区政协办公室主任陈红梅及史志办专家王天福一行再次来到高庙，见到了李氏后裔李朝文，在他家细看了 21 世纪初他们编撰的家谱，其中对李氏一脉的追述详尽，其家史凿凿，源流宗派及其过程中的历史人物，毫无冒名附会之处，把一个真实的李恪后人迁徙流变踪迹验证得一清二楚，真实无伪。

那么，这支李氏皇裔又是怎么落脚郧乡的？也是李泰那年代、那情形造成他们流落民间的吗？非也。历史后推至公元 904 年，这是大唐历史继黄巢横扫长安后又一个悲怆而黑色的年份，朱温强逼唐代末世皇帝昭宗迁都洛阳，意在篡位。昭宗知大势已去，值此危急存亡之秋，唯一还能做的是保存李氏血脉，以延先祖香火。征事郎加银青光禄大夫（皆散官、文官之衔）、太子太傅李道是其随侍近臣，也是李唐家族成员，太宗第十二世孙，李恪直系第十一世孙，昭宗便将其召到身边，流泪陈述了眼前危难和未来寄望，要他立刻带上几个宗亲家人出走，千难万难，活命为上。临难托付，责任至重，李道来不及客套，迅即带着堂弟李术、李衍洒泪而别，趁乱逃遁。

大路纵横，原野茫茫，哪里栖身？一番亡命奔走，摆脱了朱温势力范围后，他们决定到相对远离政治旋涡的江南去，把那里作为避难目的地。于是，他们又攀千山涉万水，流落到江西建昌柘林湖畔，于磨刀村落脚。

东都洛阳，朱温日盛一日，加紧钳制李唐宗室，宰割大臣，昭宗未能幸免。几年后，昭宗儿子哀帝李柷被害，大唐从此画上句号，北方李氏宗亲遭大劫，白茫茫一片真干净。

流落建昌的李道兄弟仰望京师，看到大厦倾覆，乾坤难回，心中回想昭宗“活命为上”的嘱托，便彻底安下心来，淡去匡复李家天下的念头，一改贵族行为做派和皇室生活方式，做起磨刀生意，无怨无艾，彻底变身庶民，把祖宗的辉煌留存于记忆深处。

李氏自陇西郡发家至此三百年，叱咤风云几个世纪，就此退出历史舞台，回到台下看戏的人群中，这不能不引起全天下的叹息。然而，李家人出奇地超脱，在举世的叹息中迅速实现了心态的历史性转变，这一转变顿使李氏宗亲拥有了在长安所没有的长安日子，子孙永续，无穷匮也。

磨刀村李氏，繁衍很快，后人在四乡奔走谋事中又把支脉延展到湖南、湖北、河南、陕西、台湾等地，追宗时他们便尊李道为建昌始祖，将磨刀村李氏称“磨刀李”。传至湖北郧阳这支不是一步来到，而是经由江西十数代后的李恪第三十世传人李受武，率族先迁居湖北大冶，再传九世之后，有位名曰李席儒的后人于乾隆年间迁居而来，立足于郧阳的梅子堡，即今郧阳区梅铺镇。他们在此生活近 300 年，传 10 余代。至此，李恪一脉已传 60 余代 1300 多年，可谓瓜瓞绵绵，千秋繁茂，这也算没辜负昭宗危难时的托付。

李氏宗谱先后数次修谱接续，早先是明代正统年间，再是明万历年间、清嘉庆年间、雍正年间、乾隆年间、民国年间，其中雍正时修谱由李氏本家、曾任国子监祭酒、内阁学士兼礼部侍郎的国家重臣李凤翥作序。李凤翥皇统幽远，大笔如椽，落款特署：“术公支下三十七世孙、凤翥续香拜撰。”“术公”即李道当年逃难时所携的那两位堂弟之一的李术，这说明李凤翥是李术的三十七世孙，从李术上推李恪十一世，至李凤翥已是四十八世了。

李世民的另一子李明的后代也与郧阳有缘，他们聚居于郧阳青山镇秦家沟村。这里一千多李姓人士乃李明传人，其家谱也陈述得十分清楚。李明乃李世民十四子，杨氏所生，其原是李世民之弟李元吉的妃子，李明先是封曹王，后降零陵王，他的子孙在唐朝代代为官。安史之乱后，李明后裔一支做官江西，散居江西诸县，后发展至十八世李隆四时，适逢黄巢起义，天下战乱，为避乱而迁至湖南岳州临湘市马王洞。发展到四十九世李春圣时，其于乾隆十六年（公元 1751 年），携子长闰与四哥李春显迁至郧阳府郧阳汉江南青山黎树洼居住，春显因子早卒而无嗣。春圣之子长闰支脉繁衍于青山镇熊家沟、水泉沟、白石坪一带。两百多年来，子孙绵茂，至最近一代年仅数月的婴儿李特安，已是七十二世，其为青山镇水泉沟村李典青之子。有部分李氏迁至郧阳区原种场谭家湾村和城关土沟一带居住。2015 年 10 月 25 日，我随陈红梅来到青山镇秦家沟村支书李尚有家中，翻阅了他们于 21 世纪初编写的家谱，看到了他们作为寻常百姓家的辉煌家乘，也感受到皇族后裔的千年蜕变。李明流落在湖南岳州府巴陵县的后人于 1992 年第十八次重修《李氏家谱》时，发现湖北郧阳青山镇这支宗亲，几度派人，方才找到，列入李明大家族谱系中。这支李氏的习俗不同于李恪后裔，他们的老人在世时就会把墓修好，墓是一个半圆形的筒子，墓门用砖堵上，待人去世后，扯开墓门将尸体送进去，将门正式封上，此墓叫“参筒”。这种习俗源自李世民出生时所处特定环境的纪念，相传，李世民诞生于咸阳市武功县旧城南建子沟恩义寺内一个洞里，此洞命名为“唐王洞”，洞里生洞里葬，哪里来哪里去，这是一种天然程序，后人亦步亦趋，故而形成了这种丧葬习俗。同为后代，李恪的后代为什么没有这个习俗？这可能与子孙迁徙过程中对先祖遗风尊崇与否有关。

一个皇族沦落为民后尚能有序地迁延千余年，实非易事，而他们却能传递至今，且更为生机勃发，那注重家谱修编而实施的家风传承，就保证了良好血缘传承和辈辈育人的良好传统。可以在天为圣，在地做民，能腾云端，亦能蹚泥沟。当不再有史官为之记录家世时，就自己为自己写家史，做好家世谱系，让家世清清楚楚代代流传，生存得很有秩序，这不就是历史吗？李唐后人不枉，回首前朝后代的皇民后裔安在哉？

开拓了中华宏阔版图的李唐时代远去了，他们的后人不再言祖辈英雄当年，回归草根一族。

乾坤轮回，盈虚有数，人杰不能常驻一家，风光又安能几人独占？造物主始终把握平衡。

第十一章　有始有终，大宋宰相郧乡情深

应着“分久必合，合久必分”的规律，如日中天的大唐历经 289 年辉煌后，亦同之前走过的任何一个风云王朝一样，最终也黯然坠入西山，世运没有偏爱它，历史再次踏进大一统皇权颠覆后的碎片境遇。

一、朝代缝隙里的郧乡

藩镇割据，政权纷纷，北方及中原从后梁开始至后周，每一王朝十几年光景，登台亮相尚未脸熟，就被赶下去，你方还未唱罢我方就急急登场，其衰何其忽！

此间契丹人由北而南，瞄准时机，壮大自己，辽朝政权由此乘势亮剑于天下。南方及西北在大唐大厦未倾之时就在独立称治，八十多年里出了十多个国家。根据历史学家张国刚的《唐代藩镇研究》可知，黄巢起义后，藩镇割据普遍出现，部分实力雄厚的藩镇先后被封为王，他们所建立的封国实际上已是高度自主的王国，唐朝灭亡后，各地藩镇纷纷自立，其中地处华北地区、军力强盛的政权控制中原，形成五代，他们依次更替，虽然实力强大，但无力控制整个国家，只是藩镇型的朝廷。而其他割据一方的藩镇，有些自立为帝，有些奉五代为正朔而称王称藩，其中十个历时较长且称王或称帝的政权被欧阳修的《新五代史》及后世史学家统称为十国，其间定难军逐渐独立，以至于建立西夏政权，与北宋并峙。

闪烁不定的时局中，郧乡县始终被控制在中原王朝的势力范围内，后梁时属于后梁，后唐时属于后唐，后晋时属于后晋，后汉时属于后

汉，后周时属于后周，北宋建立后，郧乡当然归属于北宋，南宋建元后，郧乡县仍保持北宋时期的行政格局不变，只不过成为紧挨着金朝边境之地的一个前沿阵地，不安全感大大增加。金人占据河南淅川和陕南，对郧乡构成威胁，所以，南宋时期的郧乡县城几度空寂，商船路断，河埠一片青苔。

宋太祖文官治国，以避免中晚唐五代藩镇割据和武官兵变的情况发生。地方行政区划基本上实行的是路、州（府、军、监）、县三级制，宣和四年（公元1122年），全国设二十六路，351个州、府、军、监为一级，1234个县为一级。其中府为体制较尊的地区，比如首都、陪都等，军一般是军事重镇或要冲，监设在一些主要的工矿牧盐等重要物资产区。少数民族地区则继承了唐朝的羁縻制度，也可以算是一定程度上的民族自治。所谓“羁縻”，即在少数民族地区设立特殊的行政单位，基本保持少数民族原有的社会组织形式和管理机构，承认其酋长、首领在本民族和本地区中的政治统治地位，任用少数民族地方首领为地方官吏，他们除在政治上隶属于中央王朝、经济上有朝贡的义务外，其余一切事务均由少数民族首领自己管理。这种因地制宜的行政区划管理方式，自秦朝就开始使用了，宋朝运用得更加成熟。

州一级的行政长官称为“知某州（军、监）事”，同时州一级还设通判一职，以制约知州的权力。宋代行政区划最另类的是“路”的发明，“路”近似于唐朝的“道”，是直辖于中央并高于府、州、军、监的一级监察区。宋太宗至道三年（公元997年），北宋共分十五路，后再分为十八路，又再分为二十三路（二十六路）。郧乡县隶属京西南路均州。南宋江山虽大为收缩，但仍有十七路。

据同治本《郧阳志》记载，两宋时期有关于郧阳的人物有北宋初年协助宋太祖完成统一大业的曹彬，大宋名将田钦祚，郧乡县主簿张士逊，贫民官吏陈希亮，抗金名将王彦，夏竦之子夏珙，执法严明之官杨仲元，郧乡令周恬……

二、乡土上的杨家将故事

北宋立国 167 年，与辽国军事交锋的那些波澜壮阔的岁月在史书中只是苍白的文字，而在《杨家将故事》里却一直鲜活到如今。曾位于北宋京西南路的郧乡，当然多有杨家将在此地生活的传说流传。我的故乡是位于汉江南岸的银杏沟，一峰青山卓然而立，山巅巨石嶙峋，其中一石屋幽深宽绰，内有石梳妆台、石妆奁盒、石木梳、石篦子……酷似真物。传说，这是当年穆桂英住的地方，她出征辽国后，这些先前所用之物一律化为石头。正对这山前的是一道连绵高耸的云岭，一天，穆桂英闲暇时练箭，她对准云岭射去，一箭穿峰，顿时把云岭射开一个巨豁，于是留下了至今尚见的豁豁垭。箭杆落到五里外的空山寨，化作一根擎天柱一样的石柱，迄今仍可见一数丈高的巨石，浑如巨型箭杆插在那里，顶天立地。我当年放牛割柴时常攀上那座名曰“尖尖山”的青峰顶，看那木梳形、梳妆台形的巨型石头，看数百米之外的豁豁垭，瞭望数里外影影绰绰耸立半空中的箭杆石，一个三点一线的空间里，一种坠入故事的迷幻感让我的脑海里顿时映现出一位英姿勃勃、有血有肉的花木兰一样的奇女子穆桂英的身影，她身背“帅”字旗，持弓搭箭，把杨家将的爱国戍边故事生生带到了我们的生活里。

从我故乡上行百里是五峰乡，那里扼守汉江、天河门户的是汉江两岸的两座险峻山峰，山峰上故垒层叠，雉堞林立，瞭望塔和炮台依稀可见，这就是迄今为止人们依然称作孟良寨、焦赞寨的两个关隘。民间有诗曰："五峰城外两青峰，遥望孟良焦赞营。行人多少兴亡叹，落日秋烟画角声。"距此不远的汉江北岸郧西六郎乡就是当年杨六郎屯兵的地方，现今的郧西六郎乡即由此得名。民间有诗赞曰："汉江河边古战场，辽军百万葬山冈。至今村鼓盲词里，威镇三关说六郎。"每每游览此地，我便想起苏轼的《念奴娇·赤壁怀古》那"故垒西边，人道是，三国周郎赤壁"的句子来，我深知这里可能与杨家将无关，但我倒是愿意像苏轼相信黄冈赤壁就是周郎赤壁一样，相信这里就是杨家将的边关。英雄的现实故事虽是不可臆造的，但他们的英魂可以在任何一个地方生根开花。

北宋时的郧乡县并非边境，无论是辽国还是西夏，都相距甚远，而且这里并非杨家将的故乡，亦不是抗辽出兵的路线，为什么杨家将的故事在这里流传甚广且被人们津津乐道？历史上真实的抗辽名将杨家将第一代是金刀令公杨业，又名杨继业，他一生奋战。在宋太祖、宋太宗两朝，他面对的不是侠义小说中置他父子于死地的奸臣潘仁美，而是与他争功的北宋名将潘美、王侁，他为三人所迫害，致"王师败绩"，绝食三日而死。宋太宗雍熙三年（公元986年），对负有主要责任的王侁，"除名，隶金州"，潘美降三级官。这就是杨业与潘美、王侁的真实历史。史书上杨业确有七个儿子，与故事中讲述的一样，他们分别是杨延朗（延昭）、杨延浦、杨延训、杨延环、杨延贵、杨延彬、杨延玉，其中，杨延玉一直随父征战，在陈家谷一战中阵亡，延朗为崇仪副使，延浦、延训同为供奉官，延环、延贵、延彬同为殿直官，他们均得善终，无一人流落外邦或死于奸臣之手。所谓的"杨门女将"，正史中一点影子都找不到。《宋史·杨业传》中只收录杨业及其子延昭等七人和其孙文广一人，无一字提及杨门妇女，而且专收妇女的北宋《列女传》中四十名奇女子也没有一人出自杨门，小说演义与真实的史实有相当差距。

那么我们身边这些故事传说根基何来？

杨家将人物从《宋史》里走出来，走进《杨家将演义》，走进村头树下，成为无人不晓、无人不爱的口头文学，是在明朝时期。此后在民间故事讲述人的传播下，杨家将故事与生活同在，与民情同在，人们不知不觉将他们合理地附会到当地某些故事的原型上，使之落地，于是，就有了我上面讲述的那些出现在我家乡的杨家将“真实”故事，久而久之，便广泛流传开了。

三、那些年的流民

杨家将人物故事落地还可能与移民有关，郧乡是个流民和留民之地，源远流长的移民有难也有欢，有悲辛也有长歌。

这里就说说五代十国以来郧乡的移民对郧乡的影响。

大分裂的半个世纪里，郧乡地处边陲，逃来大量难民，难民与原住民冲突不断，时常酿成动乱，波及十里八村。后梁时期，北方五千多人涌进城内，打砸商铺，民众惊恐呼号，家家自顾不暇，郧城一片恐怖，数年满城荒芜，了无生机。五代流民之乱对郧乡的影响超过了西晋永嘉之乱。西晋晋怀帝永嘉五年（公元 311 年），前赵大司空呼延晏与刘曜等人带领匈奴兵攻破洛阳，纵容部下抢掠，俘虏晋怀帝，纵兵烧、掠、杀太子司马诠、宗室、官员及士兵百姓三万余人，并挖掘王室陵墓和焚毁宫殿。巨大的灾难风暴顺势波及汉水流域郧乡县，建城不久的郧乡城被洗劫一空，人民流离失所，死伤无数。辽宋时期，郧乡虽属宋朝，但辽国遭受天灾，逃难而来十余万人如洪水般涌来，挡都挡不住，有相当一部分强行留了下来。辽宋战争，潘美攻下辽国位于山西的四个州，八千多户、近八万人迁入河南和鄂西北，其中一部分遁入郧乡县城乡，居住下来。辽末辽金大战，山西平阳四千余人逃到中原，一部分进入鄂西北。北宋在平定南方各国的战争中，习惯于把战败国遗民迁到都城开封和周边地区，以壮国威，所迁遗民途经郧乡而达河南，部分人不愿到中原受控制而留在了郧乡山区，融入当地乡民中。

宋金相峙，郧乡属于南宋，但其地处南宋边缘，隐约可见金国的战略攻势。金国统辖地区的民众受不了其统治，大量涌来，近百年间，源源不断。蒙古大军扫荡金国后，又出现了一次北人南下的移民，数以万计。元军南下统一中原的过程中在襄樊打了一场历时五年多的攻坚战，郧乡作为襄樊战场补给地，一方面土地得到开发，另一方面由于兵源供给，当地民众悄悄外逃，人口因此大伤。元朝末年被朱元璋打得抱头鼠窜的蒙军纷纷北逃，只有生活在山西平阳一带的成吉思汗的长子术赤的后代没有往老家北方跑，却逃向南方，其中在河南中牟定居下来的一支人，后来又逃到了郧乡的刘洞山里隐居下来，以校姓混迹于世。这段历史我将在后面讲述元代那些年时再加以细述。

因战争而背井离乡的流民在郧乡安身后，他们能不怀念那些曾抵御外敌、保护故土的英雄们吗？杨家将故事应是他们随身带着的精神护身符！

北宋定国后，与北方少数民族战争不断，但整体国运不错，宋太祖时期国家经济就迅速恢复，随后高速发展，宋朝当时在世界上可谓超级富国。北宋、南宋与南太平洋、中东、非洲、欧洲等地的五十多个国家通商，海外贸易异常活跃。中国四大发明中活字印刷、火药、指南针都在这一时期得到广泛应用。郧乡在北宋中期时局相对安定，城市小手工业发达，从京城汴梁引进的毕昇的泥活字印刷术已应用得很成熟。南宋时期金属活字印刷技术成熟，郧乡县城印刷业鼎盛。当然，这也只是边境相对平静时期，稍有战事，市民立马逃遁深山，商业一片萧条。

北宋、南宋整体的经济、科技、文化、教育确实在中国历史乃至世界史上为中华儿女撑足了面子，这一切应该源于它重文轻武的国策，其中有教无类的普世教育也大大值得点赞。两宋开科取士 118 榜 11 万人，是唐五代总人数的 10 倍多，元明清各朝代均不及。南宋取士不问家世，科举和选拔官员不考虑家庭出身、门第高低、社会关系等，没有身份歧视，科举面前人人平等，寒门亦可出贵子。

四、人怀前判簿

这里我就把出身寒门，成为宋初一代名相，与郧乡共始终的张士逊的故事拎出来说说。

“人生到处知何似？应似飞鸿踏雪泥。泥上偶然留指爪，鸿飞那复计东西。”苏轼的这首诗使我想起北宋初年一代诗文大家、一代名相张士逊与郧阳那云霓忽现的瞬暂之缘。飞鸿泥爪，眨眼无踪，岁月漫漶，风流总被雨打风吹去。人们寄望身过留名，其实山河口碑又能留住多少？若无文化代代弘扬，即使当时名声震天，身后也便寂然。不是吗？

你看今天的郧阳人谁还记得这里曾是一位历史名相的起步之所，亦不知他最终长眠于这方山水，是地方志和《宋史》等典籍的记载给了我们回溯历史而得的幽幽印记。

《宋史》记载，张士逊乃襄阳老河口人，生于宋太祖乾德二年（公元964年），卒于宋仁宗皇祐元年（公元1049年）。北宋初年诗人，政坛著名人物，一生历四朝，可谓高寿名宦。

张士逊出生七天母逝，姑姑恩养长成。幼时似迟，百天后方会啼哭，乡人以之为迟钝之人。祖父曾主管阴城盐院，家资虽非优厚，算不上高门大户，但也能供养得起孩子读书。幼年的张士逊，被父亲送到武当山下一家私塾学校求学，从此他就一步一个脚印，从私塾到县学到府学，从乡试到殿试，一路走到汴京。宋太宗淳化三年（公元992年）中进士，时年28岁。如果朝里有人，进士出身是完全可以留任中央机关的。他没有背景，所以朝廷就随便把他派到一个地方了事。这个地方离家乡较近，是他故乡老河口毗邻的均州府郧乡县。他来此任主簿，正九品下，担任起草文件之类的秘书差事。

他似无怨无艾，很满意如此安排，一纸任命书就来了。

“官舍如僧舍，翛然万虑清。等闲无客到，容易有苔生。”宋初的郧乡县城环境显然很差，县衙的官舍像寺里和尚的住房，空落清寂，但他不在乎，这个地方不怎么理想，但毕竟是苦读挣来的，得好好珍惜这十数年寒窗得来的第一份工作。他为知县当好助手，打理好日常公务，把自己的才智适当发挥好。如此好的心态和状态，自然让知县刮目相看：不错，好小伙子！他此后不久即被提拔到四川射洪任县令，正式做了一县之首。

郧乡起步，短暂而笃实。进士的才华使他在忙于政务之余，免不了感物寄怀，访山赏景。一次他走访郧西城北七里地的一个风景秀丽的地方，见一方水池清澈剔透，水势丰沛，鱼翔浅底，燕鸣晴空，顿时被迷住了。他驻足观览，百般陶醉不肯离去。他的由衷赞赏让当地人感受到这片自然美景的价值，于是，在他成为一代宰相后，人们便命此地为“张相灵池”，作为一方名胜供文人墨客娱目游览。

“张相灵池在岭头，澄明彻底鑑青秋。前贤无复来观鲤，旧址空遗只见鸥。春夏秋冬多润泽，林泉江壑一丛幽。□亭于此堪游赏，预拟敲针作钓钩。”① 这是前人为该景点作的诗。作为张士逊曾经工作之地的后来者，他深怀惦念之情，将这一历史遗迹和自然风物凝聚为诗，以期流传久远。灵山圣水有时尽，浓浓一墨存古今，被这一诗情点染，确乎有益，你看“张相灵池”景点早已不存，这诗中的灵池却依然历久弥新，“张相”其人也与这诗同在而不可忘怀了。

张士逊非常看重这个为政初始之地，虽然在他一生八十多年的履历中不值一提，虽然这个政治角色卑微，卑微得与此后人生的每一阶梯都不能比，虽然这里没给他玉床暖阁供青春，但这里是他仕途生涯开始的地方。这一年奠定了他稳稳当当的由低到高的宝塔前程，这里山河叠翠，人心仁厚，这里古朴悠远，土地养人，这地方就是精神的原乡。为官一任，挚爱一方，他把心留在这方土地上了，他暗暗决定百年之后要留在这里守候长风大波。

射洪为四川盆地有名的县，是唐代著名诗人陈子昂的故乡，张士逊

① 王学范主编：《王世贞抚郧文集》，武汉：长江出版社，2010 年，第 274-275 页。

来此为官，更加谨慎持重。他坚持一贯的勤政爱民德操，不扰民、不掠民，吊死问疾，扶危济困，处处把民众疾苦放在心上。那年天旱，赤日炎炎，身为县令，他亲自到白崖山陆使君祠祈雨，当天降大雨、一片滂沱之时，他则立于雨中而不去，侍从劝他，他坚持等到雨下透墒才离开。还有一次是邵武地区干旱，他又亲自到当地的欧阳太守庙祈雨，雨降后，他撤去车盖，仍是等雨水下足了才返回官署。

“乞灵曾爇一炉烟，言下滂沱救旱田。今日解龟留数字，要教来者更恭虔。”这是他虔诚求雨后写下的诗，在炎阳下他虔诚地燃起一炉香火，一句祈求生灵的话语刚出口，就下起了滂沱大雨，他之所以把占卜的卦语卦象公之于众，是要让大家恭敬天意，虔敬神灵，让神灵保佑众生永远福泽年丰，风调雨顺。作为一县之长，他俯下身子为民祈雨，爱民之心何等深切，这诗今天读来，仍可感受他当时的诚诚心意和救民救生的赤诚情怀。

他为官不摆谱，一切亲力亲为，这让老百姓万分感戴，引以为至亲，声名远播。四川安抚使到射洪所在的梓州府了解官员履职情况，问到官吏是否能干时，他的上司、知州张雍脱口即答：“射洪令，第一也。”他的上司这样爽快、不假思索地给予好评，足见他确实做得不仅感动了下民，也感动了顶头官员。在射洪任县令时，他被调往四川郪水治水。射洪百姓闻之，甚是不舍，大批民众箪食壶浆，哭着喊着张县令，拦住他的马，请求不要离开他们。看到如此感人场面，张士逊迈不动步了，前来宣旨的官员被深深打动了：“好官！好官！百姓的挽留不就是最好的官声？百姓的需要不就是官僚体制的需要？请留就再留留吧！”于是他又在此继续射洪的县令职守了。

官声使他为政之德进一步弘扬，他不急功，不近利，顺民意，合天理，为官之处物阜民丰，家实人和。他是个吏治中不可多得的人才，皇朝要给他更大历练了。值此两任满，调出蜀川，改任襄阳县令。

襄阳任上继续一贯作风，宽厚待民，躬身尽职，官民同颂。如此走哪儿哪儿好、走哪儿哪儿叫好的好官，历来还不多见。朝野投来关注的目光，由此官阶一路走高，由江南转运使而至监察御史、礼部尚书、刑部尚书……

五、堂封寄此冈

人才济济的北宋前期，政治健康清明，宋真宗爱才而用才，故听到关于张士逊的诸多评价当然不会忽视，当翰林学士杨亿郑重举荐时，真宗立马召见张士逊，一番面谈，十分好感，真宗就颁旨将其任命为监察御史，主持贡举考试。科举怎样才能严肃考风，公平公正，不徇私舞弊，选拔出真正有用的人才？这是真宗皇帝极为关心的事。大宋立朝以来已开科数十场了，尽管三令五申，对作弊者严惩不贷，但仍时有发生，给人才选拔造成极大损害。现在得张士逊这样厚道正直之人，何不交给他把关？这样，张士逊就被真宗委以各科巡铺官的重任。当时最令人头痛的是无法避免主考官交给他的有关主考官的亲缘关系和各方社会关系需要关照的私人事宜，甚至需要他协助作弊。要说他以自己身份之便，给考场中熟人亲人随便指点一下，谁也发现不了。但是，良知告诉他不能这样做，从平民到进士，这个皇朝给予他的公平待遇也同样告诉他不能这样做。张士逊也是科考过来人，当然深知其中的问题，更知道那漏洞怎么补。为此，他提出实施回避制度，谁有特殊关系参加考试，事先讲清，一律不担任考官。这是科举有史以来的创举，严格落实，一定能控制舞弊现象。皇帝批准，作为一项政令颁行下去。这年殿试，真宗亲自和张士逊一起审查考官考生，发现与考官有姻亲和其他特殊关系的考生一律调开，另置考室以试。在真宗的支持和张士逊的努力下，该届科考风气大正，朝野震动。一向以公正廉明著称的寇准因张士逊此举而对其大加赞赏。这里有首寇准写给张士逊的诗，就足见他们的友情："清秋吟更僻，况复古亭间。少梦虫声碎，无风树影闲。月华澄曲沼，霜气满空山。不见张夫子，谁人共往还。"没有张士逊在场的时候，居然失落得不知如何回转了，你看他们心心相印到何种程度？不只寇准，范仲淹、陈尧佐这些忠直之士也与之交好，他们成了政见和诗文的同声相求者。

后来，张士逊愈发受重用，皇帝不仅出巡把他带在身边，而且特安排他做亲王和太子的老师。由于他始终不偏不倚，心术至正，所以，许多要职不断落到他肩上，从太子詹士、枢密副使、尚书左丞、礼部尚书到同中书门下平章事，直至成为宰相。

不过熬到这一步，他已是 64 岁了。

随后因一桩朝廷案子，他由于凭良心说话而触怒了太后被解除最高权力，但仁宗打心底敬重他，在下派他去江宁府任职时，特地把自己腰中的通犀带解下来赐给他，以示慰藉。太后情绪渐渐平静后，仁宗立马又把张士逊召回，他在 68 岁那年二度入住宰相府。

一直受到皇帝宠信，当然也会被人嫉妒，仁宗明道年间就有一位御史中丞捕风捉影弹劾他，畏于人言，皇帝让他暂时到首都附近的河南府任职。一段时间后，仁宗在张士逊74岁那年又召他进京主政宰相府。至此，他已是三进相府的稀有政坛元老，当年一同上朝的那些同僚大多已不在了。

晚年张士逊主要关注的是军队建设，他曾深入军营了解士兵生活及家庭情况，发现一些士兵因长期戍边而不能维持家庭，他及时上奏。皇帝准奏，且立即把皇宫所藏的10万缗钱拿出来接济士兵，此举赢得了军队的一片赞誉。

他为人笃厚，德高望重，仁宗康定元年（公元1040年）拜太傅，以千岁赐之，封邓国公致仕。

晚年，张士逊念念不忘故土及仕途开始之地郧乡县，专程归游，并叮嘱家人："郧乡是我仕途起点，当我早年离开郧乡的那一刻就把最后的归宿赋予了这里，希望你们成全我的夙愿，晚年要归葬于郧乡，与这里共始终。"儿孙诺诺应承，遂其大愿。

仁宗皇祐元年（公元1049年），一代高寿高官张士逊卒，年八十又六，谥文懿。他的家人在郧乡县署，也就是他当年履职的地方，为他选下墓地安葬。至此，他把人生大剧的重要两笔留在了这平凡的县城——平实的起笔，静美的收笔。

"相业光青史，堂封寄此冈。人怀前判簿，俗近古桐乡。翁仲啼寒雨，穹碑倚夕阳。犹余冢头树，民得比甘棠。"诗说一代宰相光耀青史，他的坟冢就是眼前这片山冈，人们深切怀念当年从此走出去的那位主簿小官，郧乡人一直保持着祭奠的风俗，坟前甬道两旁的翁仲石像在寒雨中苍然而立，穹隆顶覆盖的巨大墓碑沐浴在夕阳余晖中，看到他坟头树就仿佛看到了甘棠，看到甘棠就想到了《诗经·甘棠》一诗对仁君召伯的怀恋，而今的郧乡后人也像古人敬召伯那样充满了对好官张士逊的恒久敬意。

可惜，张士逊的坟冢以及墓园都在清代以后被人们毁弃，此后郧乡西岭街建设时又被彻底夷为平地，盖上了房屋。他当年热爱并寄以永垂不朽之托的仕途起始地，最终辜负了他的遗愿，赫赫宰相遗骨在这里被彻底遗忘，名流长眠地原本可以作为文化盛景代代观光，最终却化为乌有，惜哉！惜哉！

第十二章　江山一瞬，郧县政治遗产及元朝子孙

一、腰背襄阳

元朝，郧乡县隶属河南行省襄阳路均州府，元至元十四年（公元1277 年），元世祖忽必烈改郧乡县为郧县。一个面对万里河山的皇帝居然对区区小县极为关注且亲自定名，这在中国历史上似乎是稀有的。何以对郧乡县关注并酌定？这大约是在蒙宋金州之战、蒙宋襄阳之战中，郧乡均在战区中的缘故。南宋末年，蒙宋联军于公元 1234 年灭金后，蒙古的战刀随即挥向了南宋军队。南下途中首先抵达商南汉水中上游，轻取直夺，蒙古人一战而取金州（今安康市）。这场是激烈的决战，南宋军队从汉江中上游被追赶到汉江下游的襄樊。金州之战中郧乡县是近邻，为前线的南宋军队补给了大量后勤物资和人力资源，风卷残云一般的蒙古军队为震慑汉人，向东追击南宋军队，一路烧掠，在郧乡均州又打败宋军 10 万人，恐怖笼罩在郧乡军民的头顶。此时郧乡城巨商马祖光捐资百万，招募抗蒙志愿军，以北方流民为主体的地方武装很快组织起来，在郧乡县守备张僖的指挥下，凭借郧乡城防和汉水天堑袭击蒙古军队，成功保障了城乡民众的基本安全。这次交锋，萧瑟在战火中的郧乡县在蒙古人心中留下了深深的烙印。公元 1260 年，忽必烈就任蒙古大汗，彻底攻取南宋的战略进入日程，他接受了带着四川泸州要塞投降蒙古的南宋名将刘整“攻蜀不若攻襄，无襄则无淮，无淮则江南可唾手下也”的建议，选定了攻取襄阳的决策。襄阳是南宋京西南路治所，北方门户，“檀溪界其西，岘首亘其南，汉水如带，萦乎东北，楚山如屏，

峙乎西南”，关乎南宋生死一线，当年岳飞力战襄阳，为的就是南宋北上南守之考量。《读史方舆纪要·湖广方舆纪要序》称：“夫襄阳者，天下之腰膂也。中原有之可以并东南，东南得之亦可以图西北者也。”对于这个“腰膂”，蒙宋双方无不加以重手抢夺，忽必烈派出手下名将阿术、刘整、阿里海牙参战，南宋派出吕文德、李庭芝、吕文焕出征，从公元1267年蒙古军完成对襄阳的包围，到公元1273年襄阳城破，前后长达五年多，可谓旷日持久，双方都把赌注押在这里了。蒙古军队的襄阳攻城得以坚持下来，有赖于他们在后防各州县成功实施屯兵制，给予了人马粮草以充分保障，同时还确保了南北交通畅通，军情及时传递，物资及时供给，军员及时递补。这期间，南宋的京西南路除了襄阳外，汉水以西的各州县基本都已被蒙古人占领，且改编为元朝的行政建制。这些州县在汉人谋士的指导下，实施军屯和民屯，发展生产，培养兵员，就地满足前方所需。郧乡县是当时的屯兵基地之一，一屯所出，足够军旅一日之需，蒙军通过这种方式保障了军队持久的战斗力，从而最终取胜。

郧乡县作为元朝粮草兵员补给地，统治者自然不会漠视这个地方。蒙宋联军的主帅在厘定各州县建制时，对旧有的襄阳路均州各县基本格局保持不变，但对这个郧乡县之县名产生了想法，颇通汉文的忽必烈总觉得这个县名怪怪的，既是“县”又是“乡”，这到底是“乡”还是“县”呢？本来就是一个县，称什么郧乡？把“乡”字拿掉！于是，“郧乡县”就这样通过大元首任皇帝忽必烈给改定成“郧县”了，是年为元世祖至元十四年（公元1277年），距离襄樊战役收官刚刚四年，距灭南宋还有两年，也就说，在具有决胜南宋充足把握的前提下，元朝皇帝对这些已占领的汉水流域土地进行了行政上的全新确认，“郧县”这个新县名的亮相带有新纪元、新曙光的表征意义。该县名此后沿用737年，到 2014 年并入十堰市成为郧阳区为止。应该说，元世祖的这个更改无论是从人文、政治还是民俗习惯角度，都很有其逻辑概念的契合度。显然，这一更名是元朝皇帝留给郧县后人的一个政治文化遗产，且是一笔十分值得纪念和珍视的文化资源，它标志这方人盘活的这方山水在岁月流程里的文化特质又一次彰显，“郧”，一字之大，大可单独撑起一县，“郧”被国家的政治信赖了。数千年文明迁延，历史在不断地起承转合，数不清春秋代序，一域之名，生民之鲜衣！

据清同治本《郧阳志》记载，元朝时期派往郧县的达鲁花赤有赤怜真、塔失不花、孛罗帖木儿等，均为皇室支脉，他们与汉人官员时有抵牾摩擦，但也能在国事上达成一致，比如贯彻大元皇帝的“安业力农”治国大计时，他们往往心往一处想。这当然与忽必烈的力推有关。忽必烈对汉族大臣高达说：“昔我国家出征，所获城邑，即委而去之，未尝置兵戍守，以此连年征战不息。夫争国家者，取其土地人民而已，虽得其地而无民，其谁与居。今欲保守新附城壁，使百姓安业力农，蒙古人未之知也。尔熟知其事，宜加勉旃。”这个谈话随后成为国策，根据这个谈话精神编写的《农桑辑要》发行全国，以便劝农务本。这是游牧民族政权融入农耕文明的重要一步，由此使汉人对胡人产生了一定好感。在这样的背景下，郧县经济逐步恢复了元气，民众大修渠堰水塘，在原有屯田的基础上进一步开垦荒地，扩大生产规模。元朝统治者大力倡导棉花种植，在各行省设木棉提举司，督促指导棉花生产。郧县属二高山地区，适宜棉花生长，大量的棉花不仅保障了民众的穿着，还能卖得很好的价钱，为民众积累了财富。

二、匠户制度

元代实行匠户制度，对有特殊技能的匠户特别重视，极大影响了手工业的发展。所谓匠户制，就是对具有一定手艺专长的人实行专人专管专用，从事营造、纺织、军器、工艺品等各种手工业生产者，由各局、院和有关机构直接管理，不允许他们随意脱籍，必须世代相袭，承当指定的工役，如果不肯入局、院服役，就要“痛行断罪”。他们在户籍上自成一类，官府发给入局、院服役的工匠本人及其家口盐粮，工匠每户以四口为限，正身每月给大米三斗、盐半斤，家属大口月有皇米二斗五升，小口并驱大口的月有皇米一斗五升，驱小口每月有皇米七升五合(十五岁以上为大口，十五岁以下为小口)。

匠户免除科差，但要纳地税，不同技术的人家每年得上缴一部分地税，完成相应技术徭役，作为向国家尽的义务。元代前期，匠户可以免去差役，不被雇佣和买卖，但在成宗大德七年（公元1303年），元政府改革役法后，匠户与民户一起承担各类差役。从事公差劳苦无极，“每日绝早入局”，在官吏监督下劳作，“抵暮方散”。其中一部分全家入局劳作，他们多是被俘的工匠或被逼为工匠的俘虏，除了官府发给的盐粮和偶尔赏赐的衣物之外，便没有其他收入，因而他们生活艰难，衣食不给，常常发生质典子女之事。另外一部分是工匠自身入局、院应役，得到一份盐粮，工余可以回家和家属一起生产，自行买卖。经济状况较优越。外路所签匠户的情况很是恶劣，他们大都是贫民，虽有工粮，但管理局、院的各级官吏，往往巧立名目，“捕风捉影，蚕食匠户，以供衣膳”。一些匠人所分配到的工作与个人专长未必相符，又不能改变，这样许多匠户常被迫自行出钱雇别人代工，于是便造成了沉重的负担，使得这些匠户家破人亡。如明太祖朱元璋的父亲、祖父本为“淘金户”，但因家乡已无金可淘，被迫种田购买黄金交差，不久即破产，全家逃亡。不论哪一类匠户都承受着剥削和压迫，只是程度有些差别，和民户、军户、站户一样，匠户中也有一部分富裕上户，元政府就从他们中间选拔局、院官吏管理匠户，待遇与一般匠户有所不同。

匠户制度从国家层面看，有一定好处，它确实可以集中专业人力干大事，比如国家要进行某项大型建设，就可以迅速将统计在籍的木匠、石匠等专业人员调集起来，进行施工，这要比无的放矢地四处招兵买马快得多。但这种制度在运行过程中不断僵化，成为危害民生的一大苦难。元朝匠户的来源是蒙古在长期征伐过程中虏获来的工匠以及被逼充当工匠的俘虏，还有的是从民间签约征集来的手工工匠和并非工匠的普通百姓。据统计。平定江南以后，元政府一次就签发工匠三十万户，经过拣选后，还留下十万户。这种制度在明朝得到继承延续，洪武二年（公元 1369 年），明政府下令凡军、民、医、匠、阴阳诸色户，许各以原报抄籍为定，不得妄行变乱。洪武年间，轮班匠达二十三万余名；宣德年间天下工匠“数倍祖宗之世”；嘉靖四十一年（公元 1562 年），须缴纳班匠银的轮班匠达十四万二千余名；隆庆五年（公元 1571 年），住坐匠仍有一万五千余人。匠户隶属于工部，分轮班匠和住坐匠两类。明初规定轮班匠须三年或两年一班轮流到官方手工作坊服役，每班平均三个月。住坐匠则是每月赴官府手工作坊中服役十天，若不赴班，则须月出银由官府另雇他人。这两类匠户当值以外的时间可以自由支配，在一定程度上摆脱了终年拘禁在官府作坊中劳动的束缚。匠户父死子继，役皆永充。

元朝时期的郧县手工业十分萧条，只有家庭作坊类的制陶和竹木器制作等民间工艺，城市工商业大多关门闭户。有资料记载，当时的郧县城客栈、浴堂、典当等消费型门店加起来，不过九家。整个县城寂寥、荒凉，码头几无船只，看起来，远不如南宋时期一个偏僻的村庄。

点火与灭火，起义与剿灭起义，经历了长达十数年的较量，这种历史更替是伤筋动骨的，是人民遭难的，正如元朝文学家张养浩的《山坡羊·潼关怀古》所见所叹："伤心秦汉经行处，宫阙万间都做了土。兴，百姓苦；亡，百姓苦！"郧县城在这场朝代兴替中备受摧折，原本就在整个元朝中没有得到振兴的城区经济和街衢市井建设，又经义军的冲击和焚烧，墙倾郭毁，街散道废，凄清荒凉，惨不忍睹。

三、缘分预定

大元远去了，其中一个王子却与郧县预定了缘分，缘分深植。

这个王子就是成吉思汗的长子术赤，他有自己的不凡之处，有世间的传奇，有鞍马天下，有源远流长的血脉赓续，天育英雄种子，苍茫的家世托付汉水郧山，生息繁衍。

孛儿只斤·术赤生于战乱年代，某日其父成吉思汗的营帐被敌军偷袭，妻子也被掳掠，当救回来时，妻子已有身孕，这个孩子是谁的？妻子也说不清楚，也不愿说清楚。成吉思汗将这孩子当作自己的儿子来养。但是术赤后来的二弟察合台和三弟窝阔台却很计较，认为这个哥哥来路不正，将来父亲的汗位应该由他们两个弟弟来继承。

术赤作战英勇，公元1207年，他遵从父汗命令，率领蒙古右翼兵团征伐叶塞尼河流域的广大部落，兵不血刃地为大蒙古拓地千里。公元1211年，术赤跟随父亲讨伐金国，并与弟弟察合台、窝阔台联合攻掠东胜、云内、武州、朔州等地，取得了重大胜利。公元1213年，术赤和察合台、窝阔台两兄弟率领右路军再次讨伐金国，攻破太行山东西两侧的诸多郡州，取得辉煌战绩。公元1218年，术赤领父命参加追剿蔑儿乞部和乃蛮部的残余势力时，与花剌子模国王摩诃末相遇，在寡不敌众的态势下，他沉着应对，勇敢作战，多次率军攻入对方阵营，差点俘虏了摩诃末国王。后来在敌我悬殊较大的情况下，他又成功突围撤出，保存了部队实力。公元1219年，成吉思汗让术赤率领蒙古帝国的西征大军开启了蒙古历史上第一次“长子西征”扩张战争，术赤独当一面，身先士卒，在广袤的欧洲大陆开始攻城略地，为后来的金帐汗国奠定了坚实基础。术赤为蒙古立下赫赫战功，成为蒙古的名将。

术赤生性朴实，为人处世以仁义见长，但凡他主导的战争，基本上没有屠城的事情发生。他不但不滥杀无辜，反而还经常顶着压力，向父亲求情，希望豁免战俘，给他们一条生路。这样又勇又仁的人却不能得到应有尊重，父亲选继承人时把他排除在外，显然是身世成了他不被重用的门槛和障碍，他的三弟窝阔台承继大位。不过，父亲给了这位长子一片封地，让他在那里称汗。这片封地是他西征所得的土地，但属于没有完全踏平的夹生土地，要真正属于他，还需血战，还需流血流汗。他和他的儿子拔都没有因此而心生不快，而是奋发有为，最终征服了父亲赋予他的土地，在此建立了钦察汗国，称起了名副其实的大汗。我们可以看看他们的土地曾经是多么广大，东起额尔齐斯河，西至多瑙河下游，南至巴尔喀什湖、里海、黑海，北到北极圈附近。横跨欧亚，领地的红地毯铺到了辽阔的异国他乡。

公元1223年，父亲召见他，他在远离都城的封地，患病无法及时赶到。此刻，又有人乘机说他坏话，说术赤没有生病，是不想遵从父命，蓄意谋反，这直接引起了成吉思汗的不满。父亲决定亲自征伐这个儿子，没想到，父亲的大军还未抵达，患病的儿子就因病辞世了。成吉思汗这才认识到这个儿子是诚实的，是没有伪装隐瞒什么的，想起此前对他的种种不公，非常懊悔。

术赤有 14 个儿子，长子斡儿答，其后裔统领白帐汗国。次子拔都继承汗位。三子别儿哥，金帐汗国可汗。五子昔班，后裔统领蓝帐汗国。昔班有个叫阿布海尔汗的后裔，非常了不起，凭着自己的智慧和手段，在 15 世纪初期，建立了强大的乌兹别克汗国。十三子秃花帖木儿，他的后裔是克里米亚汗国、喀山汗国的创立者。其他儿子也都非常优秀，西亚、东欧的土地上留下了这个家族的血性事迹，他们的足迹成为那一带山河恒久的文化符号。

关于术赤的人生纪元我们就说这么多，旨在引述其与郧县的关系，什么关系？就是郧县现今还居住着术赤的后人，这里成了他们生生不息的第二故乡。术赤的领地和他的支系居住地离郧县十万八千里，怎么可能跑到这里来住？是郧县当年的大元政权覆灭后，县城有术赤的某些子孙做客郧县，随那些元朝黄金家族的成员滞留下来，衍生至今吗？不是，根本不是。覆巢之下，岂有完卵？是一种阴差阳错，或曰因缘际会，使成吉思汗后裔又走到郧县这里成为郧县庶民百姓，与这个被元世祖赋予新县名的地方同呼吸共命运。这就是生活在郧县刘洞校坡、校湾的校氏村民，他们皆是大元黄金家族的后人，在那个除旧布新的非常时期，侥幸落户郧县。

2013 年秋月，河南省社科院蒙元史专家任崇岳一行 20 余人专程来到郧县刘洞镇校坡村和校湾村考证校氏宗源，此前他们已从河南中牟获取了校姓源流信息，此行是进一步求证。他们在当地校姓人和文史专家的带领下，走进校坡村一片荆棘榛莽的坟地，来到一个校氏古墓前，他们发现一座坟的碑文隐约可见：“闻之木追本，水溯源，莫辨竭所，自出，观墓茔层层排列，未能知祖上来历，人痴迷，何不代代传述后人，承兆时至墓前而思忆……”寥寥数句，未提及校氏来历信息，只留下了慎终追远的立碑意旨。这样的碑文对解开墓主人黄金家族身世有帮助吗？有，它至少让世人看到校姓人曾为自己族源迷茫、困惑而思考。他们又来到校湾村头一片小树林，在此看到一块清朝嘉庆元年（公元1796年）清明时立的校氏村庄碑，碑文表明校氏家族数百年前即已来此定居。此碑见证了此处校氏乃异地迁来，非当地原住民。

从何处迁来？极有可能是离此地较近的河南中牟县。

专家们没能在此找到校氏是成吉思汗血亲的直接证据，但这并不影响他们对该地校姓人就是蒙人后裔的断定。简单的接触了解让考察的一行人感到，生活在这里的校姓人民和其他各地的此类姓氏的人们一样，他们都因这姓氏而产生困扰，很想知道这姓氏到底蕴藏了什么历史信息。

那么，何以认为校姓就是成吉思汗长子术赤的后人？

按说术赤后裔普遍生活在遥远的西边，儿孙们不可能与地处汉江腹地的郧县发生关系，更不可能在江山易主的危险时刻苟活于这个无依无靠的非祖籍地。不过，这不重要，重要的是术赤的血亲千丝万缕。这大约源于术赤的二子拔都，拔都虽然继承父亲地盘，在西北广袤的大地统治自己的金帐汗国，且比大元帝国国祚长得多，但他同时又在叔父拖雷监国时获得了中原数块食邑封地，河北栾城、山西平阳、湖南永州等地均是。流散到郧县山区的子孙，就是当年山西平阳封地上逃散的儿女。大元亡国之时，生活在这里的宗亲难以立马回到草原祖籍地，在考虑逃往去向时，首先便是就地隐匿，郧县山大谷深，可资藏身。

为什么不保留自己的本姓而选择了这个古怪的“校”？居住在永州的校氏有个说法，他们逃难经广东时有人盘问他们姓什么，他们恐暴露身份，不敢直言蒙姓“孛儿只斤”，随口说了“姓 hao”，原本是说姓“好”的，图个吉利，可广东人按广东音将“hao”音听成了汉字“校”音，就称他们“校”某某，他们也不敢纠正，于是，这“校”字便成了他们的姓，书写为“校”，读音为“hao”，谨记不移。安定下来后，居住在广东的“孛儿只斤”后人把这一逸事告诉了流散在中原各处族人，于是，中原“孛儿只斤”族裔也都如此姓如此叫了。

这可信吗？应该可信！皇室落难时大多采取“隐、显、贴、骗”的逃生方式以达目的，而蒙古人那时在一片杀声中，他们安敢“显”其皇家身份，“隐、贴、骗”是必要的逃生之举。

校姓归宗，得到专家学者共识。2012 年 10 月 18 日，中国社科院、中国元史学会、河南省社科院、内蒙古大学等的专家学者，在河南省中牟县召开校氏族源鉴定会，李治安先生说：“校氏的祖源可以追溯到成吉思汗的长子术赤，这个结论基本上是可以成立的。尽管依据主要是那个祖坟上的碑，但那块碑还是非常有说服力的。”这里所说的碑即河南中牟县校岗村校氏古墓群中清乾隆年间一位名叫校秀书的逝者的墓碑，碑有“食邑山西洪洞县……趁在草莽，册牒沦亡，各以封号记族”之类文字。此碑文明确告诉大家，山西洪洞县是元代朝廷的藩服，藩服即离王畿最远的番属。“食邑山西洪洞县”，说明这些校姓在此是享受分封待遇的。他们何以能有此待遇？毫无疑问，是皇室宗亲。是皇室哪家宗亲？享此封地的是拔都及其后人们。如此一推，校氏本源就清楚了，他们原系勋贵之家，天潢贵胄，撒里答后裔，其世系为：成吉思汗—术赤—拔都—撒里答—校氏后裔。“以目前所掌握的资料来看，从成吉思汗至术赤、拔都、撒里答及其后裔，直至中牟校姓，世系还是比较清晰。”中国社会科学院民族学与人类学研究所资深研究员白翠琴教授给了明确肯定。“校姓来自蒙古族的根据确切可信，他们在元朝时期应当是成吉思汗黄金家族成员”，内蒙古大学薄音湖教授也表达了如此的观点。

专家判定，历史指证，本正源清。

一个姓氏揭开了历史的面纱。我也曾接触过校姓人士，其中两位教师，他们曾因人们多把他们的姓叫成“学校”的“校”或“校对”的“校”而恼，也为祖上何以姓了如此不大众、《百家姓》上没有的姓而心有所怨，显然他们对其祖上隐匿的苦衷浑然不知。现今真相大白，他们多少应该涌起一份欣然、一份自豪吧，毕竟与“一代天骄”的伟人有血缘关系，这份天缘是难得的。

第十三章　鞭长莫及，明帝国的强势与悲催

《倚天屠龙记》中有个明教，教主张无忌把明教传给了朱元璋，成为明教教主的朱元璋建立自己的王朝后自然就把明教用于其王朝之名，明朝就始于此。其实，明教教主并不叫张无忌，朱元璋的明教也不是他传的。当时南边的明教教主是彭莹玉，北边的教主叫韩山童。明教起源于波斯，后传入大唐，唐武宗毁佛运动中，明教也被当成了毁灭的对象。到了元朝末年元顺帝时代，化身四方流浪的和尚彭莹玉，摇身一变，自称唐朝明教的传人，呼唤众苦民为信徒，酝酿反元；北方的韩山童把宋朝蛰伏下来的白莲教与明教嫁接，成为北边的明教教主。南北呼应，一个旨在推翻元朝的以明教为凝聚力的红巾军就应运而生了，成为革命的力量。朱元璋曾是明王韩山童之子韩林儿的手下，韩林儿溺水而亡，他就继承了明教之王称号，直至打下天下，建立明朝。

一、明庭建制

从明朝的地方行政建制看，这个新的国家管理体制与前朝并无很大差异，只是撤销了行省而已，但是布政司的设置又顺势替代了行省这个层级的空缺，而且新设都司和行都司，又把中央以下的行政管辖，特别是军事控制大大强化了。朱元璋是穷苦人出身，又从士兵干起，他太知道自下而上的掌控了，从甲长、里长到知县、知府、布政使，层层有人管，不留一点空白。

郧县归属大明王朝是在朱元璋攻克元朝都城的同年，即公元 1368 年，隶属郧阳府。具体边界为：东至均州界 60 里，西至郧西县界 70 里，

南至房县界 160 里，北至陕西商州界 120 里。广 120 里，袤 280 里。大明王朝成立的第三年，即公元 1370 年，朝廷决定对全国人口进行普查，普查的方式是制定户帖，相当于今天人口普查的登记表，由基层官吏亲自入户填写，落实人口数目和年龄、性别、籍贯等。此次人口普查先后延续 21 年，至公元 1391 年，从朝廷公布的数据看，当时郧县的人口户数是 1391 户 11756 人。经过了 20 多年的休养生息，遭受战争创伤的郧县依然未能充分恢复，代表社会基本状况的人口是这个样子，其他就更糟糕了。

武阳岭下的郧县城一片焦土，残垣断壁，瓦砾满地，枯树悲风，哀鸿遍野。

二、明初的县官们

显然，郧县这个故城旧址不能再恢复旧日的样貌了，它不仅风韵尽失，城址面积也在缩窄。

马伯庸是这个新朝的新官，他从踏勘的苍凉心绪中走出来，回到现实，不禁感叹：没有城没有街，眼前连个官署也没有，怎么履行职责？古来征战攻城略地，有城有地方才攻占，没有城池算什么一级政权？没有城池，这一级政权存放到什么地方？凭借什么防守？他一行人马从旧城凄凉地来到汉水东去的西河码头，放眼东视，一片浩渺坦荡的沃野在眼下展开，背后是一座蔚然深秀、雄似龙首的青峰，名曰沧浪山。临苍山观江流，碧翠如玉，明澈似镜，怪不得唐人陆瑰在此写下《沧浪濯缨赋》① 这等瑰丽文章：

沧浪之水兮，伊楚之渍（水边）。汗漫（广大、漫无边际）荡漾兮，清泠渊沦（潭中微波）。控三湘之浅浪，从大别而派（水的支流）分。澄澹（明净）清景，离披（分散下垂）晓云。彼美人兮何其，独商歌（悲凉的歌，商声凄凉悲切）以思君。睹斯水之洞彻，恶吾缨之垢氛。将濯其缨，亦洁其已。逐臣逋客（避世之人），渔翁樵子。吟刈楚（《诗经》“翘翘错薪，言刈其楚”）以激昂，咏伐檀而筮仕（古人将做官，卜问吉凶）。哀灵均（屈原）之濯足，笑许由（古代隐士）之洗耳。载泛载浮，曷云其已。洎（到）夫白日始晞（拂晓、天明），青天收潦（雨水大）。千寻湛而见底，万里净而犹扫。漾磷磷之浅沙，荡靡靡之纤草。萦纡（盘旋弯曲）浦溆（水边），逦迤洲岛。兴既远兮情亦闲，缨再濯兮身亦澡。于彼濯矣，伊水之滨。于彼澡兮，君子之身。涤我滓秽，去我埃尘。且洁净以精微，又肆志（快意，随心，纵情）而王神。孰与夫泽畔憔悴，空见悲于楚客；心之忧矣，匪（并非）兴刺（以比兴讽刺）于诗人。已焉哉，士生世兮，患于不立。朝闻夕死，道之所急。偶沧浪之且清，岂坎窞（音 dàn，喻险境）之能习。易载（《易经》记载）出处，诗称维絷（挽留）。岁冉冉而不留，虽追悔而何及。辞曰：沧浪之水兮征《楚辞》，临清漪兮应昌期。濯吾缨兮有所思，幸我生兮及明时。进德修业兮已矣，拔茅汇征兮良在兹。②

晨雾丝丝缕缕飘在江面，一粒纤尘不见，幻妙难言，好似美人，又难通心曲，站在她的岸边，帽缨就感觉太脏了，身上的污渍和尘埃就太

① 马积高、万光治主编，李生龙副主编：《历代辞赋总汇：唐代卷 第3册》，长沙：湖南文艺出版社，2014年，第2668页。

② 括号内为作者注。

重了。岁月逝水，清澈无污。庆幸生逢圣明时代，理当及时强己，沧浪之水清，奋发正当时。

看来筑城不是当下之事，开署安民方为当务之急。于是马伯庸组织民力，在沧浪山下、西河码头以东的茂源上筹建一座县署，并昭告本县庶民，官府开张，民情可以前来宣达，民事可以到本署调停，民怨可以向官吏申诉。

从普查的户籍人口看，郧县人口密度已降到约 3 平方千米 1 户人家的低点，大量土地成为榛莽之地，虎豹成群，豺狼横行，路断人稀，人迹罕至。根据朝廷安民生息的政策，知县降赋税，轻徭役，劝农耕，兴家业。经过几年的治理，地处汉江腹地的郧县农业生产逐步恢复，荒芜的田地重新开垦，水利设施得到维修，社会局面稳定，有了一定的生机与活力。

马伯庸后有吕仲彬，同治本《郧阳志・宦绩》记载此位县太爷："操守清廉，庶事修举，凿盛水堰，溉田三千余亩，迄今利赖。"吕知县治郧期间，大力发展郧县山地经济，鼓励传统的生漆、桐油、桑蚕产业，通过汉江航运，发展民间贸易，活跃了农业经济。同时，他不忘发展水利，他将盛水堰重新加以维修加固，确保了武阳一带三千亩水田丰产。他以开明的政治胸襟容许了外地逃难到郧县的非原住民落地生存，扩大了生产。西河码头一带不断有外地商人落住，郧县引进外地产品，收售本地农特产品，着意为郧县筑城兴市奠定基础。

马伯庸、吕仲彬是有史可考的，是史书有传的洪武年间郧县知县，他们为近乎一张白纸的郧县绘制新的县景，将帝国福祉赋予乡土，把民生图景提升到大明天子期许的理想程度。他们之后，到公元 1452 年，史书都未记载履职郧县的其他官员们的宦迹名姓。

景泰初年，国家在于谦这位中流砥柱的支撑下得以正常运转，这年朝廷派往郧县的知县是谭铨，《大明一统志》记载他："爱民守己，兴学作人①，历九年刑清②政举，民为立碑纪绩③。"他公正廉明，处理民事纠纷和刑事案件，从不营私舞弊；他安民劝农，对流民相对包容，只要他们不为难官府，安分守己，就各自相安无事；他还在县署所在地筹办了一所县学，选拔廪生，培养人才；至于赋税徭役问题，以不制造事端为上。他先后做了九年郧县知县，老百姓感恩戴德，专门给他立了一块碑镌刻上他的功德和政绩。

天顺初年，朝廷派往郧县的知县叫戴炎，《郧阳志》记载他："性笃诚，人不忍欺，天顺八年，盗起，筑土城堵御，赖保障焉。"此君值得一提，他一介县官，为政有方。出于防盗和利民之考虑，他做了一件于郧县十分有益的事，他率县民修筑了一个土城，从此郧县有了一个提供政权保障，同时可以供一县人文商贸集聚的区域，这是值得一书的事情。

三、封禁之地

郧县远离都城，是湖广布政司管辖的边缘地区，山高谷深，林密闭塞，历史上这里流民聚居，动乱不断。自洪武初年起，朝廷特将郧县及其相邻几县作为社会动乱之地实行封禁，禁止无籍流民遁入，一经发现，立即逐回原籍。朱元璋曾在建立明朝之初，就命令大将邓愈带领大军入郧县深山剿灭流民，随后将一些险要之地定为禁地，不许任何人

① 兴办学校，培养孩子做人。
② 办理刑事案件非常清明，没有冤案。
③ 刻碑记录他的功绩。

进入。

驱逐流民政策没能有效解决流民问题，越禁人们越发要闯禁，毕竟这里有地空闲着，气候温润，适宜生存，且山高皇帝远，没有驻军，远离最高行政机构，而且这里只是一个县衙，尚且还没有城池防御，地方小吏不敢与流民为敌。朝廷视此地为藏污纳垢之地，流民视此地为避难图存之所，他们搭茅为屋，垦荒维生，躲一时之赋役，求苟且之生息。他们娶妻生子，委屈图存，甚至略置产业，瞩望明天。然而，朝廷锁定的禁区安能容这些人好梦常做。当驱逐加剿灭成为常态的时候，流民便惶惶不可终日，统治者为此无所不用其极。清朝的谷应泰在《明史纪事本末》中就有这样的记述："尽草剃之，死者枕藉山谷。"这是何等残酷的手段！军事暴掠，导致流民惨死，死者一个叠压一个，堆满山谷，多么触目惊心的场面！被强制遣回原籍的则因耕地被豪强所占，无生存之望，便聚众闹事，趁火打劫，或冒着官军的炮火，再度偷渡到郧汉荆襄大山。殷鉴不远，揭竿而起的故事眼看又要上演了。

此间，朱元璋的儿子朱棣，一边禁止流民，一边在流民聚居的核心区武当山大修武当宫观，以答谢真武大帝对他夺权的助力，其实也是刻意在这个"四塞奥区"大显皇家威势，让真武的神力抑制边患。隆平侯张信率 30 万军民、工匠，历时 13 年，建成 33 处古建筑群。如今的丹江口市官山镇，是当年大修武当屯兵驻扎而被封的官山，那里还保留着当年为这些军民、工匠工作时安置的住处，朱红色的围墙与武当山建筑呼应。神祇在山，信仰在心，朝廷不赋予人基本生存权的时候，真武大帝也会站在庶民一边。

封禁区由郧县、均州、竹山、房陵、保康扩大到以郧汉为中心，西到终南山东端，东南到桐柏山、大别山，东北到伏牛山，南到荆山，这是河南、湖广、陕西交会之地，千山万壑，林篁丛密，地既纡回，利堪樵给，流民生长，莫隶版图。逐年累计，至成化年间，流民人数已达150万。在朝廷一味地驱逐威逼之下，成化元年（公元1465年），郧汉流民起义终于爆发，这是明朝建立以来贫民反抗朝廷第一声炮响，前面提到的知县戴炎筑郧县土城的后一年。

这场惊动了朝廷的起义很快落幕，毕竟明王朝势力处于压倒之优势，一个地方的民众自发举事相对于官军，那显然是以卵击石。而且明王朝政权肌体尚属强健，调动一下军力应对地方事端，根本不是问题，义军的行动无非是给朝廷添点小麻烦而已，动摇不了朝廷根基。但是，这毕竟不是好现象，老百姓为什么公然举旗对抗朝廷？为什么有安生日子不过却要铤而走险？为什么是郧汉封禁之地而不是其他地方？这样民怨之火一瓢水浇灭能确保多久的安宁？作为大明王朝统治者势必要冷静地考虑这些问题，尽管令人头疼也得深彻地思考。

四、对待流民有了明白人

当时朝廷多数官员都是以强势的心态和姿态对待流民起义问题。朝廷在镇压刘通义军后，在远安县增设千户所，在房县板桥等要害处设置5个巡检司，在均州、郧县、竹山、谷城、枣阳、光化、宜城、上津等州县，州添设同知一员，县添设县丞一员，专事缉捕盗贼、防革奸弊之务。

曾经和刘通一同谋划起事的李原，在官军集中火力对付刘通主力时，避其锋芒，蛰伏下来。五年后，也就是成化六年（公元1470年），他又在竹山境内公开向官军发难。这里有流民90万人，这是他最大的后盾，也是他强有力的生力军。后十数万流民死亡。

身处此时段的南京祭酒（古代国子学或国子监的主管官员）周洪谟也耳闻并记录了处置流民的惨无人道事件，他在《创置郧阳府记》一文中写道："成化七年，荆襄流民百余万，有司（这里他没点名项忠，只以"有司"，即有关官员笼统指代）逐之，暍死、疫死者过半，予闻之恻然。"随而他提出见解："今若听其近诸县者附籍，远诸县者设州县以抚之……使安生理，则流民皆齐民矣（成为与当地原住民一样身份的民众），何以逐为？"① 他把自己的见解写成文章，给大理寺卿王轼看，王轼一看大为赏识，立即转给监察御史薛为学看，薛为学也深以为然，特意献给都御史李廷用看，李看后对周洪谟说了四个字："斯说甚善！"作为具体处理流民问题的官员，李廷用虽然赞赏，却没立即去奏报皇帝执行，直到流民再次发生起义时，他才把周洪谟的奏章奏报皇帝。皇帝一看就认可，于是让副都御史原子英到流民区荆襄一带走一趟。

令朝廷不安且大失民心的流民事件就此要出现历史性转机，一个小小的远古走来的县——郧县，也将因此而谱写历史新篇章。

① 如无特殊说明，本书中与郧阳相关的文献出自万历本、同治本《郧阳府志》，万历本《郧台志》及同治本《郧县志》。

第十四章 抚治能臣，一掌托起一个国字号政治特区

南坪佳地

原 杰

平田沃壤远环山，
聚气藏风不等闲。
秀脉遥盘千里外，
清流合泻两峰间。
无征旧县基犹在，
有益新城筑弗悭。
敷政更须贤令尹，
成周治化可追攀。

这首题名《南坪佳地》的诗篇，赞誉的是十堰，该诗出自原杰之手，大约写于郧阳建制到位、山地开发进行之际。他走在大生产呈现的一片田园盛况之美景“南坪”，展望远山近水和江边正在进行的郧阳新城建设，看到“中夏钤枢”（华夏锁钥中枢）、“逋逃渊薮”（逃难者聚居）之地正欣欣然开启全新纪元，“平田沃壤”，“秀脉遥盘”，天地清明，世事承平，抑制不住的激情油然而生，他不禁深情地欣赏起这山这水并付诸笔端。正所谓“情人眼里出西施，能臣眼里好河山”，这里的一切都让他动心，让他有话要说，毕竟是自己一手掀开的这局面啊！在他人眼里“十里都无一里平”的郧汉山谷，“满目蒿莱”“荒城半倚”“羊肠催车”“旷野路崎”“一城斗大”“民户星稀”的僻狭地方，在他眼中却是聚气藏风，清流合泻，视野所及，无不宜人。尽管旧的县址十

分逼仄狭小，容不了堂堂京官一顶轿子，但只要恢拓新筑，郧县这乡陬之地就是一座阔达壮观的新城。再选好“贤令尹”，有为民好官，“成周治化”的盛世景象便指日可待，虽暂时荒僻，又何必悲观！他对曾经流民闹腾的山川即将呈现的人心思安、社会祥和局面的愿景充满希冀，充满乐观！

一、原杰其人

从成化十二年到十三年（公元 1476 年—1477 年），原杰在郧阳工作了一年。瞬暂之间的履职即让他看好这里，是怎样的为政底气使他对这方“弃地”拥有如此的自信？他何以为政一时即挚爱一方？作为一方大员，巡行地方，走走看看，写个奏章，将诏令完事就好，然后回京当自己的太平官就是，此前的所到之所也就抛之脑后，哪管它东南西北？他何以对这片仅仅是履行公事走了一遭的土地就产生感情？显然，是他脚踏实地地了解了这里的民心，将心贴近了民心，是他对所谓“弃地”“禁地”有了化腐朽为神奇的绝对政治谋略，是他忠于皇命和人民的德操和职守让他神魂不期然融入了这片土地。他爱民如子，爱治下胜过故土，为民生分忧，为朝廷分忧，这一切让他与郧阳一带结下缘分，对郧阳一带充满感情。官德和治才使他在短短的时间里就重启了自元末而下沦为荒谷的郧山新局面。这一年就是他宦海生涯的精彩缩影，是全部政治生命长度中难以用尺度丈量的一小段，但却是这一方山水的一大段！他把心留到了这山这水，能不情深有加？

原杰，山西阳城人，正统十年（公元 1445 年）进士及第，之后授陪都南京御史，巡按江西，奸宄敛迹；巡按顺天诸府，开仓赈饥，稳定京畿；擢江西按察使，处事干练，皇帝奖掖。他随官声而步步高，山东左布政使、都察院左副都御史、户部左侍郎……仕途顺利。

来郧处置流民问题前他的官声已闻达朝廷。

能干事，干成事，百姓喜，皇帝爱，这是朝廷内外对他的普遍共识。

荆襄流民仍有再度举事的可能，用兵犹如割韭菜，越割越长。为此朝野不安，皇帝语重心长地告诫他："众以为是，虽已废之法，在所当行；众以为非，虽已行之事，在所当革。用图经久之计，无循目前之谋……凡事悉听尔便宜处置，务期停当。"（原杰《处置郧阳流民疏》）皇帝的意思是说：只要大家认为，特别是官吏百姓认为是正确的做法，即便已经废止，你也可以重新立为法度，大胆地去执行；倘若大家认为不对的，即便现在正在落实执行，你也可以大胆地革除。所有的事全权委托你了，你是个有主见的人，放手去干，不要有任何顾忌。

成化皇帝对原杰的重用已然大大超出了一般意义上的驱使，信任中充满了无比的爱意和诚意，其推心置腹的程度已是非同一般，一口一个"爱卿"包含了十二分的温度和无间距的贴近。

成化帝在他在位的第十二年安排了原杰巡抚郧汉流民并批准了原杰奏请设立郧阳抚台、建郧阳府这一关乎郧阳的历史性大事，自此之后，郧阳成为汉江上稀有的国家特别行政建制，到现在郧阳史志墨迹不褪的那段关于郧阳直属中央管辖的光辉史实就是那时成化帝赋予的。成化十二年（公元 1476 年），成为郧阳人永远不会淡忘的神圣年份，到现在为止，郧阳人骨子里的一份自豪就是从那时延续下来的。

二、走进流民

这里再接着说原杰领命抚民的事。

皇帝厚爱，安能推诿？没什么比点将更值得遵命的事了，皇帝之命，臣子行动，他慨然受命。

怀揣皇命的原杰，首先研究了一下“流民”这个历史词眼，早在远古时期，民不安土便四处流逸，“乐土乐土，爰得我所”，逃奔“乐土”，是生民之本能。后来，朝廷将“流民”的概念缩小，称荒年无法生存和逃避兵役的人为流民，“年饥或避兵他徙者曰流民”（《明史·食货志》）就从产生的原因方面将流民划归为两类，或天灾而逃亡，或躲避兵役而逃亡。无论哪种流民，在皇权管理得不紧的时候，都不是什么事情，流民只要不闹事，不危及治安，对人口的交流还有好处。但流民与避税、逃避徭役相联系，问题就来了，皇粮国税，任其逃逸，这国家收入就没保障了，那怎么行呢？同时，流民聚居到某一个地方，那等于聚居了山洪和雷雨，谁知道某一天会不会洪水咆哮，电闪雷鸣呢？

如何安置流民，无疑是关乎国家安全的重大问题。

本朝官员周洪谟的《流民图说》也是原杰展卷阅读的重要参考文本，该文提出处理流民之事乃以就地安置为主，切忌武力驱逐。这可行吗？有案例可循吗？有。历史上东晋就有过妥善安排庐江、松滋流民至荆州，陕西雍州流民到襄阳的成功案例，当时的绥靖方式就是增设新的松滋县、南雍州附籍安置，让流民就地入籍，而后“置官吏，编里甲，宽徭役，使安生业”，此举之效“垂今千载，宁谧如故”，为国为民均利。很好，有这等前朝经验何不遵循而力行之？本朝以来时有镇压之举，事实已证明不可再行，再行只能火上浇油，激化矛盾，没有济世之功。周洪谟之见，原杰心有戚戚。

他肩负皇命来到了荆襄，重任让他不敢有怠。他知道这副担子的沉重，一头是皇命，一头是庶民，皇命的这头是除乱安土，把封禁之地的隐患根本消除；庶民这头是与民为善，用长治久安之策，让流民满意，不再挑战皇权。处理好了，君民皆大欢喜，国泰民安；处理不好，君罪民怨，误国误民，自己也将万劫不复。面对明朝开国以来的两次对流民的流血用兵，面对前任官员欠下流民的累累血债，他这个不带一兵一卒，只有皇帝简单旨意的钦差，实在困难不小，风险也不小。不说取得流民的谅解和好感，就是和他们见个面打个招呼，也很难。而且，人身安全也不容掉以轻心，流民会不会拿他抵偿那些被官军杀害的亲人的性命？

原杰的步辇直抵荆襄，在这里召会了湖广、河南、陕西三地的都指挥使司、布政使司、按察使司官员，他听取了他们反馈的流民情况，了解了各地舆情，并让他们安排一些基层官员待命，随时协助处理相关事宜。见面打过招呼，他便直奔流民聚居之地，没让这些要员陪同，连襄阳府的官员也没让跟随，他取下官帽，换掉官服，换乘小轿，唤来当地里长、甲长带路，和两位跟班沿着流民出入的路线，毫无防卫地直接走进当地原住民和流民家中。

他们先来到宜城白起渠的一个山谷，看到了半山腰石崖屋住着的几户人家，甲长告诉他们，那中间的一户是从陕西凤翔逃难过来的，姓王，当家的叫王三娃，带着父母和五个子女住在他们搭建的石屋，山坳的那些芝麻就是他们种的，门前拴的那条大黄狗，是给他们报信的，一旦有大批人走近，狗一叫，他们就攀上山巅，从后山逃走。左边那一户姓梁，户主叫梁面糊，是陕西渭南过来的。他走四方，做贩牛生意，有五个孩子，父母和堂叔加起来共十余人，他们故乡的土地被村里大地主抢占，有理无处说，就做起了生意养家。他倒买倒卖，赚钱养这一大家人，一次生意赔了，生活困窘，听说陕南有撂荒的地，他们就悄悄跑来了，开了七八亩山地，朝不虑夕，将就着过日子。没想到这里是皇家的禁区，来开荒犯法，犯法就犯法，活一天是一天。右边那户姓田，是元朝时期郧县举事的田端子的本家，户主叫田有份，一家12口人，曾在河南内乡落户，因被当地人欺负，就逃荒到这里，开垦了十几亩山地，养牛养羊养猪，生活过得去。他们家屋后也修有逃生路，一有官兵来，会在转眼间逃得无影无踪。

经甲长事先沟通，原杰一行得以走入这三户家中，并和他们进行了诚挚的交谈，还跟他们一个锅里吃饭，听取了他们低微的愿望——落户为民，成为一个合法的当地人，让这个地方成为自己的家乡，永远不被驱赶，仅此心满意足。他们并不知道原杰是朝廷什么官，原杰与这些所谓的犯禁之人，与这些官军拿火器对准的人交心，听取他们的心里话，流民见他面善心善，不似平时所见狐假虎威、盛气凌人的官府之人，所以，他们相互走进了彼此心中。原杰甚为欣慰，这是他为官生涯中心灵受到触动最为强烈的一次，多少次他端坐在公堂之上听民呼号喊冤，为民伸张正义，但那仅仅是公事公办，没有这么心气交融，情感抵近。看来做官仅是为民父母还不够，还得为民子女。

宜城的第一手情况让原杰对流民的看法有了本质的转变，以前听同僚们谈及义军种种作为，他只觉这些人是眼红天下王权，想与朝廷争乾坤。接触了流民，他才知原来流民不是亡命之徒，他们先是苦民，后是难民，最后才是流民，非万不得已不为此。

原杰一行继续沿着汉江西线一路寻访，进村入户。他直接亮明身份，直陈此行使命及自己将对流民采取的安抚国策，让流民相信他。他以皇帝代言人兼办事员的身份来到流民中，尽可能多听多看，了解流民到底是怎样一种民生，为什么要举事，又为什么曾经不畏死地与朝廷对着干。流民原来是那么有血有肉，人人渴望有家乡，有家，能和亲人平安地生活在这片山河上，他们并不敢把性命和亲人不当回事，并不敢冒天下之大不韪。原杰不时站在流民角度思考：我为民父母官，自己也有儿有女，将心比心，如果自己落于此种境地当作何求生？

从宜城到谷城到保康到南漳，步入郧房峡谷，原杰不惜攀高山、翻巨岭，千辛万苦，务必走到流民中，把真实的流民现状记录下来奏报皇帝。

他翻越一座又一座大山，他遍历房县、竹山、郧县、白河、上津、商州等地，甚至包括竹山尹店、郧县南门堡、洵阳白石河、商州丰阳镇、南阳南召、唐县桐柏镇、房县马良坪、宜阳穆册赵保村、汝阳杨埠等人迹罕至之地，这都是他第一时间走到的地方。他穿行三省八郡，与流民零距离接触，拉着他们的手探问："在此安否？可否久留？可否再回故里？"他对他们说："留下来，我为你们落户，让你们成为这里合法居民；回老家，我派人护送，让你们平安回故里重建家园。"这哪像一个朝廷命官？完全是亲人，他的一腔热忱，让流民感激涕零，千恩万谢。流民大多叩首祈愿附籍为民。对于地方管控问题，他搞清楚了千古以来郧房大山或隶属汉中或归依襄阳以及南阳的建制之失：山高府署远，鞭长莫及，流民聚集之地多半依傍江河，远离县署，管控艰难。在竹山，他与一位名叫杨郁的老人畅谈，老人告诉他，边地政治失控，教化不及，社会多弊，希望在汉江中上游增强建制以消除行政空白。原杰从民间听到这样的见识，尤为珍视，这说明这里的民众对官府是有寄望的，这是不可忽视的民意，看来安抚好这方流民，不应只是让他们就地附籍为民了事，还得考虑重新规划地方建制，把这所谓的"弃地""边地"，山高皇帝远的鞭长莫及之地，近距离地纳入一个可以随时关照的官府之下，皇命可以直达，民愿可以快递，这于朝政于民生都有好处。同时，一个新官府的设置未尝不是一种民生的施惠，未尝不是一种社会福利的投资，有官有府，有人气有资源，无人问津之地便会成为人人向往之地，这对这方山水的发展难道不是一种福祉？

原杰考虑得越发周详，便越发动心，他看到了安抚流民背后的一轮朝阳。

湖广、河南、陕西的三司鼎力配合，各派一批官员到流民中普查，很快获得数据：与荆襄接壤的汉中、安康、商州等地遍布流民，流民因所派公差公粮过多来到这里，他们很快便新置田产、房屋，有土产货物营生，安居乐业；也有原籍田产尚在、来此尚未置田产者。也就是说，这些人已立地为业了，若使他们附籍为民，差粮纳税，这将会是当地建设和社会稳定的重要力量。

流民情况清楚了，流民之流的原因清楚了，流民流落此地的原因亦清楚了，安置方略也已明确，接下来怎么做？

当然是行政建制，建制就是建设，是社会安定的根本依赖，必要且有效的建制将是这里得以振兴、稳定流民和社会开化的根本大计。从周洪谟提到的东晋的成功做法以及现今郧汉各地对这里高一级官府建制的呼声，他对鄂、豫、陕、川交会区域的行政管控布局的历史性重建，已有了基本蓝图。

三、附籍抚治并举

确切地说，此前的原杰并未到过这地方，一切都是陌生的，不知道这里与他曾经做官的地方有什么相同和不同。他感到这里天高地阔，藏龙卧虎。汉中是汉高祖的龙兴之地，襄阳是光武帝问鼎天下之地，而中间这段居然一直都是乱臣贼子或皇帝贬谪之地。郧县是个秀丽的地方，它比汉中更具水上便利，不仅横贯东西，还纵达南北，有着通达四方之便；比之荆襄，它则有扼守西南西北之优势，一夫当关，半壁河山莫开！郧县只有置于一府之首乃至一个独立于相邻布政使司的首府，方可大安其地，大治于世。千古以来，仅置一乡一县，成为零余之地，甚是亏待了这个要塞。作为为君分忧、为民请命的政治家，原杰此时凭借他高屋建瓴的眼光和纵览山河的气概，决定从抚治到府署一律重心前移，移至流民核心区——郧县，由中央直派官员履政，让这块边陲辏聚之地垂直接受朝廷使命。对于抚治下的边空区域，或增县，或立堡，或置里，或添设巡检，增强行政建制，一统边际。

这是个突破现存秩序的开创性举措，亦是一次为万世开太平的远谋，不亚于开疆拓土打江山，其面临的事情山一般重。他决定这么做，并立马实施。

新的政治区域怎么命名？以单字“郧”名之不大气，此地处山南水北，谓之阳，就名之曰“郧阳”，与襄阳、南阳同以山水方位名之，宏阔而响亮。抚治曰“郧阳抚治”，府署曰“郧阳府”。同时厘定郧阳抚治所属区域，规划郧阳府所属县份以及有关基层设置，如此决策遂具体为相应措施，上奏皇帝。皇帝准其奏，颁诏立行。

着手新的区域建制前，原杰先解决不作为的庸官问题，罢黜原属襄阳府五名不称职的推官，从荆襄老窝入手整肃吏治；继而“大会巡抚三司公议”，通过他们举荐才识出众的“文武守长、贰佐二十余员”，组建了一支素质精良的官员队伍，分派到重要岗位“任其责”；遂而着手规制郧阳府区域，将原属襄阳府之郧县、上津、房县、竹山划归郧阳府属县，并推荐颇有政声的邓州知州吴远前来出任新郧阳知府。接下来就是整合郧属县份，以利于流民地建制。将竹山分出一县为竹溪，割郧县部分区域，新立郧西县，郧阳府辖郧县、郧西、上津、房县、竹山、竹溪、保康七县。郧阳抚治成立后，纳陕西汉中府、西安之商州、河南之南阳、四川夔州以东等边地；从汉中洵阳划出部分新置白河县，升西安商县为商州；一并将县下村、堡、里行政区域整合设置到位。按省级建制添设湖广行都司，统领荆州、荆州左、荆州右、瞿塘、襄阳、安陆、郧阳七卫及襄阳护卫，德安、房县、均州、长宁、夷陵、枝江、远安、竹山、忠州九所，军事建制随之到位。

这是个开“郧阳”纪元的日子，“郧阳”“郧西”“竹溪”“白河”“商州”等行政地域名称由此诞生，府志、县志以此为重要节点开始有可靠年限的书志。

郧县，一小小县邑，郡县制以来，多为县、关、乡之类小范围地方建制，此次县城被托举为“郧阳城”，其背后还有一个驾驭六县的“郧阳府”，一个统御九州八府六十五县的“郧阳抚台”，骎骎乎盛也，一跃而升至鄂豫川陕区域中心，成为一个四海瞩目的新地标。这里的流民不再是官府头疼的问题，他们顺理成章地成为各地新村新主人，这堪称一次新生。

接着要做的便是“展筑郧县城池，添盖公署”，让三级行政驻跸之所有一个像样的环境。筑土城于天顺八年（公元 1464 年）的郧县城，一道土筑城垣，几条逼仄小巷，犹一村落，安能容纳巡抚、府衙？然此地“山水环抱，地通江河，舟楫往来，商贾时至”，是难得的天下码头。可是现今要拓展一城，工程之浩大，区区一县之力谈何容易。故务必调动湖广分守官员和军民，举全省之力而为之，方能奏效。而大范围征用人力物力，一个左副都御史哪有此能耐，非皇帝敕令难为之。好在当朝天子对原杰信赖有加，有奏必准。在天子的强力支持下，工程说启动就启动了。原杰看准执行力极强、具有军人作风的湖广都指挥使柴政，特调他来督理郧城工程；新任知府吴远作风如铁，率众倾力配合。这样，上下均是他亲自选准的得力人手，工程推进风行无阻。十万工匠、二十万郧民随之上阵，大龙山、沧浪山、堵河、汉江，人流浩浩荡荡，青石、原木源源不断运抵西河码头。不久，抚台、府衙主体落成，前厅、后堂、经历司、照磨所、案牍房、重门、廨舍、仓库、囹圄、行都司、卫所、大理公署、布政分司、按察分司开建；不久，十里城郭的框架打定，宣和门、迎薰门、平理门、拱辰门以及唐德观、城隍庙等城池地表建筑渐次显形……

平地起宏图，风生水起。

配合粮食供给，军队开进郧阳屯垦，十堰、龙门、武阳、六里坪等无人区，作为未来府库粮仓基地大举开垦。“布谷声中水满溪，南畴北陇把锄犁，劝农不费田官力，腰鼓一声人自齐。”（韩弼《十堰春秋》）在军屯带动下，荒芜山地一时出现空前农耕盛景，流民与军士同耕，布谷声与腰鼓声盈耳。

易弊为治，风气始开，人文日著。郧阳，四塞边际一新星，由建制而建设全面铺开。作为总设计师和总工程师的原杰，兢兢业业地干了一年，此时他的左副都御史职位业已三年届满，他要离开这新政刚刚肇启的治下了。朝廷嘉其功升右都御史，且出任南京兵部尚书。临行前，他特荐监察御史吴道宏继任，天子准奏。

一代能臣恩官，一身尘土地走了，且永远地走了。

未走出他首制的郧阳抚境，他便溘然倒在了南阳驿馆！

政声人去后，民意闲谈中。

消息传来，郧地皆恸，流民念其德政，官吏感其遗风，人们箪食壶浆络绎道旁哭祭。顺应民意，继任巡抚吴道宏奏准朝廷于郧城北郭为其立祠，以“表功德而存民思”，亦为民众寄托哀思而置一永久之所。一年后落成，时任太常寺卿、富有春秋笔法的诗人吴节，感慨原公官品人德，代表万民之意，肃然为之祠作记并赋歌以祀，收录于同治本《郧县志》，题曰《肸蚃》：

公昔攀龙侍天皇，宣谋赞化扶纪纲。一朝手捧金銮章，遍历河陕连荆襄。招徕父老咨流亡，万人稽首官道傍。愿附版籍身为良，维时雨露深汪洋。许操①畚挶锄榛荒，堑山为城浚为隍②。聿③开新府号郧阳，行司卫所罗封疆。黉宫学海流汤汤，茂选文武相颉颃。生灵乐业保安康，功成理定朝明光。圣恩嘉奖晋兵尚，钧天④无人仙佩⑤扬。群黎悲啼声喤喤，秉宪持节绣衣⑥郎。稽功考德建祠堂，召公去后留《甘棠》⑦……

原杰，是托举郧阳的千古功臣，是万千流民的再生之祖！吴节称述他当年曾是皇帝身边的肱骨大臣，出谋划策辅佐江山社稷。某天皇帝降旨，他便手捧金銮殿谕旨来到了这河南、陕西、湖北的交界地，走进父老乡亲之中询问流民之事。他亲民爱民，万民感念他的恩惠，叩拜于他途经的道路两旁，称颂他的无量功德。流民纷纷向他表态愿意就地安置，附籍为民，从此流民生存不再凄凄惶惶、漂浮无根。继而，他们为郧阳城的新建不遗余力，个个带着工具挖土凿石，斩除杂草，开掘城壕，修筑城墙，很快就把一个新的府城建起来了。郧阳府正式开府理事，湖广行都司及其各军事卫所也相继筹建到位。县学、府学也办起来了，文武齐备，百姓安居乐业，幸福安康。功绩至大，朝廷就为之增光，圣明的皇帝特别嘉奖他，提升他为南京兵部尚书，他的名声在天下如仙佩迎风振响，没人能与他比。不幸的是他溘然长逝，众多民众闻讯

---

① 徽宗宣和中通判平江府，七年，权知府事，此为通用人名。
② 保障。
③ 虚词。
④ 天中央。
⑤ 一种佩饰。
⑥ 使者。
⑦《诗经·甘棠》怀念召伯姬奭辅佐周武王之德政。

大放悲声，呼唤这位秉持皇命鞠躬尽瘁的使者。纵览其丰功伟业，今天特意在郧阳城建立祠堂，作为官民凭吊之地，以此永远怀念他姬奭辅佐周武王一样的德政。

时移数十年，万历朝文豪王世贞抚郧，他到任的第一件事便是叩拜原公祠，回抚台后即召见儒生吏民座谈，参与的人们“慨然有余思焉”，“能言杰事者，津津不啻口出也”，感念原公让他们“脱险而就夷，归于敦庞（丰厚，富足）无竞”。德政，真正的德政，不朽之口碑！王世贞肃然起敬，连忙上书朝廷请求为其赐谥，以表万世。

江河不废，日月永辉！

一位不世出的好官，一座撑起了大郧阳的府城，一次为生民立命的建制，一个造福万代的政治遗产！

第十五章　三衙同城，从“一斗大”到九省通衢

巡抚原杰走了，身后是大规模的郧阳城新筑盛况，千军万马，万众齐心，旱路水路，人声鼎沸。汉江南岸一条石板沟，那里的青石料是上好的铺地石材，五千人驻扎此地开采，打凿最精良的铺街地板，然后用杠杆推运到江边，装船运抵建设工地，现今那里仍留有石场沟这个纪念性的地名。五千人沿堵河而上到达竹溪楠木寨，开发优质的楠木，供官府衙门、门楼亭台建设之需。楠木寨曾在永乐帝拓建北京城时贡献了大量树龄二百年以上的高大挺拔木材，水路也是那时开通的，当今竹溪人还深为那时过度开采、造成楠木枯萎的状况而叹惋。五千人在西河码头以西的土沟一带烧砖瓦，这里百丈黄土，就地取材，可以烧经久耐用的上乘官砖官瓦。荆州修建城墙、荆州楚王朱桢在建藩王府邸时都曾来此地烧砖，地方文史专家邢方贵先生就从荆州获得过两块标记着明洪武年间“郧阳官造”字样的青砖。土沟左右几条岭都是砖瓦厂，在那些年满足了郧阳城建筑材料的供应。三千人开赴大堰的石灰厂，那里可烧制最好的涂料，随时保障驻守在这里的工人施工之需。还有草绳、桐油、生漆、普通木材、木炭、篾筐等施工材料或用具，都有专门的定点供应，以确保工程有序推进。大量工匠分工有序，各得其所，保质保量。工匠的充分保障得益于明朝继续沿用元朝的匠户制度，各地工匠分门别类，登记在册，调度方便，为皇家所用，没有任何阻碍，所有匠人像兵役在身的民众一样，一旦有需要，无条件承担使命。

正如“罗马不是一天建成的”，郧阳城也不是一蹴而就的，从首任巡抚原杰绘制蓝图，二任巡抚刘敷接力推进，三任巡抚李衍完善城市功能，四任巡抚吴道宏大规模实施，五任巡抚王浚深度布局城市格局，六任巡抚刘璋将城市风貌与周边山河风光结合起来，打造城乡一体化文化

带，到七任巡抚何经提升城市贸易、将水上贸易与城市延伸的骡马驿道贸易结合，从设立郧阳巡抚的成化十二年到成化二十三年（公元1476—1487年），先后11年间，每任巡抚都大有作为，一任一个台阶，一任一个高度。一个可以承载朝廷特别行政区的城市，不负朝廷所望地屹立于世。

一、风华新筑

土城换成糯米汁、石灰浇筑的砖石城，方圆八百余丈，底宽一丈八尺，顶宽一丈六尺，城垛3752个。整个府城十里合围，三里穿心，大街小巷70余条。城址豁然拓宽。整座城池西北高，东南低，呈簸箕状，西北依山而筑，东南掘池护城，城池之固可见一斑。

街道多以油青石铺就，偏处为土筑。

郧县城逐渐变得壮观雄伟，其中新立的四大城门显示了最为不凡的气势：东立大东门，名曰“宣和”，以象征其大倡和平、承平天下；南立大南门，名曰“迎薰”，迎薰者，以迎其香草美人也，亦即延揽人才；西立大西门，名曰“平理”，平理者，公平事理也，象征官署理政，万事以公平为准则；北立大北门，名曰“拱辰”，拱辰者，众星捧北斗也，亦颂扬官吏为政以德，臣民拥戴。四大城门之中又附以小西门、小南门，六门洞开，恢宏浩然。与此同时，湖广行都司、郧阳抚台、郧阳府署兴建到位，郧县县衙新建到位，几大衙署分别布局在南街、西关街、西北街和中心街位置，三级行政衙门同聚一城，紫气东来，华光凌云。

城头落暮晖，城外捣秋衣。江水青云挹，芦花白雪飞。

好一派宜人的山城景象！

早年为彰显抚治下的各地归属感，城中特建九巷，它们是下荆南巷、上荆南巷、汝南巷、商洛巷、关南巷、宁羌巷、归州巷、裕州巷、夔州巷。九巷象征郧阳抚治下的九个巡行区。“下荆南巷”即以“下荆南道”命名，“下荆南道”巡行郧阳府和襄阳府。“上荆南巷”以“上荆南道”命名，“上荆南道”巡行荆州。“汝南巷”以“汝南道”命名，“汝南道”巡行南阳。“商洛巷”以“商洛道”命名，“商洛道”独巡商州。“关南巷”以“关南道”命名，“关南道”巡行汉中府。“宁羌巷”以“宁羌道”命名，“宁羌道”巡行宁羌州。“归州巷”以归州道命名，“归州道”巡行归州。“裕州巷”以“裕州道”命名，“裕州道”巡行裕州，即伏牛山一带。“夔州巷”以“夔州道”命名，“夔州道”巡行夔州。这些巷子后来在城区发展进程中更名。

“下荆南巷”为茶文化商号，主要体现“茶圣”陆羽的茶文化对历史上郧阳的茶马古道生意的继承，以江西和天门一带商人为主。“上荆南巷”为玉石产品基地，以绿松石、和田玉、翡翠为主，展示郧阳绿松石原产地的生意优势，给南京、北京客商提供商品。“汝南巷”为明代木工工艺制作区，南方的名贵木器和北方的木质雕件在此汇聚，为市民和王公贵族提供方便。

“商洛巷”为字画和古玩市场，为云游四方的文化人和官方人士提供交流场所，尤其巡抚都有文化高士朋友前来拜访，此时便需要这样一个雅处。“关南巷”为盆景花木交易集聚地，花木盆景源于唐朝，章怀太子李贤酷爱花木盆景，逝后墓壁上就画有花木盆景的壁画，李贤的孙子广武王李承宏被贬为房州别驾，他将花木盆景的艺术带到了郧阳，该艺术随即在民间流传开来，成为乡绅们热衷的园林风景配置，故而特辟这一具有地域历史风味的交易去处，满足大户人家所好。“宁羌巷”为皮草生意，为西北人提供特产交易。“归州巷”作为灯舞、戏剧娱乐场所，有广场和戏楼，是市民游乐中心。“裕州巷”为宗教寺庙区域，城隍庙就在这一带。“夔州巷”为农牧业山货交易处，也是农具集中销售门市。

另有十八苑为达官贵人们修建，它们是斗彩苑、玉粹苑、相公苑、萱蕙苑、等闲苑、文凤苑、酌书苑、黍稷苑、芣蓝苑、苜蓿苑、栖霞苑、鹿鸣苑、子衿苑、天成苑、厚生苑、鸿鹄苑、徐榻苑、洪涯苑等。

斗彩苑是湘王朱柏后人朱峻所建，因收藏有明成化年间斗彩瓷器而命名，以凸显其不凡的皇家雅好，成套的家用瓷器色彩缤纷，釉下青花与釉上彩画争相斗艳，纤巧薄艳，精丽秀气，大多为御窑的精品。玉粹苑的主人游然是湖广都指挥使司游世忠的后代，其家人以收藏珍贵的玉粹为趣。相公苑是富豪江用木为上门女婿王升所建，江用木的女儿江晓谕一天在西关城外喜遇如意郎君王升而结良缘，特建此苑，以祝琴瑟和鸣，花好月圆。萱蕙苑是失意文人庄辛岑修建的，主人认为佩戴蕙草可以忘忧，故而建此苑广植萱草。等闲苑乃朱熹的后人朱彤所建，他以先祖的“等闲识得东风面”为人生信条，性情散淡，襟怀高远，“等闲栽树木，随分占风烟”。文凤苑为文士赵慈念所建，文御风雨，黼黻绮丽，丹心化碧，故筑此苑。酌书苑为柳宗元后人柳书棻所建，亦名柳公苑，他以读书聚宾为乐，酌书为酒，以书为佳酿，品春秋滋味，沉醉天理人事，逍遥世道风华，痴前人之所痴，癫万古之所癫，书中乾坤，杯中世界，多读不算荣誉，少读则是羞耻，孜孜不倦，日饮夜消。黍稷苑是大元帝国司农卿张文谦后人张尧羡所筑，他筑黍稷苑以纪念先人，以劝后人务农为本。芣蓝苑为四川商人沈幼椿所建，因其拥有世传腌菜泡菜技艺，故建此苑以彰显其家业特色，并发扬光大之。苜蓿苑是山东富商瞿晋罡所建，瞿氏以富养闲，认为苜蓿象征幸福、美好、闲适，即在庄园内广种。栖霞苑乃东吴盐商戴继苍所建，“栖霞”谓山色之美把霞光都吸引来不走了，千叶喜容迎晓日，万铃黄色映朝霞。鹿鸣苑为成化年间县令马麟的本家马猕所建，寓意祥和吉利，比喻夫妻互尊互谅，同甘共苦。子衿苑乃明初县令马伯庸本家马鑫所建，“子衿”喻天下读书的男子，希望这类有志之士能够被招揽在自己门下，唯才是求，诚心可鉴。天成苑乃关中名匠辜承天所建，此苑的命名意在说明辜匠人的手艺高超，其工艺浑然天成。厚生苑为荆王朱瞻墡后人朱斐所建，“厚生”意味着厚待民生，薄征徭，轻赋税，不夺农时，令民生计温厚，衣食丰足。鸿鹄苑乃一群郧阳举子们共筑的明志去处，以张翔时、明屏山等为世人所知。“鸿鹄”喻志向远大，以“鸿鹄”名苑，招徕胸有大志之人。徐榻苑乃自命商山四皓之一的东园公唐秉后裔唐漾行所建，借古代南昌徐穉高看陈蕃，表达对名士的期盼，希望山庄能有这样的贵人常来。洪涯苑乃自命寿星彭祖的后人彭祈羽所建，寄寓颐养天年如洪涯仙人长寿无边之意。

这些冠以“苑”的名居，大多以四进院落为格局显示气派，以五色鹅卵石铺陈的地面彰显其素净，青砖乌瓦，雕花木窗，此家彼家，回廊相衔。院门口均有大青石板砌起的蓄满雨水的太平池，巷子口又大多有青石条砌起的深水井，红男绿女杂沓来，水桶络绎担相接。标新立异的城貌，首先为郧阳立了文化地标和旗帜，也造就了殊异的景致。此后一代一代为政者都十分注重城市景观的塑造，为郧阳增益新的文化元素，使之文气郁勃，育人养心。

二、“市井”者，市井也

九巷十八苑在明正德年间以后逐渐更名，被普通街道名所取代，新命名的大街小巷格局以东南西北为标记，或以姓氏或以官署性质命名，大体是这样的：西大街、东大街、南门街、北门街、周家巷、金家巷等。人称府城主街的是东起东关校场坝西口，西至西河蓝家码头的这条东西向的大街，以现代计量单位统计，大街全长2248米，依次是东关街、东大街、中卡子、十字街、西大街、西河街。中卡子以东，垂直于东大街以南的依次是察院巷、大新街、南鼓楼巷、南门街、小新街、庞家巷等；以北依次是财神楼巷、北鼓楼巷、青年路（民国以后命名）、卫里巷、总兵巷、周家巷等。十字街以西，垂直于西大街以南的依次是布袋巷、金家巷、黄道街；以北依次是警厅巷、三眼井巷、柴家巷等。与东大街平行的南边有察院街、学道坡、手帕巷等；北边有观音巷、朝阳街、小井巷、康家巷、徐家巷、下井沟等。与西大街平行的南边有西寺巷，北边有转折的柴家巷，延伸的朝阳街、上井沟等。在东关，与主街相交的有何家巷、东寺巷、水井巷等，在西关与主街相接的有盐店巷、横街坎、税关坎。西河街东延至城西南角，小西关街与西关街平行。

府城落成后经历了几次毁灭性水患，在恢复重建中加固了城墙河堤，不断增加新的设施和建筑，扩大了城区的风貌。清朝同治年间的郧阳知府金达这样写道：“首城垣，次宫庙，官廨，仓廒，学校，书院，名宦、忠义、节烈之祠，后先具举，而一肆其力于堤。城以外由西而南而少东，规其地，划为三，长可二里，广三仞，高如之。巨石栉比，下博而上杀，差以等，折以相错。炼石为屑，熔以膏，涂其罅，坚不能入。”这段话的意思是：此次城市重修，首先考虑的是城墙的复建，其次是庙堂官署以及仓储、学校、书院、祠堂等的修复。尽管大量建筑需要资金人力投入，但他运筹有方，大家同心协力，先后都落实到位。城墙因势而朝外扩大了一部分，材料用的是巨石，石头与石头之间的缝隙用烧制的石灰和相关黏合剂混合成膏药一样的泥糊弥合，这样一浇筑，整个城垣坚不可摧。城墙呈下宽上收缩如搏杀的样子，参差错落，曲折蜿蜒，外边难以逾越，里面也难以逃逸。

在此再着重介绍几个街区，以便感受这座由朝廷命官主导兴建的府城的壮阔。

最为抢眼的城市区域是西关街，它占了东西街衢的三分之二。大西门背靠两丈多高的驳岸，耸峙的城墙和两道城门的瓮城拱卫着西大街。西街是最繁华的地方，这里首先有西河码头带来的水上贸易的人气，其次是河对岸柳陂河口店和三门以及茶店邓湾三个渡口的人流汇聚于此，再是武阳岭等城关以西进城的人们，所以西关乃府城风水旺地。釉青石铺就的街面，幽幽地泛着陈年的光亮，商铺连着商铺，从小西关一直进入西关街，慢慢悠悠穿过一排排徽商、赣商、苏吴商人的高大的会馆门前，卖小吃的、卖点心的、卖布匹烟酒的、卖胭脂水粉的、卖木工制品的，还有弹棉花的、镶牙的、打铁的、磨豆腐的……热闹非凡。西关街外的西河码头曾是笔者的先祖蓝季明、蓝季彰两兄弟从江西来郧做生意发家后全资建设的，所以西河码头也叫蓝家码头。

西街外有小西门，小西门外是一条不长的小街，称作小西关，这里的市民大多以制作竹器为生，如编筐和笊篱，编纤绳，制作竹骨油布伞等。他们手艺精湛，手脚麻利，需要定制一个什么产品，三两下就可以做成，所以，坊间流传着一个歇后语：小西关的篾匠——现编的。小西关向南连接大西门的一段山势陡峭，城墙之外，几乎不能立足。小西关一旁的汉水咆哮汹涌，暗流涌动，传说下面万丈深渊里潜伏着一条能翻江倒海的恶龙，故而建了一座伏龙关以征服。与伏龙关配套的征服措施还有在伏龙关下的悬崖上悬吊着的一把约五尺长的铁剑，直指崖下奔腾的江流，以此镇住蛟龙以确保往来船只平安无事，同时也保佑整个城市不受水患威胁。对于伏龙关，前面提到的郧阳知府金达也有所记述，他说："城西北隅有伏龙关者，当旋溜之冲，水啮其足，群怪隧之。行贾率覆舟于此，久且浸，为城患。余汰其腐壤，沈以石而新筑，其上铸剑以为镇。年余，贾舟无更覆者。"这是说大水之后对伏龙关的加固，原本它地处激流漩涡之上，水流不断啃噬其根基，水怪潜伏水底，商船行走其上多被颠覆。久而久之，这就成了西关城外一大隐患。金达在加固这个建筑时，将伏龙关旧址腐壤通通更换，在基址沉下诸多石头，确保了悬空基址的牢固，同时又新铸造一把宝剑悬挂于悬崖上，以镇住江下水怪。这样，过了一年多，也没有出现翻船事故。

再看东关，这个街区主要指钟鼓楼到东城门这一带，这里主要有东、南、北三条大街，约占全城面积的三分之一。东大街连接东门外教场坝、胡家洲到杨溪乡村的一线，乡村集市贸易主要在这个街区，粮食、柴炭、蔬菜、猪仔、鸡鸭、骡马、盆罐、簸箕、扬叉等在这条街随处可见，人们在此交易。这里除了农贸货物交流，也有大型商铺，诸如同兴仁翁氏药铺、王义茂酱园铺、刘记匹百铺等坐列贩卖的商号。大东门外是护城河，宽两丈，深三丈，上设吊桥。从东关街口一直延伸到北门坡的北门楼，这段长达五里的街区叫北门街，该街在全城最为整洁，最为僻静，也是除东西大街之外最长的一条街，此街除三五家小商铺外，没有其他商业门面，这里多住达官显宦，豪门大宅比比皆是。由北门街一路上行是文化教育聚居地，过风楼、府学宫都在这面高地上。北门街往东有一条巷子叫卫里巷，其间六十间营房为驻军地，再往东是总兵坊，总兵衙门，即都指挥的指挥所。郧阳抚台首任都指挥为游世忠，他在这里度过了自己的一生，根据明朝都指挥职衔可以世袭的规定，游世忠的后代辈辈承袭这一军衔职位，他的后裔现在大多居住在郧阳南化黄柿乡一带。

府城盛大的文化风景当数每年春节群众的花灯巡演，最为人们称道的是大东门的花船，坐船的女角如同仙女，花米巷的后摇婆最具风韵，她们涂着红脸蛋，耳朵吊两个红辣椒，似妖似仙，让人神思飘逸。南门楼的龙灯耍得最威风，椿树巷的凤凰灯玩得最神奇，财神楼的蚌壳精抖得最欢实，黄家桥的花篮扎得最出彩，土门坡的花棍声最清脆，金家巷的老背少最搞笑，钟鼓楼的腰鼓队最精神，青年路的娃娃打架最风趣，十字街的竹马最逗乐，西菜园的武把式最神勇……异彩纷呈，官民同乐。

东关的南大街只有北门街的四分之一长，清真寺坐落在南门巷。城墙东南角建两层魁星楼，楼阁层叠重檐，形制高耸。根据天宇九大星系与地面九州的对应关系，城市设计者发现郧阳府城所处位置属于天翼分野，与银河系轩辕星座的文魁星相对应，此地魁星高照，是鹑翼飞翔之地，于是特意建起魁星楼，以助郧阳多出人才。但是，魁星楼建成后，郧阳赴京赶考的举子乘船东流，从南门外的汉江上过，总会翻船罹患。人们觉得可能是魁星楼地气太冲，造成了郧阳文人的气脉受损，于是就想了个解法：在与魁星楼隔河相望的汉江南岸建个极星塔，以纠正魁星楼的风水，同时也用该塔镇江水，保平安，于是就有了这一河两岸的一楼一塔。

大南门前可直视汉江浩瀚的江面，晴日里举目所见，江上云帆蔽空，白鹭成行，景象迷人。

东南城角有大片荷花池，盛夏莲叶碧翠，妍荷盛开，美不胜收。

府城中心地段连接东西大街、呈南北走向的街区叫中卡子，它像一个标记符号，标记了东西大街的分界。中卡子向北，可达椿树巷，向南数百步通小南门，所以这一段也称十字街，或曰丁字街。按理应该稍作穿凿，即可使东西大街连通，南北大街构成一线，但府城设计者似乎刻意使之曲径勾连，错置通幽，在这个中卡子的中间部位蓄意萦回，造成了城市布局的繁复局面。中卡子商业红火，小小的地方云集了永茂生金银行、蒙正兴果品酱园铺、庆和酒楼、王银匠金银首饰店、胡姓百货店、久康印刷、久新印制等店铺。这里虽只是一脚之地，却是一个日进斗金的财富之所，偶有剃头挑子驻足瞬间，刮一两个光头，就可立马挣几个现钱；也有背着灯草的四川商客，肩上搭着毛皮、手提野鸡野兔的乡间猎户，在此蹲一会儿就把东西出售了，交易就成了。中卡子这地方属于魁星楼庇护的文华之地，多出秀才举人，进士也没少出现，风水好，故而这里名"儒林保"。

府城筹建的同时国库粮仓也将建成，建于府署以西八十步的地方，名曰大丰仓。大丰仓共有 6 栋主体建筑，分主仓、副仓、前仓、后仓等，用现代计量单位测算，整个建筑达 5000 平方米，占地总面积 1.2 万平方米，房屋构架为砖石墙体和木梁架全封闭仓体结构，主仓为歇山重檐灰瓦屋顶，屋脊为雕花镂空砖砌成，屋檐瓦当均为浮雕纹饰，造型优美。仓内重檐四周设置活动竹编花纹通风窗，仓底设置三尺高木板防潮楼。主仓分 6 个小仓，四周墙壁装有木板防潮墙，四周墙根间隔一丈二尺间距设置诸多通风口，安装活动通风木闸门。

府城是人文荟萃之地，不仅有街有市，还有亭台楼榭、馆阁庙堂，所以，府城一开始就定位为政治、经济、文化、军事中心和城乡人群的公园游乐之目的地。故而，进城来可办事，可休闲，可开眼界。诸如文昌宫、仪凤阁、钟鼓楼以及大南门的魁星楼、大北门的春雪楼等建筑，都是观光休闲的地方。

府城基础设施也值得一提，比如引水设施，府城多以地下井水为主，故而城内水井很多。粗略统计有 23 口，有名的有三眼井，位于西大街三眼井巷；察院井，位于察院东辕门外；大井，位于北门街、镇台衙门东侧；小井，位于总兵坊；东关井，位于东关；南角楼井，位于南角楼附近；上井沟井，位于上井沟；下井沟井，位于下井沟；南门街井，位于南门街。后来干涸的几口井是：西寺井、静慈寺井。

府城对消防安全考虑得也特别到位，城区建有24处池塘，以确保消防所需。水池分明池和暗池两类，明池大多高出地面四五尺不等，石板为盖，暗池覆于地下。明暗均叫太平池，合理分布于全城重要街道路口、居民区。城区有一种叫塘的设施，不是用于浇灌的水塘，主要用作蓄水排污。全城有东南莲花池、康家巷池塘、府衙东池塘、镇台东南池塘、府衙西储水池塘等。城区排污也很科学，依地势由西北向东南流，或聚于人造池塘集中排放，或由城闸门流入护城河，汇入汉江。东西主街两旁系砖石结构大暗沟，中段十字街地势较高，东西排污分流，东经大东门城垣闸门流入护城河，西汇入黄道街大暗沟，经城南闸门，绕火星庙排入汉江。总兵巷、卫里巷、北门街、财神楼巷、椿树巷的排污由北往南流入主街大暗沟。察院巷、新街，由南往北流入主街大暗沟。徐家巷及东北一带集于池塘院。南门街、柴巷子、大巷子集于莲花池。西北一带排水通过朝阳街大石沟拐黄家桥或流入大仙堂前池塘，或集于体育场西南角池塘。西关盐店巷、当铺巷、娘娘庙一带排水分别穿街流入暗沟。小西关外排水由德胜湾汇入汉江。城区排水排污纵横交错，平时街面无污水，雨天街道无积水。

第十六章　大家题记，郧阳教育向府城看齐

抚治下的郧阳教育是教育新起点，首先有了府学，各县有县学，乡村还有私塾，府城内还有三所书院，无论是对士子的培养还是非官方的谈学论道，郧阳都在教育上迈出了历史性的步伐。从京城来的京官和四面八方云集的饱学之士以及府署对教育的重视，都是郧阳教育乘势发展的最优资源和东风，它使郧阳这个年轻的大明政治特区，深深浸润在人气和文气的四季里，汲取文化滋养，陶冶在风花雪月之中，一切都不再是没见过世面的无知无闻状态。

一、规范的科举教育

大明王朝重视教育，当然重视教育是有其政治私欲的。

没受过正规教育的朱元璋深刻地认识到学校教育的缺失对于人的一生是多大的悲哀，社会的普世教育对于治理国家是多么重要，因此，早在立国之初，他就确立了“治国以教化为先，教化以学校为本”的文教政策。

这里我从郧阳巡抚们对郧阳教育的贡献以及郧阳教育那些年跟进时代的历史亮点说起，其切入点是明弘治年间内阁首辅李东阳为郧阳府学宫修建题记一事。

明弘治十四年（公元 1501 年），郧阳抚台迎来一位新任巡抚王鉴之，这位身为右副都御史的国家官员和三十年前首创郧阳抚治、开办了郧阳府学的前辈原杰一样，有经邦治世之才。他一踏进郧城，瞻顾左右，目光所及的是那西北角的府学，那门面，那环境，那地势，心中所

念的是那内在教学条件是好是坏？这里的一切是否能哺育学子、传道授业？这里是否蕴含了一定的精神道统，是否担当得起鄂西北乃至九州八府的政治、文化精神旗帜的使命？当他看到这所当初由普通县学升格而来的府学，处城郭之外，地势低洼，屋舍幽昧，设施简陋，学道松弛，不禁感慨：这状况，太差！哪堪负载堂堂一府教育传承之重托？焉能让千古文化精魂于此驻足？怎能让学生对神圣的学道虔敬有加？需要施以规模、壮以气势、强其根本才是。

带着这一感喟，他开始巡抚职事，很想立即对该校进行修整，可惜政令未孚，财力未裕，又不想烦劳民力，便没能迅即着手。面对边镇，他一方面劝农务本，一方面促河运商务，一直过了两年，官府有了一定盈余，财政有了足够储蓄，这时方才把府学建设纳入日程，向上汇报，向下落实。他把该项工作交给郧阳知府胡伦去完成，因有财力支撑，扩建整修工程进行得十分顺利。不久，一所规制高标、面貌一新的学堂就亮丽地呈现在世人眼前：大殿巍峨，校舍深阔，梁栋耸峻，陛阶层起，轩廊迭现，气象森严；钟鼓器乐一应陈设，先师圣贤配位俱齐，棂星门旁宰牲厨、藏器库，充实了祭祀庆典的器物，各类礼仪一并呈现，规模大成，官民为之奔走相告。

作为一方政要，兴办一所好学校，振兴一方教育，化育一方生民，了却履郧之初便有的夙愿，王鉴之当然喜悦。工作推进至此，应该可以作个交代了，然又总觉得尚欠点什么，不能仅此而已。于是他不禁揣度：该有个名家题记才好，若请个诗文大家，把此次府学修整的经过及其兴学的意义加以记述，并给予办学指导，以深知卓见引领时人，薪传万代，于今于后不又是一笔很好的教育资源吗？思考至此，他一拍脑门：有了，何不请当今首辅李东阳赐点笔墨？此君若能执笔，想必立意深远。

现在郧阳府学执教的林典先生与李东阳父辈是故交，李首辅十分尊敬这位老先生，由他出面应能说动。林典领命，马上郑重起草了一封书信，细述学宫整新之始末以及现今学宫之气象，呈上抚臣王鉴之耿耿盛意，驰马专程送达京城，诚惶诚恐求其赐记。未及数日，李东阳的《重修郧阳府学宫记》即成，文采斐然，深挚切要，传至郧府，展卷诵读，上下喜不自胜，立马勒石镌刻，学府为之热火朝天。

题记一开始即高度肯定王鉴之抚郧重教的作为，大加称赏府学面貌的历史性改观，随之由此生发感触，论及对教育的见识："予闻而叹曰：孔子之道在天下，天下祀之，道在万世，万世祀之。祀之者非徒慕其道而已，固将景仰向往以求尽其道也；故宫室以为居，粢盛礼币以为仪，钟鼓玉帛升降旋折以为文，备物以致洁，尽礼以致敬，庶几心怵而奉之，有以交于神明也。于是景仰而依归之以求其所谓道，庶几于祭之义有得焉，数者一不备则祭之义阙，而于道茫乎无所入矣。故祭主于敬，能敬然后能备，能备然后能祭，能祭然后能学。古之学者必祭先圣先师，是则主敬存诚，祭也，学也，孔子之道盖一以贯之者也。"这里，从一个前提延及又一个前提，最终得出一个办学的基本理念：办学首先务必重视对先圣先师的礼敬，只有虔敬先贤方能从根本上让学生慎重对待学习，唯其慎重学习方能接近孔子之道。这就是说，传道授业是神圣事业，不比寻常之事；学校非普通场所，不可随意处置。应设置相应的礼仪形式，实施庄敬的祭祀，从而让学生养成严肃学习的态度。这就像我们现代教育每周要升国旗、在国旗下讲话一样，这并非只是一种公式化的常规形式，而是为了让学生对国家、对历史、对古今一切、对学习的使命心存敬畏，由此而好好学习，不遗余力。李东阳不愧为政治家、思想家，他看待教育不仅关注条件改善这些形而下之事，而且更多思考到教育神圣这形而上方面。因此，当他知道王鉴之所改善的郧阳府学

“神明之居，入殿瞻仰则气象温厉，配位庄严……金石干翟笾豆罍洗之器，旧有未具者则制于南都，乐舞之仪节度之数，旧有未习者则学于襄阳，于是整齐严肃，规制备矣”时，甚是赞善，欣然为之作记便是自然。由于郧阳府学的兴扩凸显了根本，抓住了办教育的主导方面，他觉得王鉴之这个人很不错，便特意把王鉴之的深厚教育情结提出来，说他“举进士初，以御史提学南畿，兴学立教，其素志也”，欣赏其兴教的素来志向。因其“素志”而一到郧阳就关注府学，尽管身为一方抚台大员，要做的事情很多，但他理政有方，“堰武阳，城保康，修废举坠，具有成绩”，打理政务之余，还把一方教育打造得鲜亮，实属难得。他为什么能在繁忙的政务中又“独于学舍修饬维谨”？这是因为他深深地认识到一方教育与一方政务休戚相关，《礼记》上说，治人之道没有比推行礼制更迫切的事了，怎么推行礼制？不就是通过学校教育来实施。在郧阳这个偏远地方，王鉴之不是一味抓政绩，而是兴教助政，李东阳深为他手下有具备如此政治素养的官员而高兴。

毫无疑问，该题记阐释了传统教育的一种重要思想，对一个地方如何规范教育、提升办学水平有很强的指导意义，和王鉴之的重视办学规制一样，势必造福久远。

二、一所学校一座宫殿

说一所学校就是一座宫殿，确实不是夸张。

从弘治十四年（公元 1501 年）王鉴之重修，到嘉靖三年（公元 1524 年）移址，时隔 23 年，府学又经历了一次变化，此前位于府址东南，此次移至府址以北，由巡抚章拯动议迁徙，主要考虑的是原址促狭，周边环境不优。时隔28年，到嘉靖三十一年（公元1552年），郧阳知府黎尧勋做出决定，将府学再次迁址，由府址以北改到府址以西。再隔5年，巡抚章焕又将其改建到府城东门外。何以在嘉靖一朝就让一所学校迁址了三次？我们可以看看嘉靖四十一年（公元1562年），任郧阳巡抚的吴桂芳为府学迁建所作《改建郧阳府儒学记》，从中可以获知其中缘由：“郧自开府以来，诸凡经制规画，大都一遵旧章，按成宪，鲜有所大革。而独于学宫一迁再迁，至累三四迁而始定者，首善之地，不得不详且慎也。”吴桂芳在此开宗明义，因为府学宫是郧阳的首善之地，是抚治下的文明高地，具有表率意义，势必要选好地方，建设到一定的规模，所以不能不仔细而审慎对待，不得不累次迁址。随后，他讲到这里的民风和社会状况的特殊，教育的教化功能至关重要，反复移址，就是力求把府学建到最理想程度，以使教育如长风在天，永存化育。“郧介在湖、陕之间，据荆、襄、南、汉上游，万山亘盘，其民（力）刀耕火种，易动难戢，盖楚之剽轻，秦之强悍，其俗实兼有之。自御史大夫开府以来，遭逢列圣熙明，勤宣德意，仁渐义磨，风移俗革。昔时穴居野处之民，今渐成礼让衣冠之域。兹者黉序聿新，川原改色，郡诸子弟，褒衣大绅，聚业其中。所诵法者，先王礼乐教化之言，先圣贤仁义道德之训；所究绎者，君臣父子孝忠之规，长幼卑尊事使之节；所目接者，大夫师长揖逊之容，冠裳冕佩等威之饬；所耳聆者，钟、磬、管、籥清越之音，琴瑟雅颂和平之奏；所游而衍者，六书五驭九数之文，大射宾射序贤序能之等。习而久焉，久而安焉。”他从郧阳历史上被秦楚两大世风影响造成的社会风气说起，说到郧阳抚治开府以来对社会风气感化而扭转的效果，强调了政风影响的作用以及倡明教育带来的巨大转变。最后，他特意记下本次移址增设的教育设施，彰显其更加完善丰富的教化功能：“其外为王道坊，为棂星门。其次为戟门。前为文庙，为两庑。文庙之后为启圣祠，祠之后为明伦堂，为尊经阁，最后为敬一亭。其左为杏坛亭，为博士衙，为名宦乡贤祠。其右为洙泗亭，为五贤祠，为时雨堂。凡广若干丈，深若干丈，为间者三百九十有奇，为楹者一千六百八十有奇。”从这些建筑设施的功能看，教化的意义明显加强了，学宫外面不是集市商号，而是一排王道坊。所谓王道，就是仁义礼智信，坊就是一个街区，一排专供讲求仁义道统的、具有一定政治身份的人居住的街坊布局在校门外，这人文环境该多有正能量！外面还设有棂星门，棂星为天上文星，象征着孔子，步入棂星门便步入了孔圣人的天地，在此可得普世教化，受到英才哺育。学宫外有戟门，立戟为门，是为帝王止宿之处，借天子威仪以映衬学宫的庄严。府学宫前面为文庙，是祭拜孔子的场所，由两间廊屋组成。文庙的后面是祭祀孔子先祖的启圣祠，该祠也叫崇圣祠。启圣祠后面是明伦堂，是读书、讲学、弘道、研究之所，另有尊孔读经的楼阁，是与明伦堂配套的教育场地。最后是管理府学宫官员的办公地敬一亭，所谓“敬一”，就是恭敬专一地工作，致力于教育，心无旁骛。左边是杏坛亭，因为山东曲阜孔庙里建有这么一个象征孔子传道育人的地方，其他地方建孔庙也都配上这么一个亭子，“杏坛”出自《庄子》的“孔子游乎缁帷之林，休坐乎杏坛之上。弟子读书，孔子弦歌鼓琴”。杏坛亭一旁是博士衙，这是为有特殊专长的知名人士设立的交流之处，博学多才之人汇聚于此，助长府学廪生求学之风。同时这里还建有陈列郧阳出身或在郧阳为官的外籍著名官员和乡贤的祠堂，比如张士逊、戴珊、徐蕃、王宪、章拯、王鉴之、沈晖、钟蕃、吴远、李泽等，乡贤有尹吉甫、伯奇、黄香、寇韦、温如玉等，为激励当时学子矢志上进而建。祠堂右边是洙泗亭，是以孔子在洙泗之间聚徒讲学的故事为主题建造的一个亭子，以突出孔子及儒家思想。旁边又有五贤祠，该祠供奉周濂溪、张横渠、程明道、伊川、朱晦庵五位著名贤达名士，他们忠君爱国，勤于事功，孝顺长辈，乃人格楷模。各地所供五贤不尽相同，也有供泰山五贤的。五贤祠旁边是时雨堂，为诸生宿舍，南北分设。该建筑命名出自陶潜《五月旦作和戴主簿》的“神萍写时雨，晨色奏景风”。以陶渊明诗中词语命名，寄托着学子们对自然风物的憧憬和纵情山水的情怀。整个府学宫内外宽广数丈，共计390多间房屋，各类柱子1680多根。这个布局非常壮观宏大，比以前每个阶段的府学宫建筑都要规范、标准、完备、气魄，这样的场面堪称是府城最神圣壮观的了。这不论是对府学教育本身还是对社会大众都具有神圣而无可比拟的文化影响力和政治感化的实质意义。

三、文脉长宜这方人

府学设教授一员、训导一员，至嘉靖三十五年（公元1556年），增训导三员，司吏一员，生员达40人。府学不只尊孔读经，还注重文艺礼仪等训练，配有琴、瑟、鼓、箫、笛、笙以及舞衣、龙头等音乐器物，配有香炉、花瓶、绫帐、酒樽等祭祀礼仪之物。明代办学的基本条件是校舍、师资、仪器和图书，府学基本达标。郧阳府学设立的藏经阁图书甚丰，据万历年间《郧阳府志》记载，郧阳府学共有典籍187部，其中有重教、明理、爱国的“四书”2部，还有《易传》《书传》《诗传》《春秋传》《礼记》《圣学心法》《大明律》等；另有官方志书、地图，如《郧阳府志》《敕建太和山志》《商略全志》《南阳府志》《汉中府志》《郧台志》《广舆图》等；也有医学和养身类的书籍，如《医说》《重刊证类本草》《万氏活人滋补方》《陶节庵伤寒六书》《医方选要》《养生大要》《保生节录》《灵秘十八方加减》《救急易方》《保生余录》《救命索》《省心诠要》等；还有山河治理类的书籍，如《救荒本草》《江防要览》《江防信地》《治河事宜》《治河通考》《长江一览》等；奏章册页和历代名家文萃、破案奇书等文著也收藏其中。

郧县县学始建于元代，毁于兵火。前章提到洪武初知县马伯庸又兴建，明成化二年（公元 1466 年）知县戴琰重修，成化十二年（公元 1476 年）升为府学后，嘉靖十七年（公元 1538 年），知府许词在府城西南再建县学。县学设教谕一员、训导一员。

据同治本《郧阳志》记载，郧阳兴办教育，受益颇多，自洪武到崇祯年间，郧阳府考中进士 11 人，其中郧县 3 人。郧阳著名的清官温如玉就是嘉靖二十八年（公元 1549 年）在郧县县学考中的举人，然后于嘉靖三十二年（公元 1553 年）京城殿试中考中进士；竹溪人徐成楚，在郧阳府学考中举人，此后在万历十四年（公元 1586 年）考中进士，任兵科右给事中。

600 余年来郧阳府学规范严整，累经烽烟弥漫，时序更替，城池颓废，学府依旧俨然。从明至清，延及近代，或增修，或迁徙，都未彻底毁弃，倒是与时俱进，不断完备其规模体制，不断丰富其办学体系，至清末仍可见 2 万平方米的庞大建筑群。以大成殿为中心的讲习、科考场所，以明伦堂、教谕训道署为中心的传道礼敬场所，以棂星门、泮池为代表的优雅府学文化环境，都宏赡大气，壮观森严，文华飞动，圣风扑面。尤其大殿供奉的先圣先贤先儒先学，自古及今 100 余人，囊括了所有可敬可学的先人先师，可以说把应该遵从学习的对象都搬到了眼前，这不能不说是办教育达到了一种求学务穷其尽的程度，这也就是李东阳题记所肯定称道的地方：礼敬先师，崇道于心，志在千秋，学而不厌。

府城书院建设是沿袭宋代的学术之风兴建的具有教育传播和学术思想传播的一种教育、学术阵地，本章前面讲述明代教育时已提及书院这种教育形式。自明正德元年（公元 1506 年）至万历元年（公元 1573 年），郧县建有书院三座，即五贤书院、龙门书院和郧山书院。五贤书院由郧阳知府王震创立于正德十年（公元 1515 年），建于府署北侧，因室内供奉有程朱理学代表人物中的五位贤人而得名。龙门书院是右佥都御史黄纪贤和王嗣美等人捐资兴建的，于万历三十五年正月（公元 1607 年）建于城中，题名“龙门”乃因其临近龙门山。郧山书院由郧阳抚治于湛兴建于明嘉靖二十六年（公元 1547 年），坐落在郧阳府署北侧。三座书院以郧山书院延续最久，郧山书院自建成之日起未曾废止，历经 400 余年风云不坠，其薪火相传至近代，成为今日郧阳中学之前身。

风水轮流转，而人文地气却会因根基的非凡和文脉的绵亘而长存长盛。往古的那些教育历史足迹逐渐消失，大成殿在南水北调工程中移址到柳陂郧阳岛广施山巅，但那数百年办学的正统理念依旧延续着，不论是以前在此开创了鄂西北基础教育先河、培养了无数现代新式人才的郧阳中学，还是现今相继在此承继历史文脉，正锦绣亮世的郧县第一中学，都强力地验证着这里的文化风水最好，文华郁勃，教育前景无限。其悠久的办学思想、有益的文学营养仍不断滋补莘莘学子更加昌明的教育未来！

第十七章　天马童话，郧阳今生的前世预设

一方山河需有它的童话、神话或寓言，它也许是精神旗帜，是文明表征，是命运的预设，抑或是理想图景的追逐。人类与生养自己的地球母亲分离为利用与被利用的关系后，这样一种精神的创设便大踏步地开始了。尽管我们起初在襁褓中的想法和愿景是那么没有现实根据，没有乾坤逻辑，没有日月星辰的支撑，但毕竟是万物之灵，天地灵气何以不助其心动而行动？所谓的“天上一个星，地下一个精”，所谓的风水造化、天命地运，都是人与地球母亲、与乾坤日月的私密，在这种微妙的维系中，天地越来越有童话色彩。

一、神游天马界

玉皇大帝的天庭御马苑不足以供养万千天马，便打算在凡间另寻场所畜养，遂派天马监总领南监牧使、西监牧使、北监牧使、盐州监牧使、岚州监牧使等随从，遍访人间九州。一日，他们来到梁州辖界的汉水谷地，见山河映带，苍苍冥冥，田舍清幽，原野如画，欣然留步；张望天宇，又见天驷四星上临，慨然曰：“主天马之星正照，非天马之所乎？”再放眼四顾华夏，此乃神州轴心，遂报告玉皇，天穹下一块名曰“郧”的地方最佳，乃宝马胜地，可做御马场，报请玉皇定夺。玉皇凭虚遥观一番，只见郧山汉水，华光射斗牛之墟，紫气冲九霄云外，欣然而大赞其地，便挥手画了一个圈：“就这儿，分天宫御马于此！”

众天官遵命，吩咐天兵拓原展土，蓄万顷珍草，成就天堂牧原。

某旦，薄雾如纱，晨曦似镜，青草挂露，风驰电掣间，一群神姿飘

逸、矫健奔放的神骏掠过天宇，划过天空，似惊鸿，如游龙，落入郧阳汉江之畔。

天马迁人间，休征漫山川，祥云朵朵飘，紫气绕日边。河清海晏，物阜民蕃，神人无杂扰之灾，生灵皆欣欣向荣。

翌日，天马食于野，鼻息生风，神采灵异，惊艳绝世，美不胜收，人们都看呆了，张望终日不已。有名杨华的得道者心驰神往，徐徐近之，尾随，马入崖，踵后而进，得见奇观——

初入时，山谷促狭，群峰耸峙，有奔马纵横沟壑，有群马散游山涧。遂而天地在无限绵亘的峰峦中拉开，或盆陷，或谷坳，以岳为城，以崖为域，自成万千小世界。人影幢幢，骐骥驷驷，人驭马而威，马御车而神，人马相得益彰。

此时，一位峨冠博带、古貌清奇的高士走来，自称造父，现任职天驷监。原来是御者之祖啊，杨华不胜讶异，遂匍匐而拜，求其导引。造父不吝其便，牵其手而一一导之。他说这一国度，蓄马以色为胜，良驹各彰特色。那是以黑为贵的黑油发亮的纯黑之马，名曰骊；那是黑身白胯颇有绅士风范的雄健之马，名曰驈；那是青黑交织白鳞花纹的俊逸名马，名曰驔；那是青黑相间、色泽凝重的贵族良马，名曰骐；那是赤黄如金、光鲜耀眼的高品骏马，名曰骍；那是黄白相渗、淡雅爽目的飘逸之马，名曰駓；那是苍白相杂的奇马，名曰骓；那是通身银白而鬣鬃漆黑的王子马，名曰骆；那是全身火红而鬃毛黝黑的霹雳马，名曰駵；那是浅淡黑色中杂鲜亮白色的温驯之马，名曰骃；那是赤白相间的君子马，名曰騢；那是通体黑亮脊背橙黄的另类马，名曰驔；那是白色眼圈、眼色迷人的秀才马，名曰鱼；那是色泽铁青如苍岩的威武之马，名曰駽……你看这真是一个斑斓迷离的精灵大观，七彩国度，五色疆域，可谓百花齐放，与自成一体的生民王国匹配，无所禁忌。它们均饮天来之水，食太古之粱，养得龙身风骨，精彩绝伦，妙不可言。杨华悠然赞曰：“观止矣！”继而有谣兴：“駉駉牡马，在坰之野。薄言駉者：有驈有皇，有骊有黄，以车彭彭。思无疆，思马斯臧。”① 是说多么雄健高大的马群啊，自由驰骋在近郊山崖，要问这都是什么马，黄白各色杂沓，青黑如靛似画，驾辕有力腾跃天下，俊美得无以复加！歌不尽意，遂又歌曰：“有駜有駜，駜彼乘駽。夙夜在公，在公载燕。自今以始，岁其有……”② 这是说马匹强劲肥壮，尤其那铁青色的奔马雄赳赳气昂昂，驾驭它的长官日夜公务在身，以公务为乐，有这样的人马，从今而后，岁岁年年富裕安康！

歌声飘过，万山退后，云雾晦暝，轰然雷电，又是一番境界。

造父携杨华乘风驭空而观，但见霞光铺地，翠色生香，天低地阔，大道纵横，四海名驹涌现，匹匹高头大马沐浴着金色朝阳奔向用武之地，风采迥异，让观者大为开眼。有号称穆王八骏的神骥，神采奕奕地从东边奔驰而来，尘雾弥漫处，足不践地，龙腾虎跃一般。哦，此乃马中名流、八骏之“绝地”呀！转眼间又见一群高头大马奋翅腾骧，翩然而奔，霎时风流云散，鸿鹄争喧。啊哈，这原来是行越飞禽的八骏之“翻羽”啊！接踵又是夜行万里的八骏之“奔霄”、逐日而行的八骏之“越影”、秀色夺目的八骏之“逾辉”、一形十影的八骏之“超光”、乘云而奔的八骏之“腾雾”、身展雪翼横空行的八骏之“挟翼”，极尽九天之神奇！

尚在眼花缭乱之中，又有诞自夸父之山、曾谒见西王母的马中五君子从西边啸啸而来，那色华而赤者谓之骅骝，横空开道路，鹰隼出风尘，好不威猛；那碧如美玉者谓之绿耳，何须寻坦途，独向虚空行，一

---

① 程俊英译注：《诗经译注》，上海：上海古籍出版社，1985 年，第 655 页。

② 同上书，第 658 页。

生肝胆；那浅黑者谓之盗骊，服骖千里外，巡城漫不知，好一勇士风范；那气定神闲者乃马中龙凤骐骥，生自绝域，世无匹俦，一派名士风流；那履地如雷者乃纤离，世以服太阿之剑、乘纤离之马为高士做派。如此，此类精灵饮桃林之圣水，食玉甸之落英，通人性，通神性，盖世无双。

说话间，嗒嗒蹄声中又现一群神驹，此乃始皇七捷足，一曰追风，绮阁香销华厩空，忍将行雨换追风，追风乃一流神速之马；二曰白兔，始如处女，后如脱兔，敌不及拒，超一流神速之马；三曰蹑景，蹑景而轻骛，逸奔而超风，蹑光影之快马；四曰追电，蕴蹑云之锐景，戢追电之逸足，敢与闪电同行之快捷；五曰飞翮，蝶飞翮跹玉容改，舞旋飘叶秋扇弃，轻快如蝶燕；六曰铜爵，形若铜爵樽，逐日万里行，快行而稳健；七曰晨凫，飞凫破静谧，亮翅惊晨昏，振翅间已遁形无踪。此乃俊足一族！

紧随其后又有文帝之九逸，曰浮云，曰赤电，曰绝群，曰绝尘，曰逸骠，曰龙子，曰鳞驹，曰紫燕骝，曰绿螭骢；太宗之十骥，曰凝露骢，曰腾霜白，曰皎雪骢，曰悬光骢，曰决波瑜，曰飞霞骠，曰发电赤，曰流金騧，曰翔麟紫，曰奔虹赤；昭陵之六龙，曰青骓，曰什伐赤，曰特勤骠，曰飒露紫，曰拳毛騧，曰白蹄乌；黄门之四骢，曰蒲梢，曰龙文，曰鱼目，曰汗血；血汗又有大宛六骁，曰红玉辇，曰紫玉辇，曰平山犀，曰凌云辇，曰飞香辇，曰百花辇。一队队俊良，汇马中精粹，形神奇绝，或狮口柱立，筋骨劲健，或蹄础如蹬，剽悍骁勇。好一个万马博览的世界呀，直把杨华看得目瞪口呆，出神忘形。

神迷心摇，瞬忽而过，不觉又履新界。

此域绿满田畴，水盈渠堰，丘壑藏珍，山谷掖秀，农舍村庄，一派恬然。幽幽渺渺，乐声飘耳，恍若《倾杯乐》缭绕，谛听之，果然。已而，数十蹀马衣锦绣，络金铎，奋首鼓尾，纵横应节而来，踢踏而舞，入情入境，似举杯而祝，似浅饮而歌，流露不尽的原野风情。观者悠悠然神情骀荡，恍然可见鹭落芳汀、雁横烟渚、暮雨乍歇、小楫夜泊的苇村山驿之光景，如莅久别之境，相悦而留步。一曲乐章毕，又至一百草丰茂甸园，这里麦熟谷秀，荷香莲芳，四野青青一碧，仙风阵阵萦绕。一阵悦耳之声，好似《黄骢叠》，倾耳听来，果不其然。音高亢而振岳，调激昂而惊鸿，其顶天立地之豪气，大有缅怀壮士开天之襟怀。此时一队高九尺、赤色如金的黄骢骠，应声而至，应节而舞，嘶嘶啸啸，如临阵，如凯旋，其情大有大将斩阵之昂扬。这群奇骏，形貌甚为卓异，股有旋毛如日月之状，随时而变，夜明昼光，腾挪间眼花缭乱，情怀激越。

《黄骢叠》三叠之后，又步入田园另一境地，稻粱茅屋，采荼薪樗，家家以牛耕骡牵为务，樵米满屋，四季自足。倏然，华光掠空，山河涅槃，村舍成金屋，耕牛化飞骏，家家遍弃农耕，户户饲马为务，一时间地不出谷，田生马驹，随处可闻遍地马鸣，转身间即遭逢赳赳马群。随着马阵涌现，随处是以制作马镫、马鞍、马刺、马鞭、马勺、马靴、马掌、马辔头为家业的人群，随处是操持马弁、马夫、马倌、马帮、马戏、马术职业的人们，随处是因马而起的马道、马店、马厩等诸种景观。车水马龙，风起云涌，村庄铺金，山地堆银，好一万马辈出的天地！何不驻足于此做个马夫，悠游鞍前马后，也比做个超然物外的仙人好。正动心之间，忽听造父召唤："午时将过，速回世间！"杨华缱绻难舍，恍惚间被推出洞天之外。

经此奇游，杨华念念终日，不敢忘怀。几村夫闻后，相约以观，某晨，俟于崖涘，待神马出，群起而执，不料轰然天崩，滚石如雨，崖摧洞掩，神驹从此杳然。崖壁立现巨形"天马"二字，字体宛然秀雅，映世炫目，展眼十里开外，可望而不可即。自此，天马崖便成为神异之所悬在世人心间，探仙者不时走来，又喟然而去，似武陵人再无法接近桃花源中人一样怅然。

二、抚台的天马情缘

光影倏忽，日月转瞬，转眼到了大明王朝弘治七年（公元 1494 年）四月，陕西布政使沈晖擢升右副都御史抚治郧阳，这是位勤政务本的大员，所到之处即着手抓民生工程。他在郧阳率民开凿的府城十口水井，解决了市民下河取水的问题，官民无不感恩戴德；为襄樊市民往返汉水之便造船架桥，人们交口称颂其仁政。关于他的德政在此不予赘述，只想就他缘系天马逸闻，使隐没于民间的奇谈走进府城文化胜景中，从此郧阳有了自己的神话，解说一段沈抚台大人及其后来者接踵传扬的天马佳话。

相传，一天公务之余，沈大人与同僚乘船游城南，一道雄峻逶迤的巨岭，自江边拔地而起，凌霄汉，插云端，岿然而南，峰陵古木森森，如骏马鬣鬃，让他瞠目呆视，久久出神：此非一匹横空的天骐饮水江岸？看沈大人如痴如醉，柳陂三门村野之民指着这面绝壁给他讲久传于此地民间的故事：远古时候，这道绝壁山内曾有天马出入，一个叫杨华的神人曾随天马进入山中，看尽了其中无穷无尽的天马奇景，每一胜景都似一个谜，杨华也没弄明白谜底是什么。之后也有不少高人想进去看个究竟，但机缘都不巧合。某天，一群天马奔入田野食稻秧，村人追逐，想乘机跟进山中看看，不料，当人们追至崖下时，山岩崩塌，洞口立刻堵塞。崩塌后的山崖如斧劈刀砍一般，绝壁上遂而显现出巨大的两个字“天马”。天马从此再没出现，而崖壁上的两个大字依然清晰可见。

不信，你们攀上山崖去看看。

沈抚台与随从顺着村民所指方向攀缘至半山腰，果然隐约可见几个大字，字迹似与生俱来，乃人力所不能为，唯有天工使然。见此，他大为感慨，回府即写下《游天马岩诗》一首："房星落域化为石，秀峭苍岩千万尺。长风吹散楚天云，突兀嶙峋耸形碧。神骏何年此地游，至今三字石间留。仙骈[①]一去无消息，山下清江空自流。吾闻行地须良马，古来不惜千金价。吁嗟骐骥[②]世不常，愁见驽骀[③]满中野。安得龙驹下紫虚[④]，风雷白昼腾天衢[⑤]。出随大将平狂寇，入为君王驾路车[⑥]。"沈大人极尽赏心之能事，大赞天马落入这府城之南造就的奇幻之景，千万尺的秀丽峭拔山岩，突兀嶙峋耸入云霄的山势，如此天赋之神异，皆为天赐这方河山之洪福。沈大人为抚治下的神秘河山而由衷欣悦，也不禁为天马不再、驽骀满地的现状而惆怅，真诚寄望龙驹良马挟着风雷再度从天而降，有此骏马出来为国平寇，为君王出行奔走，这不是朝廷寄望的洪福吗？这是由神话逸闻而生发的对当下杰出人才的渴望与呼唤，是一代治世能臣心声的真情流露。

沈晖是将天马胜迹载入诗中的第一人，他显然也是将天马传说正式纳入正统文化视野的第一人。

大明嘉靖年间，王以旗升右副都御史抚治郧阳。

王以旗莅郧，正值郧阳盗贼炽盛嚣张之际，百姓困苦，田园荒芜，他果断平息祸乱后，全力赈灾，拨款给灾民添置耕牛和种子，安抚了惶

---

① 仙人所驾之车。
② 千里马。
③ 劣马。
④ 一种玄妙之境。
⑤ 天上的道路。
⑥ 大车。

惶人心。此时朝堂上有人提出要取消郧阳抚治，认为这一并不能给朝廷提供一定财政收入的地方设置，无谓地消耗了朝廷的财力人力。王以旗听说后，甚为诧异，这么重要的地方居然被那些坐在皇宫内不知天旱地涝的昏官们乱加否定，一旦裁撤，后果不堪设想。六十多年前原杰苦心孤诣争取的这个朝廷直接掌控的行政建制，为这方河山带来多大的福祉啊，没有郧阳抚治，能有这九州八府六十五县的太平吗？要保住这个巡抚设置，拼尽全力也要保住。怎样才能让皇帝知道这个设置的重要、不可或缺呢？写奏章阐明利害关切是可以的，但以前原杰的奏章不还在朝堂上吗？再写不还是那些理由，皇帝怎么会耐心再阅？对了，来个最为简明直观的，绘一张四省边境交会图呈上去，让皇帝一观便知这个边境交会处的地势、民情、社会状况的特殊与复杂，非专置抚治难保安定。于是，他动手绘制了一张《楚豫陕川四省交会图》，附上奏疏和交会图后记，一并奏报皇上，极言抚台存续之利与革除之弊。拳拳之心，一下子就打动了皇上，险些取消的郧阳抚台就此保住了。

好了，说了王抚台这么多的政事，该说他与那天马掌故有什么关联了。

他起初并未关注到环郧阳府城还有如许的人文逸事，仅这满城的人流与物流，这东边的日出与西边的日落，这江水拍岸与桅樯相拥，就乃浮生稀见的盛景，不逊于江南任何一个街头。一日，郧阳知府许词（字柳溪）觐见："抚台大人，城南天马崖传奇是为府城一段人文逸事，神人杨华当初探秘天马奇境的谜底迄今尚无人能解，您有无雅兴关注？""天马崖？神人秘境？好啊，您讲讲！"于是，许词顺便把杨华神游的经历故事给讲了一遍，并说这是个胜迹，不可忽视，可否在这个天赋奇异的佳处凿出一段路径，筑起一座观景亭，以增府城景色？王抚台听他这么一说，又细览许知府绘制的天马崖具体景致，很有好感。原来是前任沈晖大人已观览的奇闻啊，沈大人的诗已增了掌故的奇迹之奇，现在再加建设，不是锦上添花吗？

王以旗随许词莅崖端以观，见崩石伏于河港，方圆几十丈大小，形状奇绝，不胜奇之，又仰观崖壁之上“天马”二字仍依稀可见，每字足有五尺之大，文理天成而非人为，十分惊诧。

三、许氏兄弟的胜景再造

许词见王大人兴致极高，促其速办，回府后便立即着人再造其景。

其实，这之前亦有高人发现天马崖传奇景致不错，建议许知府开发，造亭于上，以便游人观览，以彰显胜迹不朽，以留下知府任上的文化功德，他为之所动。其弟许伦奉命使楚，公事之余，听说郧阳有这样一个传奇之处，好奇心使他决定顺便来郧阳看看，兄长见弟弟亲临，十分快慰，亲自带他攀缘天马崖，实地亲见，更感神奇。那天的饯行酒席就摆在崖下，他们以“天马”为题，边饮边赋诗唱和，又增几分奇妙。

得到高人之见，得到王抚台的首肯，得到弟弟的支持，他决定立即行动。沿壁凿蹬，因山开道，临万仞绝崖之巅筑天马亭，于悬崖崩塌处凿天马遁逃之窟二，名之曰“月窟”，绝壁上“天马”二字不损其形，使其皎然可见。未几，亭翼然，路坦然，洞幽然，一个关于天马故事的现实胜境欣欣然呈现，即刻情景化了古之传言。

故事成景，景可凭缅，真矣哉幻矣哉，胜景更胜。此乃天马逸闻之人世接续。

不几月，工程告竣。许伦在荆襄的公务也行将完事。许词觉得这么个传奇工程最好得有个记文，以文字千秋传不世之功才好，否则，千年之后，物换星移，谁还知这一段美丽的过往以及神骏的故事？谁来执笔合适？请王抚台如何？王以旗随而荐道：“何不请许伦大人为之记？你们兄弟伯仲，一个造景传世，一个记景流芳，都是万古的德才，快请令弟吧！”

那就遵王大人之命吧！

许词拟好书信，急速派人送往襄阳，行将登舟回京的许伦看到兄长来信，打开一阅，得知天马崖景区已然建成，求其为记，好不欣喜，兄之谋事之诚之速，难能可贵。如此之快事，安能不切切记之？遂研墨执笔，既而成文。

该记文从天马崖雄峻的景象写起，继而述及许伦写此记之缘起，记述天马岩新增景致，乘兴歌之颂之。

许词收到记文，即刻遴选石材，不日，即成碑刻，立于天马亭中。这正是：“天下好山水，必有楼台收，山水与楼台，又须文字留。”（清代尚镕《忆滕王阁》）郧阳府城与天马胜景共享誉于世，世人为之奔走相告，蜂拥而至，人潮如流。

四、“天马”负载的郧阳前世今生

风光旖旎，天朗景明。

与民同游，王抚台、许知府不胜欣喜，携手比肩而行，乘兴言及民间讲述的神人杨华入天马世界的奇幻话题，不禁坠入一种玄思中，二位郧阳的主人总感此地非寻常山河，似有玄天昭示，溯古论今，究神谕析譬比，不借荒诞而考世道之理。

王以旗拂髯叹曰：“那杨华随天马所见闻，其初见之景象，似征此地远古百国兴起之事，一山一世界，一马一天地，不就征兆郧阳之前世古麇、古庸、百濮……那时情形正是遍地邦国，各造其势，那不就是玉帝特设的一个个跑马场?”

“哦，有理！然而，那杨华又见之四海神骏奔来又有何指?”许知府油然进一步追探。

王以旗拍拍许词肩膀大笑以释：“许兄，这有何不解？你我等朝廷命官自成化以来就一批又一批分别受命来执掌此地河山，迄今六十年有余，这不是神骏来驰又是什么，更何况这九州八府六十五县的纵横疆域不是一个俊采星驰的世界又是什么?”

“嗯！似乃此寓，王大人果然博识。可是，那田舍金屋、耕牛化骏又怎么理解?”许词不禁跟进以求解。

王抚台沉思一番，不得其解：“是哦，这又作何解？也许这是我等身后的天理布局，天机密意已不是你我现今可知的了。逸闻皆预谶，也许这郧阳胜地前景远大，后闻就不是你我所能知的了。天地人事之遇也是要缘的，大约再过五百年，此处可有大观。”

彼此会心一笑，飘然而去！

江汉曾为客，相逢每醉还，浮云一别后，流水千年间。

王以旗、许词、许伦都与时光一同做了过客，但与郧山胜水不朽风景同寿。

转眼又是五百年的光阴，郧阳已历几朝更替，府城沉入江底，府署移址于城南十堰，一座更甚于府城的十堰新城拔地而起，让人更为讶异的是，一座国字号的汽车制造厂——第二汽车制造厂（俗称“二汽”）在城南的山坳沟谷里建起，一时间遍地厂房，到处车间，汽车这种新奇的人类坐骑如神骏天降，满目皆是。

不只是国有厂房，不只是十堰中心区域厂房，它延伸出了十堰，延伸到了毗邻的城镇，山上山下，坡坡湾湾，都成了造车的天下，无人不生活在汽车的环境里，没有哪一件事情不围绕汽车打转，漫天的空气都沉迷在汽车的氛围里，这个新地标完全汽车化了。朋友约我为这个汽车制造厂的两位元勋，也是新中国汽车工业的元勋饶斌、孟少农写个人物小传，我忘情地阅读着他们的传记资料，梳理着他们伟大的一生，深深地被他们卓越的贡献所折服，同时为他们把这样一个享誉国际的企业办出来，造福国家，更造福了民生，致以无限的敬意。我随着他们的汗水和足迹看到了曾经与犁耙为生的十堰突然间因为“二汽”的诞生与崛起，千万年一贯的民生从此开始命运裂变，那些匍匐在土地上的人们，那些村村寨寨靠一担柴一头猪过日子的男男女女，那些盘桓在山路上为一斤盐半斤油发愁的老老少少，重新打开了生活的新局面，挖地的手变成了操纵车床的手，糊着泥巴的腿穿起了工装裤，披着蓑衣戴着雨帽的农人变成了工人，家家户户都成了汽车人，十里八村就有一个乃至几个汽车老板，我由此恍然有悟：这不就是神人杨华在追随天马游历神骏世界看到的第三种景象的寓意注解吗？“田舍金屋、耕牛化骏”，这不就是今天村民生活转变的真实写照吗？田庄都变成了创造金银财富的工厂，农耕被工业化取代，跟随了庄稼人世世代代的耕牛遁身于历史，神骏汽车走来了。原来天意在前世已为这方人这方山水预设好了崭新的今生图景。

天马崖，好一个郧阳的金色童话！

第十八章　文政黼黻，文章大家王世贞的抚郧岁月

从明成化十二年（公元1476年）郧阳抚台设立之日起，到万历二年（公元1574年）郧阳巡抚王世贞赴任，大明王朝航船行进了近一个世纪。这年九月，一纸诏书将太仆寺卿王世贞擢升为都察院右副都御史，出任郧阳巡抚，提督军务，近些年一直盘桓在地方官员位置上的他，政治生命应该算走到了一个高台。前面走马灯一样过去的一个个前任，他们在郧阳抚台任上或稳定时局，或兴利除弊，或拓城筑楼，或建校育人，都留下了难以忘怀的背影和辉煌山河的足迹，作为一代文学大家及政治仕途不错的明代后七子文坛领袖，来此将会在历史上留下怎样的一笔？他当然不会让这方河山失望，不会让时代和流年失望，更不会让他心中的抱负失望。值得回溯的历史性事情有：他的文丛《弇州四部稿》在郧阳期间已编定绝大部分，他为武当这座名山写了前世少有、后世亦少有的诸多诗歌和文章，完成了张居正新政时期的郧阳抚治下的各项改革工作，濡沐了当地风俗民情。

一、故里盘桓

九月秋高，天朗气清。值此硕果飘香之时，近人生之秋、名满天下的王世贞，由从三品而正三品，成为部级高官，该是一种为仕途快意的心情吧！京师的文朋私密、亲友同僚闻风而聚，置贺宴，饮饯行酒。诗友张九一、张佳胤以及“后七子”的其他文章同好，作诗志喜。龙恩圣眷，皇帝特别召见，赐以宫廷美酒佳肴，配备特有车驾马匹随从。扑面的盛意和隆重的氛围让他感慨不已。

然而，此次任用又令他心情复杂，自隆庆朝为父申冤以来，八年间，由浙江右参政、山西按察使、湖广按察使、广西右布政使到太仆寺卿，任职长则一年，短则一月，调来调去，频繁奔波，是重用还是贬谪，是发挥其才，还是外放以钳士子之口？他不知该喜该忧。他与当今总揽朝政的铁腕政治家张居正为同科进士，又有同年之谊，此次的仕进，那年仅十岁的万历皇帝做不了多少决定，显然是张居正特别关照！郧阳抚治下的荆州江陵是张首辅的故乡，对于这位挽大明狂澜于既倒的铁血宰相，王世贞对他十分敬佩，又有着几分敬而远之。大明朝廷重用士子又防范有独立思想不与朝廷配合的士子，此前那与之势同冰火的严嵩、关系甚好的首辅徐阶、关系不好的首辅高拱、现今关系说不上好坏的张居正，他们对待像王世贞这样左右言论的重量级士子的原则应该是一致的，张居正任首辅两年来，王世贞就外迁两次，一次一次远离首都政治中心。才从广西右布政使进京做太仆寺卿，又挂名右副都御史，迁往远僻的郧阳，这难道不是让他闭上议政的嘴巴吗？

唉，不想这些了，愉快赴任吧，毕竟是正三品的一方大员！调整好心境，他欣然写下《领郧阳命出朝口号》一诗，以志此行，“纵然才劣忝军镇，稍喜时清偃兵革”，承平天下，我就勉力而为啦！

此去郧阳千万里，京城故园只可忆。

不必急急赴任，皇帝恩准省亲，他可回故乡太仓看看去。富贵归故乡，衣锦白日行，这是常人心态，王世贞当然无此俗念。升迁对他而言算不得还乡之荣，但借此尚未接任之际回老家走一走是个不错的机会，也许一进郧阳大山就难有闲暇再感受故乡温情了。

一行车马出京城，他们过华北，入齐鲁，涉长江，晓行夜宿，抵达三吴，太仓渐次出现在眼前。哦，故园太仓，你曾为东吴孙权囤积军粮之地，现今已是漕粮北运、远洋贸易的天下第一码头啊！哦，家乡太仓，你这滋育了王氏的鼎盛、大写了东南文化的人文荟萃风水之地啊！虽然王世贞十五年前回故里安葬父亲，四年前又踏上乡土安葬母亲，守孝至一年前方才离开，但故园乡土如父母亲人一般，一日不见即心心念念，而今仕途之暇能专程一走，当然无比心醉！也难怪，正是在这王家祖居了上百年、兴家创业、文脉传承的故园上，王世贞得到一种来自远祖血缘、祖辈家风的优质因子的植入和成功熏陶，一路成长，19 岁即荣登进士榜，胞弟王世懋也在其后进士及第，重现王氏家史上“燕子双双四进士”（其先祖王侨、王倬兄弟，王侨与其子王悌、王憬先后考中进士）的罕见殊荣，地灵而人杰，他怎能不感恩故乡，怀恋故乡！

归去来兮，载欣载奔，乡贤云集，亲人候门。

一步踏进家门，扑面的亲情一扫旅程的疲累和满身的征尘，令人由衷舒心。尽管父母已长眠地下，但这里庞大的田地家产、广阔的王家人脉、热情的远近亲戚和当地文化名流，都让他倍感亲切。亲人们备下了盛大家宴，于弇山园为之洗尘，欢迎他归来。一连三天，从日上三竿到夤夜五更，尽情尽欢，倾心开怀。文徵明、祝枝山、唐伯虎等书画大家的衣钵传承者们闻讯赶来，近距离接触这位从吴中大地走向全国的文坛大佬，推杯换盏，品茗奏琴，切磋书画，吟诵诗文，通宵达旦。室内不足尽兴，他们又相携相拥，徜徉于浩大的弇山园外景。当年因父冤厌倦官场，他曾意欲退隐而筑此园林，特意以《山海经》中奇幻之山“弇州山”名之，而今已是天下名流向往之去处。他们从明贤里到妙赏亭，从梵音阁到玉玲珑亭，从含雪楼、紫阴壁到月波桥、小百衲……漫步纵兴，谈古论今，雅思排闼，豪兴凌云，再驻足蓠薋园，静静沉坐于这个特以屈原《离骚》中恶草命名的亭阁，涤心净神，以昭不与流俗合污之节操。

九月登高处，黄花似锦绣，遍览园囿美景，尽赏吴中名胜，好不快哉！回想起忠臣良将岳飞、于谦的祠堂陵墓以及供有父亲名位的名宦祠，他又与朋友们乘兴走了一趟杭州，祭拜大贤以呈士子忠直之志。归来，他便将多年文稿整理打包、把家藏必用书籍装箱携带，理政不可一日无书，宦程不可误治学著文。准备齐各类用度，他走向王氏家祠，那里供有远自汉魏即显名的王吉、王览、王祥等名播青史的王氏直系血缘先祖，还有元明时期的王梦声、王倬、王侨和先父王忬等一个个如雷贯耳的人物，是他们绵延了一千多年不衰的王姓诗书簪缨之家谱，渊源浩荡，泽被后世。他每遇重要日子均要前来焚香致敬，此次远行，当然更不忽略。

时光轻快，不觉已冬，郧阳离任巡抚孙应鳌已迁大理寺卿，等待交接，致信促其北上；他不得不割舍浓浓亲情乡谊，踏上路途。

二、郧阳赴任

溯长江，上汉江，击水扬舟，缓缓而行，月余抵郧阳之境。江汉广袤平川在后，眼前赫然呈现的是“汉水擘峡来，峯峰蹈空置”的雄浑奇景，河谷如劈，武当凌云，煞是瞠目。至此，逆水行舟已不如乘车起驾，于是，车马登程，向前进发。

大山逶迤，层峦叠嶂，险峻嵯峨，跌宕绵亘。啊呀，这就是郧阳吗？这就是要在此为官、在此生活下来的地方？早在隆庆五年（公元1571年）在京城送同乡人凌云翼出任郧阳巡抚时，他就想当然地揣摩了这里的地理形势，“地分秦楚连中夏，城带郧襄控上游”，那时只是想象地势的险要，没想到眼前具体的情形居然大大超出想象，真不敢设想这浑如掉进天坑的光景以后该是什么样。“胁肩峰岩崿，啮履浪喧豗”，山狭得走路需缩起肩膀，激流随时会吞噬你的鞋子。再望江畔那一溜城池，局促偃蹇，不过斗大，不比京城一角落，亦不比太仓老家一码头。郧阳给他的第一印象是如此险恶不堪，逼仄狭小。诗人浩叹之余，欣然将其感受写进踏入郧阳的第一首诗《郧阳道中》。

“严霜逐飞盖，修路疲征驷”，于寒霜中跋涉，一行人马已是疲惫至极。千辛万苦，终于抵达汉水北岸的郧城，孙应鳌早已携抚台一班官员迎候江边，彼此相见，好生激动。对于孙应鳌，王世贞十分钦敬，他两度抚郧，这已是第二任；此前已官至右佥都御史，是王世贞现有行政职位；正是孙的上奏，郧阳抚台自有抚治九十年来首次拥有军事指挥权；他们又都是嘉靖朝进士，彼此情分分外深。

执手走进抚衙，两人互道敬意与问询，江山万里，宦海苍莽，他们怎么也想不到会在这山高皇帝远的地方相逢又擦肩，一番交接后，你为我接风，我为你送行。诗人送别总少不了诗，即兴之间，王世贞《寄送廷尉孙公渡襄北上，时郧镇自公疏开督府申军令，不佞忝继武云》两首已成。“萧相规成元画一，羊公名在雅无双。”王世贞盛赞孙公创下萧何、羊祜历史名流的不世之功，不胜钦佩。他们彼此酬唱后，便是那码头一留一走、一挥手一回头的背影。

翌日，征尘稍掸，王世贞接受一班臣僚和府县地方官觐见，随后他做的第一件事是拜谒郧阳首任巡抚原杰祠堂，为这位首倡郧阳抚治、立下不朽历史功勋的前任敬上三炷香，表达无比的敬意，以彰自己抚郧之志。要不是原公的保民安邦政治胆略，鼎力发展此地，于成化十二年（公元 1476 年）将其“强进之曰郡，又强以一都御史居之”，建立跨省郧阳特别行政区，设府置台，拓城扩池，安置流民，这四省边陲之地还是流民骚动，百姓不安，生活落后，四野蛮荒。而今，令人头疼的“四塞奥区”一片清静，不安定因素消除了，他这继任者务必将其政德发扬光大。他敬重这样的国之重臣、民之福星。仅仅如此表达敬意，王世贞仍感不足，他回衙又旋即召见当地读书人、官员和民众，座谈原公功德，大家言杰事“津津不啻口出也”，由衷夸赞，称道不已时，他按捺不住一个文人崇功扬德的良知，感慨系之，心潮难平，决定向朝廷上奏请封原杰谥号，以旌政声。这是王世贞为政郧阳的第一个举动，让人一下子看到了他的真心，《督抚郧阳都御史题名后记》《乞恩表扬勋德旧臣以示激劝疏》等文细述了他这番拳拳之意和具体努力。

熟悉一番政务军务后，已是年底，阖家团聚的传统节日，他在这里度过了。臣僚杂役纷纷回家，抚衙清寂，唯影随行。他环视室外，但见梧桐斜倚，竹影当户，远山雪寒，近水冰封，寂则寂矣，不失清美之幽雅。屈指算来，跨过这个年头，他就步入天命之年了。触景动怀，他慨然写下独在异乡度除夕的诗作《乙亥元日独坐试笔，时五十矣》，烙下这一岁月之痕。

新春伊始，作为提督军务的重臣，该检阅一下驻军，这是履行职责的基本需要。走进郧阳卫所，看到士兵整肃的军纪、高昂的士气、威武的神姿、雄健的气度，他甚为惊喜。阅罢回到抚台，他一连写下六首诗给孙应鳌，赞誉他训练了这支富有战斗力的军队：“阅罢不须鞭贯耳，此军原属斗於菟。”虎虎生威，战无不胜，孙抚台你治功无量啊！就这样写诗礼赞还不够，他继而又在《重建提督军务行台记》《督抚郧阳都御史题名后记》两文中大加肯定，以彰其功。

随后，他开始履行巡抚之任的行政职责：清丈土地，考核官员，配合首辅张居正的工作。张首辅为拯救积贫积弱的大明王朝，在全国大举清丈土地打击地主豪强漏税，规范收费，实施一条鞭法；对官员实施严肃的政绩考核，整顿吏制，提高行政执行力。这些中央决策能否在郧阳抚台辖区有效贯彻，考验着他这位一方大员的政治能力。尽管自己志不在此，但既然到任，就要在位谋政，这是起码的政治操守。

一番传令部署后，他走出抚衙，亲自到各府州县走走，实地调研考察。

顺江而东，乘船均州，他听说时任均州知州王言政绩著闻，亲自前去考察。一行水路，他的船和上上下下纷纭繁忙的民运船只相交织，看到如此繁盛的河运商贸，他甚为这民生景象而欣喜，一首《由郧江抵均州即事》便作成了，“下江双橹鸣啾啾，上江橹声亦不柔”，桨声雄浑，船只争先恐后，情景煞是动人。

均州府里，他与王言晤谈，相谈甚欢，二人相偕同登武当，朝觐皇家家庙，这几日他对王知州印象较好，于是决定在全部官员考稽后郑重向吏部举荐王知州。

乘舟襄阳，有奏报襄阳知府万振孙干练能干、民望甚高的公文，有反映该府推官冯某任性妄为、民愤极大的文牍，他决定实地了解一番。

抵襄阳府见万振孙，一番近距离接触，又听取民众谈论，实觉此公不错，如奏如报：人精明务实，不饰虚浮，政务清廉，颇有口碑。推官冯某虽与之同府为官，却不思眼前榜样，做事无德，多积民怨，民众恨不能逐之为快。他实地走访好官歹官，这为他日后评判迁谪属地官员提供了第一手可感的材料。考稽之余，他得闲走了一遭羊祜祠，此时得见，他颇为感慨：“残碑无一字，堕泪有千年。”再游习家池，回溯西晋末年镇守襄阳的将帅山简疏于军务，致使此地失守的往事，不禁从羊祜、山简两古人一功一损，联想到当今襄阳两官员一优一劣的现实，他深感官吏称职与否对一方江山的重要性，遂吟《过羊开府祠》《过习家池亭》两诗以抒襟怀。

由襄阳而过荆南道再经河南汝南道回转，溯汉江至陕南诸县，经白河道中，仰观峡谷高山，水深鱼跃，王世贞不觉诗意大发，脱口而出：

“河流树杪出，山色雨中来。惊鲤超鱼网，归鸿度酒杯。”他一时沉浸于雨中的白河风物而忘返。

正当他孜孜行走在汉江上游各州府时，一场地震把他速速召回，询问震情、安置灾民成为当务之急。好在震灾不重，民众生产生活无碍。王世贞作《地震疏》上书朝廷，一片丹心劝告圣上施仁政：“内而养志，以坤道宁静为教；外而饬备，以阴谋险伏为虞”，“庶几灾患可弭，治化益新”。这里所言“阴谋险伏为虞”，显然会让当朝首辅有所联想。

地震不久，江汉大旱，郧阳、襄阳滴雨不落，田地龟裂，禾苗枯死，人心惶惶。身为这方苍生之首，王世贞为民向天请命，他来到远离抚郧百里外的十堰龙泉寺，“谨具瓣香束帛，敬告于风雨、山川、社稷、城隍之神”，祈求赐降甘霖，普施雨水，解众生困厄。此类古老做法有无作用，他心里无底，但一腔赤诚，苍天可鉴。仪式从早至晚，他口诵亲自起草的《祈雨文》，一连三天，哀求泣血。天可怜见，随而大雨倾盆，大地滋润，他欣慰至极。

迄今，龙泉寺后山依然留有当年他祈雨之胜迹。

三、履职尽责

清丈地亩工作在推进，荆州府江陵县出现群体事件。

一位府学生员许仕彦，声称他家土地被量多了，提出抗议，知县李应辰为此派专人再量，并无出入。那书生便纠集一帮书生和民众冲进县衙，提出蛮横要求，李知县深知此人与张首辅有关系，张扬跋扈，只能好言解释。而越是以礼相待，越助长其气焰，激愤之下，知县提出辞职。王世贞获知，拍案而起，朗朗乾坤，焉容如此歹人？不惩何以伸张正义？立马责令荆州府依法处理，不得姑息。情况很快弄明，闹事者是许仕彦，背后有张居正的内弟王化的支持，许仕彦有恃无恐。了解到这些，王世贞怒不可遏，当即向朝廷上奏，在请求对许仕彦等重加惩治的奏章中特别将王化的名字加了进去。呈罢奏文，愤怒稍解。

江陵事件让王世贞发现江陵知县李应辰处乱不惊，原则性强。为解其围，王世贞征得吏部意见，把他先调到抚台所在的郧县任职，待本次官员全部考核完毕，再奏重用。

各府州官员考稽陆续报来，成堆案卷一一审读，他结合踏访所得，官员称职与否，孰优孰劣，了然于心。均州知州王言、襄阳知府万振孙，考稽如实际所访。另有陕西左布政使刘曰材、河南按察使郑云蓥、湖广按察使胡邦奇、河南汝南道右参政李廷龙、湖广下荆南道右参议李日强、郧阳府同知韩孜、荆州府知府林绍、荆州府清军同知秦宠及抚夷同知蔡璧、汉中府知府项思教、汉中府金州知州曹景旸、南阳符知府霍维荩、南阳府同知万通、南阳县知县程逊、夷陵州知州袁昌祚、石首县知县张一鲲、唐县知县刘懋中、房县知县朱衣等四十余位属官，他们的政绩得到肯定，王世贞向吏部提出明确且恳切的擢用意见。他还另对属地内闲置在家的朝廷命官作了安排，他向朝廷请求重新起用这些人，诸如在荆州石首县老家侍母的原刑部尚书王之诰、在老家河南内乡县养病的原贵州提学副使李蓘、遭贬在家的原郧阳府同知江万仞等。王世贞对政绩显著的官员，敬之爱之，关心远甚于己。

一批劣迹、不称职的官员被申斥，襄阳府推官冯某以及洛南县知县陈可则、商南县知县刑某、宁羌州知州李某、褒成县知县陈某、南郑县知县周某、谷城县知县王执中、邓州知州张某、西乡县知县刘某、荆州府同知蔡某、监利县知县毛某、兴山县知县郑某、竹山县知县王某等三十余位，都由王世贞亲书奏章，细述劣迹或问题，或提请降职，或致仕，或依法惩处，措辞严明，没有丝毫含糊。

辖区军务问题也引起了他的特别关注，首先是军屯，有些军垦并未为军队所有，而被一些卫所头目暗中侵吞，以兵养兵的军屯措施没能很好地服务于驻军建设；其次，各州府存在强征兵员充军边防现象，致使不少贫苦人家家破人亡；再次是地方军务与政务纠葛不清，导致许多具体事务出现矛盾；最后是军事官员承袭存在问题、荆州江防兵力不足等。对此种种，他写出《议处清军事宜以实营伍以苏民困疏》《议处本镇军饷以资边用改添实力以固地方疏》《申明地方职守事宜疏》等，提出可行措施，请奏落实。王世贞肩负一方督军使命，可谓尽职尽智，苦心竭力。因而清人陈梦雷为其作传时特别称道他在郧阳这段督军政绩："数条奏屯田、戍守、兵食事宜，咸切大计。"

这种无上的使命感难能可贵！

四、文以致用

政务烦冗累身，王世贞亦不废文朋交流、迎送应酬，不时承诺各方文债。如此乐于为人，是出于文人的情结，也是因那以文立世的精神价值观。做官著文，他不为招摇于世，只为骨子里那敏于感事动怀的天性本色。

在郧阳不长的日子里，他似乎没慢待过任何一方人缘和世事机缘，有信必复，有人求诗必作，有朋友酬唱必和，即使让他写墓碑诔文、题款序跋，他也不驳人家面子。诗友欧大任远在岭南寄信问候，一年后才收到信函，他对此异常感动，作诗回敬；同为"后七子"的文章密友徐中行自遥远闽赣派人来探望，他迅即致诗，并赠其刚刚增补完善的八卷本文艺批评著作《艺苑卮言》，此部代表他也代表明代文艺批评高水准的权威论著，集十数年心血，论作家300余人，评各类作品500余篇，风格论述多达270多条，堪比刘勰的《文心雕龙》，可谓文坛重要文献。他特地寄给徐中行，足见他对彼此情缘的珍重。房县知县朱衣排解了水利纠纷，请王世贞为一条渠堰的管理写个碑文，他也慨然着笔，《房县溦澥堰斗门碑》是他留给这里的永久的文化财富；原左都御史潘恩八十大寿，王世贞特意送序祝颂；同朝为官的王道行，他为其父六十寿致序文，其父日后去世又为之撰墓志铭，还为其母七十寿赠序。做到这样，可见他的为人。也许有些文人不屑于作应用文，恐此类小技糟蹋了文墨和身价，耽误了大著，王世贞却不端此架子。相反，只要有文字需求，他就即刻动笔，数百万字的《弇州四部稿》相当一部分内容为信札公牍、铭诔表策。在经国治世大制作的繁重劳心中，他乐此小文而不疲，足见他葆有一颗善良的平常心，他愿意以自己的文名助人一把。显然，他笔下生花，小文体便成大文章，看那篇一百多字的推举郧阳府同知江万仞的《荐举迁谪官员疏》，精粹可读，典范有味，江万仞区区一小地方官因他一文而青史留名。以文助人，以名助人，他把大师的大德彰显到世人最需要的时刻。由此，后人读他的应用文也便深怀一种敬意。正如近代人林传甲所说，王世贞毫无疑问是古今创作应用文第一人，人们要写好应用文不用求师，就把那四部稿任取一篇结合需要，添减一下，不仅即刻成就，而且绚烂夺目。

万历三年（公元1575年），张首辅母亲七十大寿，因是古稀之喜，首辅亲自致信，邀其作篇寿文。堂堂一品大员、当朝宰相相求，这焉有不写之理？更何况此前处理江陵事件涉及他内弟、上《地震疏》无意触及他隐衷，这些张首辅似乎都未计较，君子雅量，现有这个融洽感情的机会，何不欣然接受？于是，他快意落笔，宏博立意，称张母懿德，赞育子有方，颂首辅治功，扬家风天下，一篇文辞经典、铿锵悦耳的《诰封少师太虚公元配一品张太夫人七十序》的美文写成，即刻差马送达江陵。寿宴上张家亲人诵读完全文，在场无不讶异惊呼："大手笔！天下大手笔!"此文传至张居正，这位高才显贵也叫好不已，称其"意义渊奥，寄托宏远，直逼古匠"，决定"即以勒植祠中，永为家宝"。

应酬了来来往往，现在最要表达的一份敬意是给出生在这郧阳并以身殉职的忠廉之臣温如玉。天意使然，让王世贞来温如玉的故乡做官，他安能不为温家做点什么？

五、品德相惜

温如玉在他二次乡试落寞那年，被正在湖北做官的王忬发现，王忬把他从备选的九十余人中选出举荐，温如玉最终得以走上仕途。此后，他任职陕西、江苏、山东、湖北等地，从管理盐政到主抓一方军务，后官至四品。由此，他做了王忬门生，王家逆运仍不改其恭敬态度。温如玉幸遇王忬时，恩师是名满天下的大明重臣，王忬曾以文职代武事，在蒙古铁骑进犯的通州保卫战中战功卓著，举朝仰视，又在平定倭寇的海防中立下功勋，亲手栽培了杰出军事将领戚继光、俞大猷等，声名如日中天。最为显赫之时，他这位学生不攀附，当恩师命运逆转，他则孝子一般走近，比谁都孝诚。那时，王忬因儿子王世贞不屑于与权臣严嵩父子交好得罪了炙手可热的严大丞相，由子及父，权臣迁怒于王忬，便借滦河失守之事，置王忬于死地。遭此劫难，众门生纷纷"削门下籍"以避，人人唯恐避之不及，从此，王家门庭冷落。这时，温如玉旗帜鲜明地打着王忬学生的旗号来了，"走使二百里"筹集钱款，扶恩师灵柩于故土归葬，竭诚奉心，这让世态炎凉中的王家人备受感动，刻骨铭心。

清同治《郧县志·人物卷》介绍："温如玉，字孟醇，号少谷，嘉靖进士，事亲以孝闻，除行人[①]，拜御史，巡鹾[②]浙江，按苏松、陕西，绰露丰棱[③]，著有《延绥善后图》《苏松赋役法》，擢山东副使卒。"温如玉四十一岁累死在任上，英年早逝。他病中不让官员探视，不许告知家人，病三月逝去，亲人尚不知晓，他为官杜绝浮财，清贫无以归故里安葬。如此品节，王世贞哪能不亲自为温如玉身后好好做点事？

呜呼，伤哉！逝五年，未归葬。王世贞悲叹不已。他履郧不久即施以援手，与温氏儿子温应龙在郧城龙庙山买得墓地，将久厝于外的灵柩迁回。接着，一代文坛圣手拿出他最为拿手的实力——文才，为之撰写祭文。哀之恸之，以文当哭，《祭温宪副文》由泪水串成；止笔祭文似不止哀，遂以凝重之笔再作《中顺大夫山东按察司副使少谷温公墓志铭》，细述温如玉的一生。至此，一个血性悲情汉子由文中岿然而出。由文而铭，由诵而颂，可以千古不朽了，此时，他心中那份沉重才有所缓释。做好这些，王世贞又特别关照扶植温如玉三子三女及遗孀，使之阖家无后顾之忧，王世贞方了心愿，心头为之一宽。

① 负责传旨、册封之事的官员。
② 盐的别名，读 cuó。
③ 风姿绰约，仪态威严。

第十九章　郧阳经历，增添《金瓶梅》作者“王世贞说”猜想

高人亦有好友，繁忙的时光里总会被四方胜友频繁造访。

刘禹锡说山水无所谓高深，全在那仙那龙。郧阳僻壤古来谁看在眼里，而王世贞来了，这里就魅力无穷了。友人不管王世贞所在的郧阳是山是谷，是偏是远，都兴致勃勃要来看望，千里万里，跋山涉水也在所不惜，在他们心中，王世贞在哪儿，哪儿即风景。

一、诗友探望

诗友张九一与其弟张九二，是一对诗文发烧友，王世贞一到郧阳就张罗着要来，说是朝武当，拜皇家庙，其实还不是想在这抚台的一方天地里自由自在作诗作文。三月初即致信要来，说定了日子，王世贞那天特意备上酒，端上酒杯冒雨到码头迎候。等啊候啊，湿透了衣衫，等黑了天，也不见踪影，人从暮雨隔，杯入暮云停，人家爽约了，苦了他恋人一般的痴情恭候。三月底，他们终于来了，王世贞好不高兴。不忙说话，不忙吃茶，先以诗相晤，各吟诗抒怀作见面礼。一时主客兴致高升，达至癫狂。“人间对有狂名在，不信相逢老不狂。”都是年在半百之人了，那份文人的率性真情仍是青少年般狂放。乐呀，嬉呀，狂呀，癫呀，大员的身份都忘了。“铃阁初开兴不孤，醉来时复对乌乌。”毕竟是履郧“铃阁初开”之际来访的朋友，开怀大醉，尽情尽兴，哪还顾什么。酒醒之后，王世贞以东道主身份，为朋友带路，登城楼，俯仰满城

春光，荡扁舟，饱览一江明媚。“山低送绿看时失，叶密欺红数欲无。”风华迷离，喜趣盈胸。一番山城观览后，又陪游武当，骋目八百里雄峰奇景。“千盘转尽见三门，七十二峰朝至尊。”“欲指群方无可问，青山处处白云屯。”“千嶂雾深银作海，九霄云净玉为关。”绝美大美，天下无比！诗在这里派上最佳用场，诗人在这里找到了最契合的心灵呼应，他们一行简直醉倒太和山之中了。

尽欢而归，张氏兄弟依依惜别，王世贞特意划船送他们一程，并作《移舟饯助甫分韵得牛字》相赠。兄弟此行后念念不忘，心一下子留在郧阳了，不时念叨何时再走郧阳一遭。这年冬，经王世贞提议整修并更名为“春雪楼”的郧城北门楼，景象一新，在薄雪轻寒中登临，大有“窗含西岭千秋雪，门泊东吴万里船”的视觉享受，如此好景何不再邀文友共赏？那张氏兄弟也在找机会再来，心与心碰到一起了。于是，一声召唤，兄弟二人不惧山路遥遥，冲着郧阳一楼之景，再次赶来。“忽结楼台银海上，尽收天地玉壶中，从他柳絮能千点，笑杀梅花仅几丛。”好景致！好去处！这一楼风光足以销蚀无尽寂寞。把酒临斗城，对饮酌群峰，诗友们徜徉楼台，豪兴凌云，佳句联翩，春雪楼沉醉了诗人们骀荡激越的心！

不久，张九一任职大西北河西走廊，原本可以北走直达，他却绕道郧阳，再来与王世贞聊聊再西去。王世贞任职郧阳的一年多里，这位诗友先后三次前来做客，可谓情牵意挂，一日不见如隔三秋了。其弟更是致信要求拜师。这些不仅没让王世贞生厌，反倒是更添好感。

二、郧阳俗语

专程来郧阳看望他的还有王世懋。

万历三年（公元1575年），王世贞任职郧阳的第二年五月，郧襄地震不久，也许是担心兄长的安危，也许是兄弟远隔的牵念，也许是又有了妙思高论需要倾吐，王世懋不辞千山万水，从任职的江西跑来见他，王世贞很高兴。小自己十岁的胞弟，不仅有着和自己相当的名声，还是同自己患难同心、携手并肩的莫逆之交。

说他们患难同心还需从其父罹难说起。

父亲王忬于嘉靖三十八年（公元1559年），遭严嵩构陷罹难，那年，王世贞的弟弟中进士后刚刚授官，兄弟俩获知消息，立马一同请辞，穿上囚服，一同火速来到严嵩门前，匍匐在地，哀求放过父亲。遇上相府要人出来，他们便上前拦车，好话说尽。严嵩假意答应，随后仍是任皇帝将其父处死。兄弟二人受尽屈辱，最终落个收尸于校场的结局，二人相拥痛哭，千里扶灵回故里。此后，他们申冤不止，直至隆庆元年（公元1567年），王忬才得以昭雪。他们兄弟彼此相励相濡，手足相依，守孝尽忠，走过家庭苦难的暗夜寒冬。

兄弟二人在重新迎来各自的仕途和人生坦途后，今天得以在这抚台治下的郧阳一聚，该有多少说不完的话、交不尽的心啊！

兄弟说得最多的自然是家事，是父亲的屈死，虽然已经昭雪，虽然迫害父亲的恶人严嵩父子早已被朝廷惩处，但那口恶气并未从心头除去，那是他们心中永远平复不了的痛。

世人传说他们兄弟写《金瓶梅》，将毒药浸润于纸中奉给严世蕃，严世蕃舔着书页读完《金瓶梅》而亡命，皇帝宠爱的严家的聪明儿子逝世后，严嵩也因此失势，政治生涯和物质生命随而走到终点。其实，这都是世人因同情王氏兄弟名盖天下却无以报杀父之仇而编造的传奇。当时的王氏兄弟都在严氏父子的严密监视之中，哪有一丝机会接近朝廷中这一手遮天的红人。况且，此时他们的心情很是落寞，且都已辞官回到了太仓老家，他们对朝廷极度失望，对前程更是怅惘，也绝无情绪来构思这样一个具有闲情逸致的故事。他们是文人，是弱势者，不比武松那等快意恩仇的人，这是文人的悲哀，亦是文人的无奈。

王世贞与弟抵足而卧，彻夜长谈。

翌日，兄弟携手从府城北门走到南门，从大东门走到西河码头，王世贞说：“敬美（弟弟王世懋的字），你看这个城多像《忠义水浒传》里武大郎卖炊饼的阳谷县，尤其那条西关街很像阳谷县的紫石街。其实这个郧县面河依山，一江清流碧如玉，这就是古人称谓的沧浪水，所以这个县要是被写进某个故事里，倒是把它称作‘清河县’更合适，这里有四级衙门存在，守备、指挥、都监、提刑等大小官员在这里驻扎，各类显要也息影于此，水运发达，南北东西四方交汇，商业兴旺，店铺林立，街市阜盛，有巨贾豪商，有贩夫走卒，四海人众，熙来攘往，妓女、伶优、戏子、吹拉弹唱之徒，朝朝暮暮，招摇过市，天下商人、帮闲掮客、地痞无赖举目皆是，这个地方有故事，了不得，敬美，你在心里把这个地方记住。”

王世懋经兄长这么一说，恍然坠入了话本故事里的情境。

“敬美，兄长再陪你去看一个有些口才和身世的女子，她住在西大街的柴家巷口，是庆阳药铺的富商董舫循的第四房妻子，董家生意做得很大，这里是深山峡谷，神农尝百草之地，草药上乘精良，货物丰沛不匮，天南海北的大药材客户都在他这里取货。他这个第四房夫人叫银巧儿，奉迎机巧，听了她说话，你就知道这一带人嘴上功夫好生了得。”说着聊着，他们已来到了董员外（这里的人们都习惯称董氏员外，以示奉承）门前，一对伶俐的丫鬟迎上前，见是巡抚大人驾到，连忙进内室禀报，不一会儿董老板作揖打躬地出来，把二位大人殷勤请到正堂上。一杯新茶奉上，随而一个袅袅婷婷的女人便走来了：“吆喂，我这小疙蚤儿好大脸皮，又得见御史大人，我这是山沟里木排遇上汉江河里水——走大运了，做梦遇上梁山伯——心里可要可劲地乐了，一担棉花换了八丈红绫子——发大财了，秦国的大军下了江陵——乾坤换新了，六月的莲花八月的子——想（香）到心（新莲子）了，出门就捡钱——高照吉星了，瞌睡来了遇枕头——不做梦也不得醒了，这才是因风吹火——用力不多，见到御史大人有福了。”“行了行了，你这没上笼头的嘴，看把你能的，一见到王大人话都没个边儿了，这是当今天下文曲星，你不当心丢丑见笑吗？”董员外不知王世贞兄弟是专门来听村俗俚语的，担心女人言多必失，遂加以阻拦。女人正说在兴头上，见员外拦阻更来劲了：“就不兴老娘们说话？老娘们就天生的头发长见识短？你知道盐从哪儿咸，糖从哪儿甜？寸从哪儿长，尺从哪儿短？娘们也曾过桥，过的桥不比你们走的路少，娘们也曾翻山，翻的山多过你们走的川……”王氏兄弟早已忘却了他们朝廷命官的身份，沉浸在这野性的语言情境里，作为文人，他们太喜欢这样的带有生活气息的语言了，在正规的庙堂文章里太难见到这样有地方风味的话，不知不觉已默默地记在了心里。

董员外让其他几位夫人和子女一一见过御史大人兄弟，这些家人腼腆，不多言语，只是低头微笑，打个恭即走过。主人盛情留客，总奈公务不容在外滞留，他们拱手与员外一家人道别。

回到抚台署衙，王世贞将平时记下的当地俗语让弟弟一观，王世懋略略浏览，大为赞赏，感到这些在学问上似乎派不上什么大用场的语言素材，也未必不是财富。

这些俗言俗语太有魅力了，王世懋感到兄长文心深阔，将来某一日致仕，会有更好的风景等着他。

依照远客来郧必登武当作为接待最高待遇的惯例，弟弟虽不是外人，来了也必须陪游武当一趟，毕竟这是皇家道场。高士走名山，传世有鸿篇，让名山增名，才是游览的根本出发点。双璧乍联堪代月，九阍初近莫谈天。兄弟相聚，恰似明月之圆，又圆在名山风物里，哪能辜负了此刻？如此，他们把一路的风光欣赏变成了与风景谈诗论道的对话，从山底到金顶，步步崎岖兴不休，直到九连蹬，要攀九阍天庭一般的武当极顶了，才不得已中止谈兴。

相聚时短，转眼又别离，“但愿人长久，千里共婵娟”，苏氏兄弟当年境遇里的嘱托成了他们此刻的心声和慰藉。王世懋回去不久，念及十一月五日就是哥哥五十寿辰，遂特意购得古方壶和《洪涯图》寄来，以致祝福。王世贞当然深悟贤弟之心，方壶暗指男子生辰“悬弧之旦”，《洪涯图》寄托长寿美意，古代有位洪涯仙人寿长三千，两件寿礼合起来，就是祝兄长生日快乐、福寿安康。地远青山无捷径，天寒白雪有连枝。同胞情深，万山通心，面对如此祝颂，王世贞哪能不感动？霎时诗蹿笔端，一连数首宣泄其心情，愿远隔时空的彼此因这发自肺腑的弦音共鸣。至此，远山郧阳有幸留下王氏兄弟两度相聚于此的足迹。

三、寄情风物

世道人心文章根本，风光秀景诗家情人，王世贞为政郧阳的贫乏岁月里，那颗敏于感物的心何曾消停？

首先是对武当景致的顶礼膜拜，短暂的郧阳时光里，王世贞先后四次登上武当山，将武当的风光人文融入了骨子里，他写诗文达百余篇，《由云峰取道锦涧历险至绝顶》《由太和登绝顶二首》《由武当之紫霄，历青羊桥，憩五龙，出仁威观有述》《武当道上所见戏成短歌》《武当歌》《太和即事四首》《遇雨投紫霄宫宿》等，写景写物，写人写事，不放过所见所感之一切，近百处景点，逐一赋诗，几乎写遍了武当有名以及有书记载的自然景致和人文风光，乃至传说中的景点，他还亲自走访两位道人致诗礼敬。这些诗文以绝句为多，也有长达28句的长诗。诗不尽意，又著文，如《玄岳太和山赋》《自均州繇玉虚宿紫霄宫记》《繇紫霄登太和绝顶记》《自太和下宿南岩记》《自南岩历五龙出玉虚记》等篇，将武当山写到如此细致，古今也许就王世贞一家了。

古人十分注重将当地景物加以整合，使之凝聚文气而成体系。环郧阳府周遭各县，集多年文人情趣之注入，许多景物已渐趋定型化，如郧县八景有“笔山排闼”“汉水朝宗”“茅窝社鼓”“兴福晨钟”“妆台晓月”“吴柳春风”“履坛仙迹”“相国固封”，郧西八景有“南平佳地”“古堰清流”“转精奇石”“张相灵池”“天河雪浪”“火池霞峰”“马鞍叠翠”“鸡岭排青”，竹溪十景有“山横诰轴”“峰列画屏”“原都庙祀”“丰登寺钟”“坪店驻骢”“仙洞招隐”“五星叠翠”“九里飞云”“草坪牧笛”“云崖仙题”，它们已被前人诗意地描述定型，王世贞对其颇感兴趣，又适当再加润色，得以流传。其中的“相国固封”“张相灵池”景点早已不复存在，而在这种记载流传中，我们今天才知道北宋的宰相张士逊曾在郧阳做过官，并归葬于此；其中的“转精奇石”“天河雪浪”的诗作也让郧西七夕文化探源者从中找到了依据。

寄情人文山水之余，王世贞也不时体悟这狭山孤城清寂的常人日子，为这小城蜗居，他曾无数次慨叹，甚至幽怨道：“一城如斗大，人笑夜郎王”“一城如斗大，三户似星稀”“主人自逐襄阳儿，一城斗大不纳节”“晚得一城斗大，云胡不游汉堤”……堂堂朝廷命官、文坛巨子居然身居区区山城，又加上“地尽岷峨唯鸟道，江分蜀汉少鱼书”，山高路窄，连信都不便传递。汉江易旱而酷热，苦不可耐，“炎凉世态日千变，焰灭欲火时成魔”，对这无法抗拒的天他几欲诅咒。政坛失意使他心情常常低迷，“一枕腾腾梦帝乡，醒来依旧在郧阳”，“浊酒杯谁共，残灯影自亲”，“坐见斜阳影，离离西过楹，问愁无可答，底是少心情”……为排遣这些心绪，他也有意寻找各种雅趣以自陶，纾解困惑的心境。“晨兴两坂脱粟，逼暮三杯浊醪”，草民一般生活也可以习惯。“手携南华一卷，不妨坐待黄昏”，时光也可以打发了。时令变换也让他感到了美好而不是伤感抑郁。尤其是汉江优美的原生态景象，给他留下了壮美的印象：“叠翠争排千雉入，空青忽破片凫来。”

又是一个金色秋月，蕲州东壁堂李时珍到武当山、神农架采集药物标本，顺道寻访到抚台衙门，拜访王世贞。一个是口碑如山的天下名医，一个是名满天下的朝廷命官，当年在京城，一个出入于太医院，一个当值于大理寺，虽不曾有杯茶之谊，但也在各自心里留下了日后相顾的交往期待。二十多年过去，山不转水转，水不转人转，不承想一代文章大家、一方大员王世贞居然来到李时珍家乡附近的郧阳做官，这不是天赐机缘让二人再相逢？李时珍渐已完稿的《本草纲目》想拜托王世贞赐个序，现在请托，恰逢其时。王世贞对李时珍的到来非常欢欣，古来医文同源一家，医家亦是文章家，更何况大医呢？他们谈医论道，甚是默契。李时珍对王世贞说，郧阳这地方是上天的府库，原生的草药聚天地之灵气，汇日月之精华，都是仙草的造化，有一种叫“鬼督邮”的灵药，它的藤蔓在你看到它的一瞬间就立刻逃遁无踪，要想采到它的块茎，你需蹲守那里，紧盯那一片山地，眼睛一眨也不眨，在那藤蔓出土像草蛇刚吐出红信子的一刹那，就用一根红布条立马在那个地方做个记号，它就再也难逃了，待半年后秋叶飘落之际去挖，准能挖到一蔸很肥硕的块茎，当地人叫它天麻，是除风的良药；这里可以采到五百年以上的何首乌，比人参更有滋补效用；这里的蝎子要比其他地方的多两个爪子，毒性特强；这里的知了要比一般知了在地下多潜伏两年，大多为六年，蝉蜕药性要好于其他；这里人信巫，许多流行的方子没有什么医学道理，却能解决问题。李时珍把随身带的药物样本摊了一屋，越说兴致越高，最后他回到拜访的目的上："修订的《本草纲目》即将完稿，只是没本钱刊印，承望王大人给赐个序，得到您的品题，方可付梓，否则，这部造福众生的心血之作就只能束之高阁、无人问津了。"王世贞很兴奋地承诺了，他知道这部书的非凡价值，非个别医家个人经验而已，虽然没有观览全书，听李时珍一番讲述，他相信这一定是一部划时代医著，是万世利民之作，故作序定当不辞。

四、文政同收

万历四年（公元1576年），郧城又一个春节元日，王世贞的夫人孩子前来相陪，体会郧阳风情。没想到这里的新年简直太苦涩，王世贞在《丙子元日试笔》一诗中写道："辛盘妇怯他乡味，柏酒儿惊最后杯。"老婆孩子吃不了这山野菜，也饮不下这地方酒，这个年过得很不是滋味。紧接着的元宵节也过得清寂，没有京城、太仓那种热闹，唯一的节日氛围是儿童剪纸作元宵，几盏荧荧破寂寥，何等难堪的节日场景，什么抚台治下，偏僻山野不及一乡一里。

这是王世贞在郧阳过的第二个年节。

为政一方，为之着想。王世贞以文化人的眼光审视郧阳的文化教育，他深感这里的闭塞落后误了一代代人。郧阳人缺乏良好的教育资源和文化环境，王世贞曾因所带的书籍字迹不清，走了许多读书人家都没有找到，所问之人连听都没听过这类书，足见文化之匮乏。府学生员只读基本的经学，见识少，所能见到的书少。唐濮王李泰在郧建有密阁藏书，李泰主编的《括地志》等书就藏于此，可惜李泰逝后，藏书阁成寺院，存书散佚。没有丰富的书籍资料可资阅读，没有很好的教辅读物以正确指导科考，如何出人才？怪不得整个抚治下的湖广每届乡试殿试，中榜者不及其家乡苏州一半。因此，他想要为郧阳教育做点事，第一件事是丰富其读物，开拓学子们读书的视野，以长其视听见识。此时，恰逢一位公差携带着征收的犯人赎罪钱路过此地，他立刻想到：何不做做工作，从中截留部分用来为郧阳学子买书？拿到钱后，他就派人到北京、南京、苏州等地购书。不久即购回《十三经》《二十一史》《七略》等古代经典文献以及相关工具书三千余册，并辟一名曰“清美堂”的书楼陈列，诸生皆可借阅。接着就是进行教科书建设，他亲自为生员们主持编选一部四书精选读本，以便他们在学习时迅速抓住主要旨意，作议论、奏章、策论等标准答卷时得其要领。现在各府学诸生所用教科书是原本四书五经，学习时只能泛泛而读，耽误时间又不得要旨。科考非漫无边际，五经只任取一经必考，其他内容有所侧重，根据他自己的经验和科举成功的其他地方的做法，很需要编选精要简本作为辅助教材，提升读经治文水平。大师亲自主持，很快编选成功，《文论》一部，《表策选》一部，《四书文选》一部，并分发各州府。为记录两大教育建设工程，特撰《郧阳藏书记》《四书文选序》详述其筹划运作之过程。

一路文章，一世作品，不整理就要风吹雨打去，被岁月抛无影。王世贞深知其理，于是从故乡出发时就考虑收集整理过去的文稿了，在郧阳一落脚，即抽空把老家带来的书稿进行整理统筹，总成编纂。174 卷 100 余万言的《弇州四部稿》的著作总集，卷帙浩繁，至离开郧阳时基本就绪，于万历五年（公元 1577 年）即从郧阳走后的第二年编定刊行。尽管寂寂公署似深山道院，无人文气息，无治学条件，但凭着巨匠定力，于少许的闲空里日复一日推进，居然大成其功。在那么短的时间里，一笔一墨独自完成这大工程，效率之高，让今人咂舌。履行公务、往来应酬需要耽误时日，无时不在的文债，随时需要动笔的各类诗文，这该需要多少精力？仅一年多时间里他累计写下的诗就多达200多首、文章58篇。不知他何以分身有术，让时间的每一缝隙都充满文思才情，成倍于时日的累累成就，足以淹没这屈指可数的瞬暂流光。

巨匠，真乃巨匠！

万历四年（公元1576年）六月，京都一纸诏书送达，擢王世贞为南京大理寺卿，职位又升一级。南京虽为陪都，一切职位基本有名无实，但毕竟那职衔很不错，管它实不实的；况且离故乡近了，生活环境好了，文友交流也方便了，一切都太好了。喜讯大大出乎意料，梦都不曾梦过。诏书送来时，王世贞还在抚衙前摇扇纳凉，听到传旨，顿时燥热全无，似有清风拂面，快慰无比。“未论朱芾堪赊酒，依旧青山好著书。”一首《初得南廷尉报偶成》大有当年杜甫“白日放歌须纵酒，青春作伴好还乡”的由衷激动。

这是一代文学大师站在郧阳土地上抒发的最后一次情怀。

至此，一代名流督抚郧阳之任结束，时长仅一年九个月。

匆匆，匆匆！匆匆脚步留给了郧阳很多，很多。

五、给《金瓶梅》作者“王世贞说”再添猜想

王世贞辞别郧阳，一路兴致勃勃，可一到南京便立马感到气氛不对。果然，弹劾接踵而至，指其“荐举涉滥”（说他在郧阳巡抚任上举荐任用人才过多）而夺俸。又一月再被弹劾，被迫回籍听用，相当于现

今的开除公职。王世贞在郧阳无私举荐四十余位官员，曾经的政绩，如今转身就被指责为罪过。他辩解请罪也无用。自己到底做错了什么？他百思不得其解。显然，此前秉公处理张首辅小舅子的行为带来了今天的政治打压，明白这些后，他心情便也平静许多。

万历六年（公元 1578 年），诏令王世贞赴任应天府尹，他知道这不会是真心重用，请求致仕却不允，他只好硬着头皮赴任。果然，尚在他赴任途中，南京兵科给事中王良心和福建道御史王许之对他的弹劾已在朝廷生效，他又被朝廷下令回籍听用。

王世贞在心灰意冷中开始寻仙求道，这也许是个寻求精神寄托的方式，也许是个障眼法，借此实现一个久违的心愿——借修道掩饰，神不知鬼不觉地写部话本式的普世读物，从世俗的角度入手书写现实的那些邪恶与罪孽，将积淀心底的悲愤和诗文难以表达的鞭挞，借助一个宏大的故事架构来实现。诸多王世贞研究专家和《金瓶梅》研究专家认为王世贞可能在这个心境灰暗、情绪愤然的闲居时期写了《金瓶梅》。自万历四年（公元 1576 年）被弹劾回籍，到万历十六年（公元 1588 年）再度出任南京兵部右侍郎，期间王世贞离开政坛十二年，他有足够的时间写出这部书。《金瓶梅》研究专家朱星先生就持这种观点。

这里笔者无意探讨《金瓶梅》作者是不是王世贞、王世贞把郧阳事写进了《金瓶梅》这些话题，只想把《金瓶梅》中一些具有郧阳元素的现象挑出来说说，也许这些现象与《金瓶梅》、王世贞有些关联，呈现给学界，或许对“金学”研究有些启示，对郧阳文化研究有所裨益。学者们大多认为《金瓶梅》成书于万历元年至万历三十年（公元 1573—1602 年），作者是嘉靖年间大名士，此间王世贞正好来郧阳生活了两年，他是公认的“嘉靖年间大名士”，这期间来郧阳做巡抚的京官很多，但称得上嘉靖年间大名士又兼具文学大手笔才情的非王世贞莫属。难道是王世贞把郧阳地域文化元素不经意地写进了《金瓶梅》？倘若如此，这就给《金瓶梅》作者“王世贞说”又增添了一些猜想。

这里不妨举几个《金瓶梅词话》中的例子。

其一，郧阳民俗。

例一，第四十回“抱孩童瓶儿希宠，妆丫鬟金莲市爱”在写到西门庆大房吴月娘与王姑子聊天时，聊到了一个为吴月娘求子的土方：“用着头生孩子的衣胞。拿酒洗了，烧成灰儿，拣着符药，拣壬子日，人不知鬼不觉，空心用黄酒吃了。算定日子儿不错，至一个月就坐胎气，好不准！”① 这方子不是我们郧阳民间过去常采取的求子的法子吗？难生育或希望生子的人家常常请那些亦巫亦医的人来调制，据说有些灵效。王世贞任郧阳巡抚时，经常深入民间，这民俗很能引起他的注意，倘若《金瓶梅》是他所作，他会不会顺势将这个民间土方写进小说？当然，这只是一种猜想，不属于学术范畴。

例二，第五十三回“吴月娘承欢求子息，李瓶儿酬愿保儿童”写李瓶儿的儿子官哥生病被救治过来后，请刘婆子来赎魂，这婆子晚上进屋时颇有讲究，先要到锅灶前抹灶门，然后再进李瓶儿的卧室。丫鬟迎春对此不解，刘婆子解释道：“路上走来，又怕有些邪气，故来灶门前走走。”② 这种做法在郧阳很普遍，家里有不满周岁的小孩，晚上归来的人们进卧室前务必在厨房灶台前站一会儿，避避邪气，以免把邪气带到孩子身边。这里还写到刘婆子让迎春姐去取些米、舀碗水来，将米放进高脚瓦钟，然后用一块绿绢头把装米的瓦钟包起来，向官哥头上、面上、手足，在虚空运来运去，默念孩子名字，唤孩子灵魂归来。如此这般，

---

① 兰陵笑笑生：《金瓶梅词话》，陶慕宁校注，北京：人民文学出版社，2008 年，第 474 页。

② 同上书，第 649 页。

一连七个晚上即可赎回丢失的灵魂，该风俗在郧阳民间很常见。赎魂风俗很多地方都有，但细节不尽相同，《金瓶梅》中这个细节仿佛就是对郧阳民间赎魂的书写。

例三，第六十二回，李瓶儿病重，西门庆施医无济于事时，想到另一个施救的法子，即做棺材冲一冲：“刚才他花大舅和我说，教我早与你看下副寿木，冲你冲，管情你就好了。”① 做棺材给重病人冲厄运，是郧阳人特别是中青年人患病不治时，常采用的方法，缓解病人和家属的恐惧和忧虑情绪。这做法其他地方也许同样有，但在郧阳民间很普遍，许多郧阳人一看到《金瓶梅》这段就说：这不是写的我们这儿吗？

其二，方言土语。

《金瓶梅》在方言运用上也不经意带进了不少郧阳方言。

例一，第三十五回，玳安说教平安儿：“养儿不要屙金溺银，只要见景生情。”② 这话是郧阳农村人常说的俗语。

例二，第五十二回，桂姐姐唱曲时，应伯爵插话：“阳沟里翻了舡，后十年也不知道。”③ “阳沟里翻了舡”是郧阳人常用的俗语。

例三，第三十四回，应伯爵对西门庆提及韩道国家里人被几个混混殴打时说：“被这起光棍，不由分说，群住打了个臭死。”④ “群住”这个词郧阳人常说。所谓“群住”，意思是围困住了，摆脱不了。

例四，第六十三回，李瓶儿去世后，胡府尹来吊孝，书中不说吊孝，而是这样说：“本府胡爷上纸来了，在门首下轿子。”⑤ “上纸”（吊

① 兰陵笑笑生：《金瓶梅词话》，陶慕宁校注，北京：人民文学出版社，2008 年，第 783 页。

② 同上书，第 416 页。

③ 同上书，第 628 页。

④ 同上书，第 393 页。

⑤ 同上书，第 807 页。

孝）这个词语在郧阳农村丧事活动中广泛运用，尤其对前来吊孝的有身份的人，用这个说法显示对其的尊重。

例五，第六十八回，爱月儿对西门庆说："我自恁懒待留人，只是伺候爹罢了。"① "懒待"一词是郧阳人的习惯用语，在北方方言里常说"懒得"或"不想"，不说"懒待"。

此外，还有大量的精精怪怪的骂人话，原汁原味地保留了郧阳土语的风貌。为刻意使用这里的土语，作者不惜自己生造字，这些字在康熙字典里都查不到，电脑里更是打不出来。

这里只列举《金瓶梅》中郧阳的个别风俗、语言现象。长期以来，一些郧阳读者认为该书作者有过郧阳生活经历，这人是谁，会不会是历史上那个大文学家王世贞？

---

① 兰陵笑笑生：《金瓶梅词话》，陶慕宁校注，北京：人民文学出版社，2008 年，第 880 页。

第二十章　一种小吃，标记了郧阳和一个朝代

“郧阳万历三合汤，一顿不吃想得慌!”这个民谣说的是万历年间的一种小吃，它叫三合汤，出自郧阳府城。

一、三位考生

三合汤不见诸史书，不显于典籍，仅现于民间传说。传说万历元年(公元1573年)八月八日，三个秀才赴京参加会试，途经郧阳，郧阳城大雨倾盆，他们暂寄寓郧阳客栈，彼此相见如故，畅聊达旦。次日，临行前，一考生提议三人各寻一家乡特产烩为一锅，共食之，以示纪念。因各自家境风俗不同，河南考生拿出的是熟牛肉，湖北考生拿出了山地红薯粉条，四川考生拿出的是蒸熟的抄手（饺子），店家一看这些或为菜肴，或为主食，不便一同烹饪，颇觉为难。三位考生就说，无论如何，放到一块煮成一锅饭菜就行。店家尊重他们的意见，将三种食物共烩一锅，调以佐料，加以香菜，一锅混合的饭食出锅了。当考生各自捧着浓香四溢、风味别具的杂烩食物享用时，不禁大为叫好：太可口，太美味了！如此经济实惠，何逊山珍海味？

听他们叫好，店家留心了，他们走后，店家立即就将这三类食物放到一块进行一番分析，发现它们有互补而味道倍增的效果，牛肉与辣椒汤的火爆刺激、抄手的馨香腻人、粉条的爽滑嗜油混合在一起，既有饭食的实惠又有汤水的凝香开胃，真不失为一种风味小吃，可以将其固定为一种小吃类型，向世人销售。

该给它取个什么名字好呢？三个考生的三种食物最终杂烩一锅，就

叫它“三合汤”吧！“三合汤”也寓意着天、地、人合一之作。

于是，这个小吃就这样诞生了。这个店家姓甚名谁，无所考据，但由于发生在“郧阳”和“万历年间”，所以“郧阳万历三合汤”就悄然传世了。

揭榜之时，三位考生均榜上有名，他们风光无限地回望走过的路时，甚是难忘郧阳那一餐，待他们又寻到这个店时，客栈的牌子已更新为“郧阳万历三合汤”，一时纳闷，经打听方知店家已把他们早前在此凑合的那一餐命名为“三合汤”向世人推销了，他们便欣然大笑：“店家智慧，店家智慧！我们三人的合餐同锅，居然不期然促成店家一门生意，何其快哉！何其快哉！我们三人合意而春风得意，不胜吉祥！不胜吉祥！”

店家用改进加工的三合汤犒劳他们，他们也乐得为店家做一次义务的广告宣传，这一下，“郧阳万历三合汤”披着吉祥的盛装登场了，人们每逢嫁娶、迁宅、赴考等喜事都会来吃一碗，而且吃了还想吃，一天不吃便想得慌。天南海北朝武当的香客亦听说了这种美食，非常感兴趣，他们从道家的“三生万物”联想到了三合汤，认为这是一个富有大道玄意的食物，修道口福与共，天行健，君子自强不息，如此一来，“天下香客朝武当，必吃万历三合汤”。

二、三位客商

以上乃三合汤来历之一，还有一个大致雷同的说法如下：

话说某年来自不同地方的三个游客同住在一家客栈，游客均是读书人，很有文化人的志趣，他们畅谈古今，谈天下大事，谈万物之理，不知不觉已到晚餐时间，客栈客人陆续开始用餐，三人此时相互打趣，既然大家能在同一客栈，又交谈甚欢，何不把各自的干粮拿出来相互品尝，以尽情谊呢？三人一致同意，于是各自拿出干粮，有牛肉干、芋头粉丝、蒸饺。这些食品倘若仅自己食用，一碗白开水即可解决，但是大家既然聚在一起，就不能如此简单。一起怎么享用？是你吃我的，我吃他的，他吃你的，分开食用，还是三样食物混合在一起食用？共同的意见是：各自的食物放到一块混煮后共享！于是，他们就让店老板帮忙支起一口锅，倒入开水，将三种食材放在一起熬煮，你中有我，我中有你。

店家按他们的要求做，心想这杂烩汤会有什么好，煮出来也不知道多难吃呢！店家给他们添了一些调料和香菜，并把自家的牛骨汤给他们做了汤料，这一调整，香气弥漫整个客栈，四邻的客人都过来问询是何美味，锅内所煮何物。店家笑而不答，只将煮好的混合饭端给三位客官。这三位客人各得一大海碗，香味直逼味蕾，个个吃得不亦乐乎，不禁为他们这个别出心裁的吃法欣喜不已。

用餐完毕，三人约定，旅行回转，再聚郧阳。

店家看他们各自盘缠不丰，每人奉送了五两银子。

客栈老板悄然留了心，将他们这一餐的用料记住：牛肉，粉丝，蒸饺，另加牛骨汤和香菜。他试着再做一餐，自己亲自品尝，不错，不错，前所未有的口味。他立马架起一口大锅，加入牛骨和辛香调料，用牛骨汤做底料，把粉丝放到笊篱中浸入汤里，稍加烫煮，让粉丝露出了晶莹剔透的色泽，然后倒在碗中加入上好的黄牛肉片，伴以烫好的豆芽，撒上香葱、芹菜，浇上辣椒油，再加入几个三鲜蒸饺，十分可口。

岁月不居，一段时间后，三位客官又如约来到客栈。

这次尚未走近客栈，他们就被门口的特型大锅吸引了，远远闻见一股浓厚的香味扑鼻而来，三人叫出老板问熬制的什么佳肴？老板略微思索，对他们说，三位客官生意如何？他们齐说："多亏老板还记着我们，我等各自得偿所愿，生意已做成几桩，本收利获，不忘前次店家悉心招待和馈赠，回转路上，特此来看望相谢，将来无论走到哪里也会时时想起老板的好处。”说罢各掏出十两银子奉上，“五两本钱，五两叩谢。”老板哈哈大笑：“不敢承情，不敢承情，恭喜三位心想事成，你们为我店创造了美食，再吃吃这牛肉粉条饺子如何？看可否还有此前感觉？”三人见店家递上的是他们曾提议所做的那饭，端起碗即食，吃得兴味盎然，比当初那顿又好吃多了，不禁大加夸赞。店家见他们高兴，确证了这定然是道好饭菜，定然广受好评，且可以传世。至此，得有个好的名字方好，可惜至今未曾想好，既然三位再次相聚，都有学问，不如请他们帮忙起个名字。于是，他遂向三位客官开言道：“三位尊客，托你们福分，我店得有这个美食的制作创意，敝人才疏学浅，不知何以名之，想拜托三位客官赐个名字，以图传扬。”

三人欣然应允。他们略一思忖，有了，既然由三种主要食材构成，其中又有你、我、他，三人志趣相投，彼此同心，其利断金，就名“三合汤”吧！

店家一听连声叫好，立马叫人取来纸墨，央求三人赐予墨宝，于是他们挥毫写下“郧阳三合汤”几字，想到那时正是大明万历年间，于是又加“万历”二字，“郧阳万历三合汤”的第一家门店就这样应运而生，且代传不已。

三、三位致仕官员

再有一种说法，在清朝同治末年，有三个在外供职的郧阳籍官员，年老后致仕回郧阳府原籍安度晚年。他们三人一个爱吃肉片汤，一个爱吃粉条汤，一个爱吃水饺。一次，三人到一家酒店吃夜宵，兴之所至，不妨“刁难”厨师一下，他们要求酒店老板给每人做一碗三味俱全的新鲜汤，做不出来，所点的其他菜肴都不付账了。聪明的店老板略动一动脑筋，办法就有了。他了解这三人的饮食喜好，就将他们平素爱吃的牛肉汤、粉条汤和煮好的水饺合为一锅，再加佐料一烩，不仅三味俱得，且三生万物，有无穷的味道在其中。店老板给每人各奉上一碗，三人一品，味道馥郁，鲜美可口，高兴得大呼“美止矣！美止矣！”三人自知这一美食势必传世，就根据三人三味遇合而成的因缘为其命名为“三合汤”，并特意冠以“郧阳”二字，表明这是由郧阳三人雅趣而来，以志万世。

四、万历帝的传说

还有一种传说，在明朝万历十五年（公元 1587 年），郧阳驻军因不满湖广行都司克扣军饷，参将米万春带领三千士兵打开城门，涌进湖广行都司，要找时任郧阳巡抚裴应章算账。这是一场军队哗变，应对不好便会酿成一场动乱甚至起义，好在巡抚裴应章处变不惊，应对有方，好言抚慰，立即解决了当地驻军军饷问题，一场一触即发的军事暴动由此平息。平息事端后，他上奏朝廷，万历皇帝得知此事，决定微服私访，要亲走郧阳，了解情况，看看好端端的抚台驻跸之地何以出现克扣军饷之事。一天，他与随行人员乘船至汉江中游老河口，弃舟登陆，一上岸，瞭望四野，他不禁大吃一惊，原来这里赤日炎炎，遍地焦土，禾稼枯萎，田地龟裂，山无鸟飞，地无人行，漫山林木枯败，已寻不到一捧泉水。如此天灾，看来出现克扣军饷之事已不足为奇，实属万不得已。

天色向晚，他们在饥渴难耐中走进了郧阳城，一连几个饭馆都关门闭户，似乎不像打烊，而是倒闭关门了。好不容易找到一个开着门的饭店，没等进门就被推出门外，随行人员已顾不了那么多了，强行挤了进去，然后将皇帝扶进店内坐下。万历皇帝看到愁眉苦脸的老板娘，很是纳闷，就问："老板娘，你们做生意的，也断了灶火缺了米粮？"老板娘回应道："不瞒客官，这汉江上下三年都没下过一场透墒雨了，天像火炉，到处颗粒无收，吃饭都是问题，我们去哪儿弄来粮食开馆子啊！就这样，每家每户还得照常缴赋税，你说这皇帝黑良心不黑良心？"随从狠狠瞪了老板娘一眼，老板娘方才没有继续说下去。老板娘无奈，就说："客官，实在对不住，现在厨房只剩下刚才过路客官自带干粮吃剩下的一些，你们如不嫌弃，就给放到一起煮煮吃了，你看如何？"皇帝已顾不了好歹了，连忙说行，只要能吃就好。老板娘转身走进厨房，将前面客人吃剩的饺子、粉条和牛肉放到一块煮，加上一些牛骨汤，端给他们。万历皇帝及随从狼吞虎咽，吃罢后咂咂嘴，感觉挺不错的呢！他们居然忘了吃的是人家的剩饭杂烩，还在问老板娘这是什么美食，如此可口，从未享用过。吃罢他们丢了几个银钱就到抚台衙门私访去了，这边店家收拾屋子，不禁回望一眼这几个人的背影，觉得举止行为不同一般，一举一动，很有些派头，不自觉地就流露出并非常人的架势，会不会是什么高官私访民间？

第二天，店家果然就听说是当朝皇帝前来私访军饷问题，顺便考察民情，并在此当场宣布免除郧阳抚治下的百姓三年赋税，前三年收的全部退还。郧阳百姓闻知，山呼万岁，叩头于十里街头。这家饭店老板娘委实吓得不轻，也大为惊喜，她逢人便说皇帝屈尊在她家店吃饭，吃了一大碗大杂烩剩饭，还叫好不已，说得满街人蜂拥而去看新鲜……裴应章得知此事，连忙也来听新鲜，听老板娘如此这般一说，他一揣摩时间过程，与到他那里的时间一比对，一点不差，非常高兴，随即他给老板娘出了个点子：你把皇帝吃过的那三样东西好好斟酌斟酌，做成一种别具风味的小吃，冠以皇帝之名，你这个大杂烩就不是大杂烩了，而是天下闻名的小吃了。

精明不过是商人。裴抚台走后，老板娘关起门与丈夫商量起来：我们得好好琢磨琢磨这个杂烩，不能就那么一煮了事，毕竟是皇帝吃过的，要特别些，让世人知道皇帝吃的大杂烩是天下少有的美味，是民间不可多得的。老板夫妇不敢贻误了天赐的良机，立即对三样食材认真进行揣摩，最后想到古人一句俗言：吃肉不如喝汤，喝汤不如闻香。这俗言给了他们提示：这个大杂烩要成美味还得先从汤做起，汤美方能先声夺人，再与三样美食的味道结合起来，那就是美上加美了。"喝汤不如闻香"，是说首先要把这汤味充分扩散出去，飘扬十里街坊，让人们未见其食，先嗅其味。于是，他们悉心准备了煲汤秘方，然后在店门口支起一口大锅，将牛骨和各种佐料放入，大火炖煮，汤味随风飘散，人们寻味而至，顿时被诱人的香味迷住，一尝美味就怎么也不想离开。

不负皇帝一次光临，店家精心揣摩并熬制出了这一美食，想想该取个什么名字好呢？皇帝吃过，巡抚来指导过，自己又慎重加工提升，这一美食聚合了皇帝、大臣和庶民之善缘，就叫"三合汤"吧！哦，这还不够，应该叫"郧阳万历三合汤"，把所有有关因缘都植入其中才是。

这是"三合汤"来历的又一传说，这个传说要比前面的说法更有故事性，更传奇一些。不过，这都是人们的美好想象罢了，万历皇帝终其一生，都不曾到过郧阳这片山河。万历十五年（公元 1587 年），万历皇帝年仅 24 岁，但 15 年的皇帝生活已让他对朝廷的繁文缛节和一成不变的礼仪十分厌倦，对宫廷单调乏味的生活和案牍劳形的疲惫心生反感，他想无为而治，他想过自由自在的日子，但他并不想自行走到民间去，做一个关注民生、许身国事的苦累皇帝。据记载，万历十五年（公元1587年），天下确实灾情不断，北京缺雨，五六月时疫情流行，旱情延及湖北、山东、南直隶等地。看来以上故事里说的郧阳旱情应该史出有据，但万历皇帝不会来私访，因为万历皇帝不是个以国家为己任的好皇帝，张居正去世后，他要把那些改革的规章制度统统清除，让自己过上无拘无束的舒适日子，所以，他不可能来郧阳私访。那个“三合汤”的故事显然是后人随便扯上他的名号，为了假托一个美好的寓意，找一个颇有出处的说法而编造的。普通吃客谁管它真假，“万历三合汤”就“万历三合汤”，只要好吃，叫“太宗三合汤”也成。

五、回民的清真食品

现在我们当推究一下前面那些关于“三合汤”来历的说法了。

关于考生、客商、致仕官员与“三合汤”的说法显然都经不起推敲。它们都涉及一个问题，就是关于三样食材放到一起煮就成了美味，于是“三合汤”就传了下来的说法，很不靠谱。首先关于食材的问题，出门在外带干粮，谁带粉条做干粮呢？走哪儿还要一定的油料或肉食配置方可上口，这样的干粮加工多麻烦！古人远出带干粮，要么带米面生食，与店家搭伙，要么带馒头熟食，向店家要碗汤水凑合。带牛肉也不靠谱，带生的吃时还要加工，带熟的又能放多久？一两天就变味变质了。拿饺子做干粮就更不靠谱了，包好带生的，怎么带？装到袋子里挤扁了，都粘到一起了，同时保鲜也不到两天；带熟的顶多第二天就变味了，而且熟的饺子（无论蒸的还是煮的）再和其他食物一起煮着吃，味道变差，更煮不出“三合汤”鲜美之味了。那三位致仕官员要求做三汤三风味的说法，也无道理：一碗汤做出三种风味这不符合常理，这种刁难不能成为机智下的“三合汤”之创意来历。清朝美食大家袁枚的《随园食单·须知单》中写道：“一物有一物之味，不可混而同之……善治菜者，须多设锅、灶、盂、钵之类，使一物各献一性，一碗各成一味。嗜者舌本应接不暇，自觉心花顿开。”① 这就是说，一般情况下，人们是不会让厨师做杂烩食物的，那些官场人物都是美食家，更不会提出那样无来由的要求。所以，那些故事里的说法都有漏洞，没有现实基础支撑。

从这种小吃本身的风味来看，它是郧阳本土创制的，因为这三样食材是郧阳地道产物，非他处饮食所常有。无论是当地红薯制成的粉条，还是具有川式抄手风味的饺子，抑或是郧阳山地养育的黄牛肉，都为郧阳当地特产，是地道的郧阳风俗中的食品。粉条乃郧阳当地红薯制品，红薯自明万历年间引种郧阳后，立即成为当地民众的主粮，成为郧阳当地特产。郧阳人制粉条、食粉条成为常事，由于粉条纯正，不掺杂土豆粉和其他淀粉，口感非常劲道，有弹力，爽滑且不糊汤，不似某些地方粉条太过稀软。所以，郧阳家常粉条历来被吃客推崇，极受追捧。把它同牛肉和饺子合并制成一种馥郁的美味进而大于每种食材本身，这一定是郧阳人长期实践的结果，绝不是某种机缘促使所致。

郧阳水饺是历史上郧阳人与川渝人密切交流而产生的舌尖上的遗存，俗名叫抄手或疙瘩，不同于北方的厚面皮饺子，它是用擀面杖擀成的很薄的一大片面叶，然后把面叶折叠切成梯形，再将新鲜的馅子放在叶子里一卷一折一叠，捏成一个张开翅膀的蝴蝶状的饺子，那样子特别精巧迷人。饺子内在的美味加上外在牛骨汤味的浸入，那味道更是妙不可言，在三合汤中飘着这样五六个郧阳饺子（抄手），翩然跃然，让食

① 袁枚撰：《随园食单》，周三金等注解，北京：中国商业出版社，1984 年，第 12 页。

客爱不释手，深看一眼，高看一眼，然后急于一食为快。

历史上郧阳汉江与堵河口的交汇处，有一条通往川渝的盐道，一道逡巡而起的山脊逶迤向西，一直延伸至大巴山深处，这条山脊不断，从汉江起岸，挑夫们沿着山脊可以一直抵达重庆，然后将川东的川盐顺着这个商道挑到堵河口，运抵郧阳城，郧阳在历史上长期以食川东盐为主、淮盐为辅。在这种长年累月的交流中，重庆的抄手便被郧阳商客带到了郧阳，郧阳人很是看好这种家常美食，既叫它原来的名字“抄手”，又赋予它“饺子”的新称呼。把饺子叫抄手的地方极少，那年我出差重庆，在朝天门码头吃早餐，不经意看到他们的饺子样式和包制的方式都和我们郧阳一模一样，又听到服务生把饺子叫抄手，我一听如闻乡音，惊喜不已，遂买一碗品尝，一看到那抄手耳朵张开，扑棱棱欲飞的样子，陡生亲切感，平添十二分的好感，觉得那就是我们自己屋里的美食，有妻子和母亲的味道。

三合汤中领衔之味当然是牛肉片和牛骨汤。这种牛肉不是普通肉牛，而是郧阳本地黄牛，也就是在农田耕耘的那种牛。过去以牛为半个劳力的农耕时代，人们极少宰牛为食，一头耕牛半个儿，或曰不做声的儿女，谁舍得它丧命呢？除非它们衰老致残或患病，不得已才会忍痛宰杀。明代中期，西北大量回民迁徙到郧阳，他们以牛羊肉为主食，没有牛羊肉的清真食品就失去了灵魂，于是，郧阳黄牛多被他们买去屠宰，除了日常食用，也做成牛肉面、干煸牛肉、红焖牛肉等食品卖出，食客喜食这种回民面食和牛肉，他们称这种骨汤清香上口。郧阳牛肉无腥味，牛肉松嫩，肉丝细软，不糙硬，一剁如泥，包饺子、做馄饨都很好，可以与猪肉羊肉媲美，甚至更鲜美。后来国家畜牧专家对这种牛进行了科学研究，发现这里地处南北交汇的温润气候带，山草丰富，加上大量豆类饲料喂养，使黄牛肌肉富含多种优质蛋白质和几十种氨基酸。

所以，郧阳牛肉不仅美味，它更养生，能补脾胃，益气血，强筋骨，对虚损、羸瘦、消渴、脾弱不运、癖积、水肿、腰膝酸软等身体虚弱症状也有食疗作用。专家们特此将其命名为“郧巴黄牛”，因为以秦巴山区生养为主，故而赋予“巴山”的表征，1986年该黄牛被载入《湖北省家畜家禽年品志》。

黄牛耕地的功能渐渐消失，郧巴黄牛的家养意义就主要在于屠宰食用了，走向三合汤市场便是它的最终归宿之一。

六、三合汤的本色风味

从前三合汤不回避牛骨汤中的牛油，消费者以喝到汤上漂的厚厚一层牛油为实惠。我记得20世纪80年代，十堰的五堰后街，沿山根搭建有一排简易棚屋供小商贩买卖，路口的一间棚屋是做三合汤的，每天生意俏得很，人们常排着队来吃，一排就是半里路长。那个冬天我路过那里，天正下着雨雪，雨棚下挤满了食客，雨水滴着，把那些人都滴湿了大半，他们仍全神贯注地呼噜呼噜喝着吃着，上下嘴唇外大都凝聚了一层厚厚的黄牛油，嘴巴外形成了一个圈，那情形让人忍俊不禁。在郧阳新城的金沙路小石桥偏角最早也建了普通棚屋，面积相当小，空间很逼仄，也做三合汤，据说那是郧阳最为正宗的王氏三合汤，当初我与同事到那里吃，也是冲着店家舍得多舀一些牛油的实惠。记得每次吃罢，用手帕（那时还不时兴用餐巾纸）或用手在嘴上一抹，黄黄的黏糊糊的一层牛油就粘到手上了，仍咂吧着嘴感到余味无穷。

前面说了这么多关于郧巴黄牛进入三合汤的细节，以及吃三合汤多半为牛肉和牛油而来的往事，意在说明这种三合汤食品是回民来郧后创制的，是回民在这方土地上因材而制的，如果没有郧阳这样地道的黄牛、粉条和特色抄手，郧阳三合汤是红火不起来的。

郧阳老城久负盛名的三合汤是张狗娃三合汤，还有万历三合汤、何记三合汤和老字号郧阳三合汤、王氏三合汤等。他们的制作技艺是祖传的，别具特色，老少皆宜，被众多店家所模仿。

店家在店外支起一口大铁锅，锅内放入焯水后的牛腿骨两根，适量腌制好的牛肉和一剖两半的新鲜大白萝卜，长嫩的葱白，鲜红尖角的辣椒，不一会儿，只见滚腾的泛着黄油的汤汁飘扬出诱人的香味。锅中间圈着一只大砂罐，里面是滚烫的开水，是煮水饺和烫粉条的一个专设砂罐。你只见师傅一手抓包好的饺子放入沸水中，一手用笊篱抓粉条置入砂罐烫粉，三分钟不到，一海碗三合汤便备齐递到你手里了。

三合汤需要辣味，且要辣得直打呛才够味儿。所以，正宗三合汤店都很注意泼制辣椒油。制作前需选用上等朝天椒，然后绞碎，放入瓷盆中，浇入烧至七八成热的牛油，一般 500 克辣椒，用牛油 1500 克，一边浇油，一边用竹筷迅速将辣椒与牛油搅匀。这样的辣椒油在三样食物混合后浇上，撩人胃口。

三合汤所用的牛肉片不是煮熟的牛肉，而是腌制的卤牛肉。腌之前选用不带白筋的黄牛净肉，分割成小块，净锅上火，掺入清水，放入大料、桂皮、花椒、生姜、山柰、草果、小茴香、香叶等，大火烧开后改用小火熬 30 分钟，至香味四溢时捞起来，置入一个专用净桶中。锅内的肉汤打去料渣，加入盐，制成香料水。放入桶内的牛肉进行第二次加工，一层牛肉洒上锅内熬制的适量香料汤，再撒上一层食盐，再放牛肉，再洒香料汤，最上面要多撒些食盐，这样把牛肉腌完，然后把桶口盖好，48 小时后取出，用清水清洗干净，取出切成肉片，即可加入三合汤之中食用了。

改革开放后，郧阳城区三合汤一直红火，据统计，大大小小的三合汤店有 40 多家，规模较大的像王氏三合汤有五六家。王氏三合汤的掌门人王光友老先生，在传承三代做三合汤的基础上，融入自己的智慧，将“王氏三合汤”做成了独家品牌。郧阳则把“王氏三合汤”作为对外推荐的旅游饮食品牌。王氏三合汤传承人之一的王洪莲，一手把郧阳小石桥旁的三合汤店经营起来，一度远近闻名。2009 年 8 月中央电视台二套节目《为您服务》特地前来为其做节目，向全国推介。随后，央视《舌尖上的中国》又隆重推荐该三合汤，王洪莲的“王氏三合汤”一举名满天下，她的连锁店由此开到了河南淅川、江西九江、湖南长沙、新疆乌鲁木齐、安徽合肥和湖北武汉等地。在科研专家的帮助下，郧阳百味佳食品有限公司推出“幸福大礼包”盒装三合汤，此礼包由红薯粉丝包、牛肉包、酱包、调味料包、油包、醋包和脱水蔬菜包组成，三合汤成为快餐进入消费市场，一杯开水即可吃到三合汤，这种快捷把这个传统小吃的普世接受性朝前大大推进了一步。

有食客吃过王氏三合汤后特地咏诗以赞：浓香滑嫩牛肉馋，玲珑剔透粉丝涎，翩翩玉饺扑面来，天地人间三合鲜。

第二十一章　江山易主，抚治建制在大清短暂存续

崇祯十七年（公元 1644 年），李自成攻占北京，招降吴三桂不成，吴反而迎来十万清兵入关。李自成在明宫武英殿仓促即位，次日逃离北京，先后仅在北京待了四十二天。

一、何谓清朝

李自成为满人提前暖热了龙椅坐垫，为八旗兵挺进中原做了清道夫。败于蒙古铁骑的大金国女真人，自公元 1234 年就于东北的深山老林过牧民的日子，至明万历年间，女真人再次昂扬。别看李自成打明朝势如破竹，但在那些女真人面前，他是望风而靡的败将。女真人比以前更强悍了，早在万历为藩属国朝鲜张目撑腰，驱赶海盗日本兵的那些年，出身奴隶主之家的努尔哈赤就想参与到打日本的阵营中，虽然没实现，但他投靠辽东守将李成梁，取得了大明朝的信任，将建州女真统一在自己麾下，随后他建立了军政合一的八旗制度，羽翼丰满。他于万历四十四年（公元 1616 年）正式宣布大金国建立，两年后便起兵反明，这时大明的气数未尽，张居正留下的政治和经济资产也都还足以支撑强大的明帝国，可明皇帝为什么就容忍了这么一个另立门户的政权呢？在那场名曰“萨尔浒之战”的战役中，努尔哈赤将大明军队打得一败涂地，继而占七十余城，定都沈阳，为什么呢？因为明帝国整体腐朽了，气数未尽也该尽了。

稳扎稳打，步步为营，东北基本就是女真人的了。

这一点李自成不能比，李自成并没有一个可以供后退备用的稳固的小天地。

公元 1636 年皇太极称帝，七年后皇太极死去，他六岁的儿子福临登大位。多尔衮迎顺治帝福临迁都北京。接着清军南下追杀农民军，北方的地主、官僚纷纷迎降。与此同时，在南方，一些明朝遗臣拥立皇族建立弘光、隆武、绍武、永历几个小朝廷，史称南明，此外还有李自成的大顺、张献忠的大西政权。清军于公元 1645 年灭大顺、南明弘光；公元 1646 年灭大西、南明隆武、南明绍武；公元 1662 年灭南明永历；公元 1664 年消灭大顺残余势力，历经 20 多年统一全国。

清军入关后，郧阳仍处在李自成留下的军力与明朝抚治下的武装的对峙之中，他们根本不知道外界的情况，还在各为其主地拼搏。守城的守得全力以赴，攻城的攻得竭尽全力，直到顺治入关这年年底，也就是公元 1644 年底，他们才听说江山易主了，李自成的两员将领路应标、冯养珠或退或降，各自另谋出路。而为明朝守城有功的高斗枢，被南明小朝廷任命为湖广巡抚（应该属于伪职了），管理江夏，从此，他们献身于抗清前线。接任高斗枢任巡抚的是徐启元，当清军越过秦岭，将汉中、安康、商南等地悉数揽入大清版图时，郧阳的守城官员们，也知趣地听命新朝，自觉归入大清。

二、大清郧阳抚治的短暂存续

明朝旧有建制不变，郧阳抚台的建制仍然保持，徐启元的巡抚一职不变，他从顺治二年（公元 1645 年）干到顺治三年（公元 1646 年）七月，后擢升为右副都御史。接着刑部右侍郎潘士良被提升为兵部右侍郎兼都察院右佥都御史，提督军务，前来抚治郧阳。此公仅干了半年不到，就因不称职而被解职，朝廷选调赵兆麟继任郧阳巡抚。赵巡抚干了一年零两个月，后因丧亲而上疏朝廷离职丁忧①，湖广总督罗秀锦向朝廷恳切陈情，当下用人之际，可以夺情②，免于丁忧，这样赵兆麟就又继续留任，一直干到顺治十年（公元1653年）。一位名叫赵开心的原都察院左都御史弹劾他缉盗不力，致使郧阳境内兵丁哗变，盗贼相率而起。

作为巡抚的赵兆麟，治安不力，朝廷考察后，把乱象全归罪于他，未免有失公允。其实，赵兆麟有许多可圈可点之处，同治本《郧县志》（《郧县志》为何记录巡抚事迹？因为抚台衙门在郧县城，巡抚们的事迹县志史官们看在眼里，记在心里，修县志时不自觉地就记入了志书中）在“名宦政绩”中对他做了客观公正的评价。

赵兆麟去职后，朱国柱继任，次年二月免职，后胡全才继任。胡全才甫一到任，即严加城防，添置军械，加强各地军情讯息通报，恢复了抚治下的治安。胡巡抚一直干到顺治十三年（公元1656年）十一月，病逝于任上。同治本《郧县志》这样记载他：“胡全才，字体舜，文水人，顺治十一年任时，西山巨寇未灭，严城守，制军器，立塘汛，一时恃以无恐。”

顺治十四年（公元1657年），朝廷派张尚接任，他任职至顺治十七年（公元1660年）三月，后由白秉贞接任。同治本《郧县志》高度评价张尚，赞誉他：“张尚，字云翔，山阴人，顺治十四年任。坦率平易，不矜小节③，捐金委推官骆士慣修两学④，又委通判张四维修城垣，至今

① 根据儒家传统的孝道观念，朝廷官员在位期间，若父母去世，则无论此人任何官何职，从得知丧事的那一天起，必须辞官回到祖籍，为父母守孝二十七个月，这叫“丁忧”。

② 官员遭父母之丧，朝廷根据需要，可以命其不必弃官去职，不着公服，素服治事，不参与庆贺、祭祀、宴会等事宜，称“夺情”。

③ 不拘小节。

④ 自己捐钱将府学和县学加以修缮。

赖之[①]。”

白秉贞一直干到康熙元年（公元1662年）二月升任山西总督为止，接替他的是王来任。白秉贞在郧留下的政绩不显，故而县志未作具体记载。同治本《郧县志》对王来任有所记述，其小传为：“王来任，字宏宇，铁岭人，康熙元年任，会西山余孽未靖，羽檄踵至[②]，而军用不匮，应之裕如[③]，亲赴房邑、磬口，催理粮糈，秦兵[④]畏其素望，不敢需索。”

康熙三年（公元1664年），朝廷认为郧阳巡抚这个建制可以由湖广总督代替，不必再设，不如裁撤，于是朝廷就没再派官员，郧阳巡抚这个特别行政设置就不了了之了。一晃十年，到了康熙十三年（公元1674年），兵部根据郧阳反映的严重舆情，向朝廷上了一份奏谕，力陈郧阳地理环境复杂，强盗奸贼窝藏其中为患，不设专门军事指挥机构，不作军事布防，难以国泰民安。这年郧阳副将洪福响应吴三桂反叛，率叛兵千余名攻进郧阳提督官署，在郧阳城内烧杀掳掠。佟国瑶率领标下官兵三百余人奋勇冲杀，在大雨下与叛军展开巷战，斩杀二百余人，保护了仓库衙署及市民安全。就在同年，襄阳镇杨来嘉、竹山游击谢泗也叛应吴三桂，情势紧急。康熙十五年（公元1676年）四月，佟国瑶率官兵，分部围剿四川叛将谭弘和逃亡四川的郧阳叛将洪福，而趁此机会襄阳叛将杨来嘉突袭占据了郧阳几个重要区域，军情如火，四处熊熊。是年五月朝廷准奏，恢复郧阳抚治。

是年九月，谭弘驾三十几艘船只从汉中顺流而下，围攻郧阳，并潜兵于郧城两岸，泊战船于琵琶滩，阻绝清军运输粮道。郧阳巡抚曾派人

① 专门安排人修筑了城墙，到如今城防安全还仰仗他那时的修建。

② 紧急军事情报不停传来。

③ 他备足军事所需，作战起来十分充裕。

④ 指陕西驻军。

招抚谭弘，遭到拒绝。九月十九日，恢复郧阳抚治后派来的新任巡抚杨茂勋与驻郧副都统李林隆，率领抚治下的标兵6000人，会同湖广提督佟国瑶的兵力，水陆并进，在琵琶滩大败谭弘。此战后，清政权在郧阳基本稳固下来。康熙十六年（公元1677年）七月，朝廷加封佟国瑶为太子少保。康熙十七年（公元1678年）五月，郧阳巡抚治下潜伏的晚明政权郧阳“镇守”何一经和“监军”高维蕃率文武官员470名、士兵3700人投诚。至此，郧阳境内南明政权彻底退出历史舞台。康熙十八年（公元1679年）四月，郧阳巡抚杨茂勋升四川总督，八月，镇安将军噶尔汗与杨茂勋、佟国瑶率兵进击兴安，留部分军力防守郧阳府城和均州城。对杨茂勋，同治本《郧县志》有所记载：“杨懋（茂）勋，字燕石，满洲人，康熙三年，裁抚治，至十三年吴三桂叛，杨洪等据房州，十五年，谭洪（弘）犯郧阳，复设抚治，懋（茂）勋以大司马来抚，九月十六日，师次①陡岭与琵琶滩，贼对垒，招抚不从，乃与提督佟国瑶水陆并攻，至十九日，贼平，遂复房竹，民庆更生，寻升四川总督。是年抚治亦停。”

杨茂勋是郧阳彻底平叛的功臣，他是最后一任郧阳巡抚。

康熙十九年（公元1680年）二月，四川重庆平定，西部安宁，郧阳无虑，郧阳抚台完成历史使命裁撤，郧阳不再设置特别行政区，其三边军政事务由归属的各省负责，一个历时约二百年的朝廷直隶建制就此成为历史，永远地画上了句号！

三、肇启清朝郧阳建制的知府知县们

郧阳所属的府县建制不变，率由旧章。进入大清朝，郧阳社会并不

① 军队驻扎。

安宁，旧有体制的人员或忠于前朝，或对新的政权心存恐惧，官员大多悄然归隐。一部分对新政权怀有不满和抵触情绪的官员，趁新政权落地未稳发动反清复明活动。

郧阳知府在顺治初年（公元 1644 年）空白三年多，到顺治四年（公元 1647 年）朝廷才派来一个叫董有声的人任知府，他在王光泰反叛时被杀。同治本《郧阳志》记载知府董有声："河津举人，顺治初任时王光泰等叛，与监司刘开文、同知刘璇、推官孙振扬同时遇害。"

康熙六年（公元 1667 年）张文星任知府，此公乃新乐拔贡，他一来就抓教育，修府学，把府学宫中供奉的圣贤塑像位置一一纠正，重新摆放，并将地方各类官吏的陋习弊病一一革除干净。张知府之后在《郧阳志》中有传记载的是刘作霖，他是武清县举人，同治本《郧阳志》记载他："葺城墉，恤灾黎，勤仁著闻，会杨、谢（襄阳杨来嘉、竹山游击谢泗）等叛，大府进剿犹豫，乃撰《进取房陵五议》，无何以积劳卒，民哭之，为立碑。作霖雅耽文史，虽军书旁午（繁杂），犹搜辑郡乘。知府杨廷耀续成之，即前志也。"康熙本《湖广郧阳府志》有赖于杨廷耀的亲力编纂。

康熙三十七年（公元 1698 年），高唐州进士朱寀上任，他注重农本，一来就着手维修久已毁坏的武阳、龙门两大堰，让这两大粮食基地有水利保障，他捐出自己的俸禄修堰，难能可贵。这两大水利工程修缮后，粮食倍增，大获丰收，老百姓感激不已，就在堰渠边修建了一座纪念他的祠堂。朱寀在公务之余，还会到明伦堂去给学生讲学，或走到田间去劝勉老百姓好好务农，种好田地，发家致富。他向各县下达文件，整饬各类盗贼和危害民生的人，禁止各级官吏对老百姓摊派苛捐杂税，在他的治理下，郧阳府翕然称治，人人安乐。他鞠躬尽瘁，死在任上。

朱寀之后有传记载的是黄焜，此公乃汉军监生[①]，同治本《郧阳志》说他："听断明允，郧县民以武阳堰水构讼不已，焜亲诣勘，量种计，水分大小限口，三堰之田，同流合灌，民利之，焜自为记详山川。"他善于断民事诉讼，武阳堰紧急缺水时，他采用计量水稻种子多少的办法来确定供水多少，非常有效地解决了纠纷，民众相安无事。仅此，亦不失为良吏。

黄焜之后有王采珍，王采珍乃滨州进士，他到任时看到有许多商铺逼近县学门口，环绕着商铺的还有大量民宅，不断侵占学校地基，环境异常嘈杂，非常影响办学，王采珍很是愤慨，他就召集市民和官吏一同开现场会，谴责这种危害学校的行为，责令他们限期纠正。市民无不肃然惶恐，当即就退还所占地方，学校原有环境立即恢复，利用这些退还的地面建了棂星门和泮池[②]，并环绕校园建起了围墙，学校规模从此得以拓展并保有下来。王采珍仅仅在郧阳任了半年知府，却留下了很高的官声。除了雷厉风行的办事效率外，还因他为官刚直不阿。他在郧期间写过一篇短文叫《欲则不刚说》，讲述做人做官应该刚直，戒除不当欲望，文中写道："余守郧半载，见牧民者[③]庶务多丛脞[④]，奸民哗然不可治，非尽由于不明，率成于不断。不断之故，宜思所从来。"他说自己到郧阳任知府半年，发现这些管理百姓的官员们总是有处理不完的民事纠纷，办事程序极其繁杂，而当地那些恶劣的百姓越发喧闹，难以管理，这些都是因为官民不明事理吗？何以造成这样无休止的被动局面

① 在国子监读书或取得国子监读书资格的人。
② 学校门前的水池。
③ 管理百姓的官员。
④ 烦琐。

呢？由此他得出一个结论，就是："谋为天下事，而或徇①于欲，未有不偾败②者也，矧③司牧者代天子治庶民理庶务哉！"谋划一项大事业，却顺从私欲，没有不遭到挫败的，况且这些官员们是代替天子管理民众，心存私欲哪能不出问题呢？因私欲所致而把公务越搞越复杂，奸民越管越多，社会局面越来越混乱。有私欲为官便不刚毅，不刚毅哪能为民尽职？因此为官务必以刚，刚则不阿，刚则明断。

以上所述乃清朝早年的知府，略举几任以观，由此可知郧阳府在明清易帜后的社会情形。

清朝新政后的郧县，新任知县赵丕承在顺治三年（公元 1646 年）才到任，在王光泰叛乱中被杀，此公很有气节，同治本《郧阳志》记载，赵丕承等被王光泰抓住捆绑起来时，要求他们跟着一起反叛，赵坚定不屈，骂贼致死。继任知县田峷祯，来自陕西富平县，是进士出身，他到任时县情很糟糕，他便大力实行休养生息政策，减轻徭役，爱民如子，才使残破的疆域变得安定，复归太平。

康熙七年（公元 1668 年）夔州推官张杞到任，此公执政清廉。他在任期间，正逢湖北立省后编纂《湖广一统志》，要各府县先行修志，省志在此基础上纂修，康熙本《郧县志》便由张杞主持编定作序，他在序中写道："今检案牍，得一抄本，而挂一漏万，缺略宏多，乃取新编《府志》润色之，帖目仍旧，而增补附入，视前为稍备。虽未足当巨邑之一隅，而比事纪物，亦足备当代考稽之林矣。"这段文字意思是说：他在检索文案时发现了一份手抄本旧县志，这个本子记事不全，疏漏甚多，只好选取新编的《郧阳府志》做蓝本，加工润色，但原有纲目不

① 顺从。

② 受挫失败。

③ 音 shěn，况且。

变，仅增加一些附录内容，这样比先前那份手抄本稍稍完备一些。这本志书虽然不足以与这个大县的一个偏角相称，但仅就完备地记述此地古来发生的种种史实这一点看，它是可以放到考稽古今历史的众多典籍之中的。张杞对他的志书充满自信。张杞之后是夏县举人侯世忠任知县，此时县内环境向好，逃亡的人都返回来，侯知县又实行怀恩政策，竭尽全力为民谋福祉，人民普遍安居乐业。他在张杞编纂的县志基础上又增补接续了一些新的内容，名曰《志略》，这样，康熙之前的郧县历史就有了一本基本的志书可以参酌了。

此处略举清朝早年郧县几任知县的履职情况，以观郧县乾坤变迁之时的政权遭际。纵观几千年封建社会，无论王权还是皇权，都只抵达县署这一步为止，古来皇权不下县。也就是说，国家投入管理的精力仅限于县这一级，县以下不是不管，而是交给地方豪绅大户和宗族去管理，朝廷既不投入人力也不投入财力。县下的庶民对于朝廷的意义仅限于为维护皇权统治提供赋税徭役。我们看各朝代基层建制，县以下都设有乡、里、保、甲之类的行政单位，但设置了却不管理，赋税徭役和民事纠纷等事务多半都下放给民间那些基层人物去落实。所以，古代里长、甲长乃至族长的权力很大，他们有的可以为所欲为、呼风唤雨、独霸一方，成为土霸王和地头蛇。

四、“丝、毫”都不苟且的赋税

清王朝时期，郧县设19里，4乡，115保，369甲。县城8个保，东乡29个保，西乡29个保，南乡25个保，北乡24个保。根据明清两朝征收赋税的税则典籍《赋役全书》记载，同治年间郧阳府有122942户

798942 人，比明朝增加了 111179 户 671984 人，纳粮户 53589 户，后来增加到 73305 户，人口增加到 707490 人。郧阳府共有赋原额人丁 25982 人，额征丁银 8421 两 8 钱 8 分 9 厘 6 毫 5 丝。除豁免运夫税额外，实征丁银 940 两 8 钱 6 分 9 厘。康熙五十五年（公元 1716 年）至乾隆二十六年（公元 1761 年）共增益滋生 1903 人，钦奉恩诏，永不加税。

田地原额并历垦 49453 顷 88 亩有奇，额征并升科[①]秋粮 5240 石 1 斗 3 升，额征并升科银 12174 两 3 钱 3 分。而郧县旧志的情况是：土著及流寓[②] 29889 户，大小男女人口 196158 人，纳粮户 14681 户，当时实际纳粮户 17907 户，人口 102640 人。原额人丁 9116 人，额征丁银 2803 两 3 钱 6 分 6 厘 2 毫 5 丝，内除豁免运夫赋税外，实征丁银 380 两 6 钱 5 分 1 厘。田地原额 8893 顷，额征秋粮 1361 石 2 斗 4 升 2 合 1 勺，额征银 3722 两 9 钱 1 分 3 厘。历垦田地 735 顷 88 亩 8 分，科粮 251 石 6 斗 5 升，条银[③] 442 两 7 钱 4 分 8 厘。

缴纳皇粮国税历来被认为是老百姓与生俱来的责任，没有讨价还价的余地。朝廷为维护国家利益和政权体系而将赋税摊派到百姓身上，天经地义，无可厚非。对于这样一项千百年习以为常的国本之事，清朝郧阳知府吴葆仪在同治本《郧阳志·田赋志》中却有他的一套说法，他从老百姓角度讲皇粮国税的重要性，似乎也十分有道理："国无九年之蓄曰不足，无六年之蓄曰急，古之制，国用而权[④]，民食者，何其豫[⑤]也。

① 清朝规定新开垦水田满六年、旱地满十年就要按普通土地征收钱粮，此谓"升科"。
② 外地人在此久住而定居的人口。
③ 清代用于铸造宝银之原料银，这里指足额的银锭。
④ 权衡，衡量。
⑤ 预先，预备。

郧以火种刀耕，日就垦启[①]，地无遗利，人无遗力。惟正之供[②]，或薄于他所，而岁一不登[③]，则道殣[④]相望。夫固壤多硗确[⑤]，户鲜盖藏[⑥]，水利不修，浮民[⑦]日益之故。抑常平社仓，所在胥[⑧]毁，下不知自蓄，上亦无所以蓄之者欤？作《田赋志》，为目五：曰《赋役》，曰《蠲政》[⑨]，曰《税课》[⑩]，曰《仓储》，曰《物产》。"

他在这里讲到，国家如果没有九年以上的储蓄就叫作国库亏空，存在问题了；如果没有六年以上的储蓄，国家就危急了。古代国家的制度是这样的：举国的用度都是从百姓的开销是否满足这个角度来考虑的，事先都有充分的预计和盘算。郧阳这个地方生产相对落后，一向靠刀耕火种生产，天天都在地里也难有多余产出，人一年到头没有闲暇的时候。那些正常的皇粮国税都是从那些瘠薄的土地上获得的，只要哪一年不丰收，便会饿死人。这里土地多瘠薄，每家每户很少有储藏，这儿又不重视兴修水利，这是流民日益增多的原因。曾经采取的平抑义仓（丰年，国家低价买来粮食储存到义仓，歉收之年适当加价供给缺粮户）解决荒年问题的办法，后来也毁弃了。下面百姓自己不知道储蓄，难道上面政府也不知道储蓄吗？这里所编纂的《田赋志》，之所以分为"赋役""蠲政""税课""仓储""物产"这些类别，就是想从这些方面告诉大

① 开垦。
② 正税，按规定百姓必须缴纳的赋税。
③ 一年不能有一年的收成。
④ 饿死的人。
⑤ 土地坚硬瘠薄。
⑥ 少储藏。
⑦ 流民。
⑧ 全部。
⑨ 免除租税徭役等政事。
⑩ 赋税。

家，上缴赋税、蠲免赋税、应纳税课、地里产出这些民生问题，不仅仅是每个百姓的付出，也包含着一定的回报，这些是国家政策，也是百姓实实在在的维持生计的方式，大家需要明白这是与每个人息息相关的。

吴葆仪从国家物质保障、百姓正常生活保障、郧阳自然状况和当地百姓不加储蓄等方面讲了征收赋税的道理，合情合理。这样具有国家全局意识的知府实在难能可贵。

第二十二章　动荡频频，郧阳在帝国航船上飘摇

从康熙十九年（公元 1680 年）平叛乱、裁撤郧阳抚治，到乾隆六十年（公元 1795 年）白莲教起义，社会再次陷入动荡，这一个多世纪的岁月还是一个比较和平的时段，是几代人的太平嘉年华。城乡逐步恢复了生产生活秩序，耕者有其田，劳者有其获，当初那种田园荒芜、城舍丘墟、饿殍载道、鸡犬无闻的局面已慢慢消失。顺治、康熙年间，官府屡次召集流民训示，鼓励他们开垦无主荒地，或佃种官庄，官府给予种子和耕牛，扶持贫困人家。对于流民黑户，官府则给予附籍安置，编入保甲，永住为业。为长期稳定农民生活，政府规定开荒头三年不缴田赋，随后放宽到六年免赋，到康熙十二年（公元 1673 年），则放宽到了十年。如此宽政，郧阳各地出现“山谷崎岖之地，已无弃土，尽皆耕种”的大好情形，也就不足为奇了。

一、力田自给

元代后期引入的美洲农作物玉米，在清乾隆十五年（公元 1750 年）的郧阳大面积种植，由于玉米特别适应郧阳这种二高山山地，适应新开垦的坡地，所以，在郧阳山民被政府鼓励耕耘的那些年，便把玉米作为主粮种植。在引种玉米的同时，红薯这种来自南美洲的农作物也被大量引种，大约在乾隆三十八年（公元 1773 年）开始大面积栽种，亩收数十石，胜种谷二十倍。此后又引入美洲薯类作物洋芋（马铃薯），由于洋芋耐旱，栽种条件要求低，所以，郧阳山地普遍引种，既做蔬菜又做口粮。以上三类农作物俗称粗粮，是郧阳人的当家粮。

郧阳经济作物以生漆、桐油、烟草、茶叶、棉花、中草药为主，村民手头活钱多半依赖这些经济作物，兼及养猪养牛养羊，除满足生活之需外，也可变换一些零用钱。

清朝时期的郧阳城乡手工业有纺织、造纸、印刷、制陶、榨油、酿酒、制烟、冶铜、淘金、绿松石开采等，城关主要以豆制品加工、榨油、酿酒、造纸、压面、金银首饰加工、印染、弹花、缫丝、刺绣、雕刻等手工业为主，清政府实行的税制改革有利于小手工业者的生产，朝廷将手工业工人应缴的"匠班银"①分摊到地亩中征收，不仅减轻了无地和少地的工匠的劳役之苦，而且为手工业的发展提供了宽松环境。手工业发展促进了商品交换，城乡出现了手工专业作坊和专业户，如铁业社、盆窑店、酱菜坊、金矿等。郧阳汉江河段有沙滩亦有淘金人，厂头出工本，佣夫淘簸络绎，不可计记也。汉江两岸宛如闹市，驿站、酒馆沿壁环筑，人群喧嚷。

农业和手工业的兴盛直接带动了商业的繁荣，同治本《郧阳志》记载当时郧阳府城的商业盛况时，有这样的描述："其往来而贾者，秦人居多。百数十家，缘山傍溪，列屋为肆，号曰客民。"这些商人为什么叫"客民"？原来大多是外地人来做生意，郧阳当地人崇尚农本稼穑，不愿意做生意荒了地。该志书还这样记述那时的郧民："耕山犁水，终岁勤动。"而宣统本《湖北通志》说得更为透彻："（郧民）终岁勤动，力田自给，不仰机利而食，故其人不事工贾，工者皆来自远方，不贵异物，不作淫巧。"他们不把那些做生意交换的产品看得多么贵重，不愿意在物品的交换上动那心思。但是，他们也不排斥外来商人，不拒绝与他们交易。据统计，康、雍、乾时期，郧县城乡集贸市场达四十几个，商户达一百余家，商号三十余家。而城关则以东关集市、西关集市、左

① 代替服匠役的税钱。

署前集市、右府前集市、鼓楼街市、试院街市等为最，商号如鸿兴号、同盛油号、聚源号、兴源盛号、德盛昌号、永远福号等，都集中在府城之内。一些边贸乡镇顺应民俗风习而开启的庙会贸易、节日贸易、季节贸易，后来逐渐定型下来，成为当地人的一种生产生活交流的固定节日，久久不辍，就有赖于那时的倡导。诸如茅箭三里湾的二月二龙王庙会，五堰的二月二十八阎王庙会，白浪中观和柏林老营仓的三月三祖师爷庙会，叶家湾和土门的四月初八仙女娘娘庙会等，大都肇始于那个商业鼎兴时期，这些风俗庙会有外地商人带来的，也有本地固有的。乾隆时期，郧县已出现了一批集镇，诸如杨溪铺、安阳口、白桑关、江峪塘、梅家铺、龙门塘、余家铺、远河店、蓼池塘、十堰庙、白浪店、花园店、黄龙滩、鲍家店、南丰店、南化街、界山铺、白鹤铺、三门店、茅窝店、辽瓦店、将军河塘、木瓜塘、安城沟塘、马场铺、堵河塘、黉门塘、曲远店、青铜铺、小石塘、左家河塘、观音塘、武阳店等，这些生意红火的店塘集镇上有行商坐贾的商人，有牙行经纪人，有作坊手工业者，还有沿街叫卖的小贩……

对于城乡贸易，政府没有专门的管理机构予以协调管理，大多是商人们根据自身的商业特点按行业组织帮会，按籍贯建立会馆，并进行有关情况的调节和沟通。郧城内就有烟草帮会、油料帮会、餐饮业的雷租（餐饮业崇尚的先贤）会、屠宰业的三义会、船帮业的杨泗（船工崇拜的保护神）会、酿酒业的吕租（酿酒业崇拜的先贤）会、理发业的罗租（理发业崇尚的先贤）会、肩挑商贩的关帝（挑夫祭拜的保护神）会等，客商的同乡会馆有江西会馆、山陕会馆、河南会馆、武昌会馆、黄州会馆等，他们自行订立相关规章制度，互相帮助，互相监督，互惠互利。

靡不有初，鲜克有终，盛极而衰，衰而复兴，每个朝代都存在这样的拐点，开端不错，到后来就跑偏，江山失守，然后新的朝代崛起，取而代之。唐初魏徵清醒地意识到“鲜克有终”这个前朝未能摆脱的必然宿命，就为唐太宗写了《谏太宗十思疏》，希望大唐天子认识规律，规避命定，走出怪圈。太宗纳谏了，也告诫后人了，可江山依然不由人，三百年基业最终倾覆。清代初期，统治者也很得民心，爱民恤民政策落实到了田边地头，后来随着政权的巩固、政治的腐败、特权阶层的出现，社会弊端也就不断显现出来。特别是到了清王朝的中后期，土地兼并现象越来越严重，大量耕地集中在了贵族和地主的手中，而占全国人口绝大多数的农民，只有很少的土地或者完全没有土地。广大农民在地租、赋税、徭役和高利贷的重重盘剥下，陷入贫困破产和流离失所的悲惨境地。鸦片战争爆发，欧洲列强凭借坚船利炮打破了中国固守的城门，外国资本和商品大量输入，中国手工业日趋衰退，封建的自然经济开始解体，小农经济与家庭手工业的“耕”与“织”从此分离，粮食作物商品化程度越来越高，中国经济的平衡被破坏，潜伏的社会矛盾不断激化，推翻现存体制的各种斗争便应运而生。

二、太平军扫荡

进入同治年间，南方的太平军大有挺进中原的趋势，他们首先瞄准了汉水流域，决定让扶王陈得才带领遵王赖文光、启王梁成富、祜王蓝成春等将领于同治元年（公元 1862 年）先西征豫、陕，扩大太平军的声势，他们获得 10 万兵力，然后准备攻取郧阳府城，扼守汉水流域。郧阳府历经兵燹，城防愈加坚固，不宜直接攻取，太平军便自河南内乡移师陕西，掠渭南，取山阳，由漫川关进入郧西地域。当时郧阳总兵何绍彩率领新训四营防守郧阳，得知太平军已至郧西城下，便整队驰援，在郧西芦子沟与太平军短兵相接。前哨周都护一马当先冲入山峡，但道路狭窄施展不开，立即被杀。次日官军由神福岭分两翼攻击，互有杀伤，太平军声势却更为强盛，官兵只好退守距郧西城二十里的火车岭，待他们赶到郧西城下，郧西城已被太平军攻陷，因兵力悬殊，官军只好返回，加强郧阳府城防守。

此时郧阳府城由知府、都督亲自督阵，固守城防，又调驳船数十艘强化汉江江防，襄阳府亦奉调大批军马抵郧协防。

太平军劫掠焚烧郧西城后分析形势，决定暂时放弃攻打郧阳府城，便由陕南茨沟经西平抵达河南唐县、邓县、陈州、汝州，横扫了郧北一大圈。同治元年（公元 1862 年）七月，陈得才挥师南阳，围攻八昼夜，未能拿下南阳城，只好又把精力集中到攻伐南阳与郧县相接的荆紫关，前锋兵深入郧县江峪、杨溪、刨峪沟等处，荆州驻军将领多隆阿挥师郧境迎击，太平军撤退。当时虽然击退了太平军，但现场情势万分危急，同治本《郧县志》记载道："同治元年发逆[①]由李官桥渡河，横亘数十里，如墙而进，吾乡被杀、虏者以数百计，积八昼夜贼踪始绝……贼自荆紫关南窜，蚁聚蜂屯，十昼夜不绝……"两年持续鏖战，太平军实力强盛。

时隔两月，陈得才趁官军松懈之际，突然挥师攻郧，首先突破郧城东郊琵琶滩防线，次日大军围城。

郧阳城西南有汉江屏障，北门依凭高坡，东门外为田野村舍，易被突破。知府艾浚美、总镇守纳钦坐镇北门提调全城防务，北门城楼防务则由经历、训导、前营都司、守备四人负责；守备王希德守西城；通判、游击等人守南城；知县、中营兼游击、守备等人守东城。各城门除文武官员及官兵外，还分派各乡乡勇协助防卫。城内治安则由教授、教谕督守。兵不离营，士不离伍，商务总局绅士饶丙南、胡淑经等 13 人连夜筹资备办麻

① 指蓄长发的太平军。

油、食盐、火纸、灰瓶、石子、枪刀、药铅（指火药、铅弹类）等守城战备物资，十月九日五更刚安排停当，太平军已从四面包围了郧阳城。

太平军前哨数十人飞驰而来，直扑东门，城上的守军炮击一人。见城上火力甚猛，其他太平军当即改道石佛嘴和银洞沟，绕至北边武阳岭、观音堂攻城。太平军大队人马聚集，蜂拥如潮，大炮轰击都无济于事。知府艾浚美怕守军胆怯动摇，立即命令知县奎联沿城墙驰道巡行高呼："我们誓死为国捐躯尽忠，不要畏惧敌人，丧失守城信心！"并号令三军："敢有妖言惑众、提倡逃跑者，军法处置！"将士们士气大振，慷慨激昂，奋勇守城。

入夜落雪，遥望城外敌营堆堆柴火如数万星光，一望无际。府城绅士白春茂、江鸿川、瞿宪国、王德芳等捐资助战，其余商家富户纷纷认捐，守城兵勇每人每天发口食钱二百文，以鼓舞士气。

为向豫楚军务督办多隆阿将军求救，城内冒险缒人出城送信。同时，官员传令焚烧东关西关瓮城及小东门、小西门房屋，以清场抵御太平军；南门外建竹栅栏以为屏障。期间太平军数次袭扰，被城头大炮击退。

十二日，南乡绅士王有璧、何近仁率5000乡团丁渡江救援，守城者信心大增；次日，他们招募勇士缒绳出城，烧毁城外千佛庵、梅子园，以防太平军借城外建筑掩蔽开掘地道，当日驰援府城的驳船在安阳口被太平军阻挡。

十四日，知府下令将城墙上照明灯光藏于雉堞（城墙垛子）以麻痹太平军（让太平军误以为官军撤离城防），至五更，满城连环开炮夹以火枪。如此三通，太平军大惊，因怕城中出奇兵袭击，当夜就有部分太平军拔队过汉江驻扎布防。

十五日，凌晨风沙大作，浓烟密雾，遥闻瀛州滩下雷震霆击，原来杨溪萧公庙一带数以万计太平军摇旗呐喊，蜂拥而入，守军当即开炮轰击。忽然下游江面数十艘官军驳船扬帆破浪而来，齐泊城下，开炮轰击，太平军这才狂窜而退。

当日驻守大南门对岸三门渡口的太平军，取民间油篓装填砂石垒成炮台，准备架大炮轰城。此时城下驳船官军正要传饭，哨官戴金彪见此军情高呼："干掉对岸三门炮台再吃饭!"众皆响应，于是他们开船至对岸毁掉太平军炮台而返。

十六日，官军驳船拆除太平军渡江浮桥，被南北两岸太平军阻击，于是城上守军以大炮轰击，矢石如雨，太平军不得不转棹而退。当夜五更，烂船木板漂浮江中，官军焚烧了全部浮桥。

此时城内滚木礌石都已用尽，城内几家油坊的桐油、香油及大户储备的油料都被收集来，烧开后便向城下泼，但太平军仍无退意，援军也没来，守城实在难以为继，郧阳府城岌岌可危。知府艾浚美率众视察全城形势，看到小西门内的大丰仓建筑群，眼前一亮，决定拆毁大丰仓，将木椽、檩、柱、砖瓦由城墙驰道分运各门以代滚木礌石。

十七日，官兵出城向西扫荡，行至大堰马昌关，得知郧西县知县林瑞枝带领郧西官军和郧县所辖的泥河、孤山、东西峰等各保乡勇，正在辽瓦店、走马保等地与太平军交战，他们也参与其中，太平军战事不利。这天水陆救援部队全部到齐，太平军无奈而去。

同治二年（公元 1863 年）正月，郧阳候补道梁作楫、襄阳道欧阳正墉率九营至房县、竹山、竹溪、兴安等地会剿去年十月盘踞于此的三路太平军。七月，太平军由陕西山阳再犯郧西，郧西知县林瑞枝率众设伏于湖北口、漫川关等处，太平军不得进。

九月，候补京堂李云麟奉旨办理陕南军务至郧，他决定由郧西出兵围剿太平军祜王蓝成春部。当时蓝部已攻取陕西山阳，李云麟大军赶到，随而收复山阳。蓝部流窜陕南山中，后突然杀至郧县大柳树、蓝家坪、杨家村等乡，最近者已达府城之东北四十里之斧山，郧城顿时告警。东北各保乡勇严守寨防，不敢接战。幸而候补道梁作楫、荆紫关协镇孙之友联手，率官军督南化、淅川十数保乡勇迎击堵截，稍挫太平军锋芒。太平军则突然绕至郧西北乡取上津堡，此时候补道唐协和新训、正中二营至郧阳府城，遂得与梁作楫联手进剿。时大雪，山路崎岖又泥泞，官军难胜。

同治四年（公元 1864 年）正月，梁、唐二军及郧西知县林瑞枝合兵取上津堡，蓝部窜至双河口造木排竹筏欲渡汉水复攻二竹、白河。都司周有全督率炮船昼夜巡逻汉江，严密监视太平军动向，并与步军协同奇袭。二月蓝部由双河口窜至夹河关、大黄沟、泥河源，声势极盛。此际蓝部骚扰郧西，扬言要再攻下郧阳府城，驻扎淅川、邓县的捻军，也参与其中，大有攻克郧阳的势头，府城势如累卵。三月，陈得才率部攻下郧阳府城东乡南化、江峪、杨溪，毗邻各乡均受害。陈部复攻河南，被僧格林沁击败，奔往蕲春、黄冈一带。

启王梁成富由梅铺窜南化并据之，此时候补道梁作楫与都司周有全合兵会战郧西，与祜王蓝成春部水陆相持，难以取胜，梁、周只好回师救援府城。总兵安贵亲督游击翟万林、都司墨尔根及白桑、圩坪等保乡团扼守雷峰垭、核桃垭等要冲。在各路官军会齐后合力进剿下，启王梁成富复率部至郧西与祜王蓝成春部合兵，直至同治四年（公元 1865 年），他们才被川陕大军扑灭于阶州。

也是在这一年太平天国南京政权崩溃，他们汉水流域的势力清剿也进入尾声。同治四年（公元 1865 年）六月，太平军还分股袭扰南阳唐河、邓州、内乡、淅川四县，总兵杨朝林亲率五营兵勇巡逻郊圻，太平军不敢再犯。一场长达四年的战火终于消弭，郧阳在瓦砾断砖中重拾祥和宁静时光。

第二十三章　凤凰起舞，郧城观灯的绝代风华

大清平定了太平军，捻军也随即被剿，本以为暂时可以缓口气了。然而，大中华从此步入了极为动荡的时期。泱泱中华遭受了空前劫难，山河破碎风飘絮，身世浮沉雨打萍。

一、凤凰传奇

本章暂不谈慈禧左右乾坤那大半个世纪的糟心事，说一个因投老佛爷所好而诞生的郧城独有的文化创制，该创制的精神意义超过了当初创意者的动机和预期，不期然为后世留下了不朽的普世人文大观，这就是郧城的凤凰灯舞，一种举世无二的具有审美象征和吉祥瑞兆的民众狂欢游乐活动。

凤凰和龙一样，都是人们想象的产物，无中生有，似有若无，妙不尽言。国人崇凤源于楚人崇凤的喜好，而楚人的凤凰情缘又可溯源于郧阳。郧阳文明是楚文明的源头之一，楚国的盆盆罐罐都有郧阳文明的印记，你嗅嗅它的漆器，上面留有郧阳山漆的清香味。随着楚国开疆拓土，实力增强，一个脑袋的凤凰图腾不足以象征楚国的勃勃野心，于是楚人就赋予了凤凰九头的神奇别样装饰，故而游乐九凤、九凤神鸟的天人物象便成为楚人非凡精神的象征，楚人身影，非凡超群。

让我们从远古大跨一步，跨到大清光绪年间，话说老佛爷慈禧六十大寿，举国要进行盛大庆典，这是当时最大的任务，海上军情紧急，东夷风雨欲来都无所谓，只要三天打不到北京就行。上面如此重视，下面当然跟风。郧阳献礼献什么？有人提议准备一台狮子龙灯进京城，既喜

庆又博人眼球，老佛爷一定高兴。当大家正要定下此方案时，一位致仕在家的资深人士走来了，他叫王明德，是光绪年间进士，深知老佛爷喜好。他说“狮子龙灯”这些形式玩得太多，不足以观，慈禧操持权柄以来，皇宫内外的各种图示都改成龙在下凤在上了，古来皇帝为龙、皇后为凤，现在要重点突出皇后了，搞个凤凰灯舞，便顺了太后心理。他这一说，大家豁然顿悟，立马按他说的制作起来。纸扎、彩绘、描摹、配乐、起舞、走步，设计了一套完美的表演程式，进行了历史性的创新。可惜这个精心准备的礼物没能进京献到老佛爷面前，原因众所周知：甲午炮火搅黄了慈禧的生日梦，全国规模的庆祝自然不了了之。虽然他们当时没能到京城一展这别出心裁的灯舞奇观，可凤凰灯舞作为民间灯舞的一种创意保留了下来，并被郧阳城乡居民不断地完善，不断地创新，以至于成为不可替代的地方节目，在中国数千种民间灯舞中，它别具一格。到了新时期，它还成了中国非物质文化遗产，受到保护。

二、百年传承

如果说王明德是凤凰灯舞的创始人，那么王春堂则是凤凰灯舞第一代传承人，他是王明德的宗亲，是郧阳城民间艺人。王明德中进士那年，王春堂刚刚出生，王春堂一直活到了 1956 年。此人精于灯舞的制作，他扎的凤凰特别传神，一静一动都有讲究，深得王明德的真传。与王春堂同时代擅演凤凰灯舞的还有“耿氏三杰”，即耿启才、耿杰臣、耿瑞臣，他们是父子关系。其后有耿氏凤凰的集大成者耿少臣问世。耿启才擅打“凤凰点子”[①]，还会吹唢呐。那时，西关街玩凤凰大都由耿家主持，他们自扎、自裱、自画、自己伴奏、自己表演，具有鲜明的家族风格。在他们手里，“凤凰灯”的道具制作工艺，由白纸到细纱裱糊，由粗糙到精致，凤翅、凤尾由固定不动到缓缓扇动（绳拉），灯舞开始变得活泼灵动，出巢、戏牡丹、朝阳等12个程式也在他们家族的反复实践中逐渐形成而固定下来。

耿少臣天资聪颖，有一定文化修养和艺术造诣，他善于创新，在表演程式化、扎制工艺化和音乐体系化方面颇有建树。中华人民共和国成立后，他先后授徒十余人。耿氏凤凰传承人还有耿家喜，他是企业家，但受家族熏染，凤凰灯舞情结很深，他通过企业文化将凤凰灯普及开来，形成了耿家演艺传承群体。1986年5月，郧县文化馆召集老中青艺人举办“凤凰灯”舞蹈集训班，耿少臣与燕文彦不辞辛劳，不顾年迈，耐心传授技艺，协助文化馆记录了大量珍贵的第一手资料，他们由衷地说：“凤凰灯是郧县人民宝贵的文化遗产，代代相传一百多年，现在要把它系统整理保存下来，我们很高兴。后继有人，永世流传，我们死了也能闭眼了。”同时，参加资料整理和音乐录制的还有青山唢呐班子罗氏传人罗道周兄弟。

20世纪60年代后期，耿少臣的徒弟邓明、计晓继承其衣钵，成为表演郧阳凤凰灯舞的佼佼者。迄今，十堰市、丹江口市还邀请他们前去教授郧阳凤凰灯舞的制作工艺和表演。

与耿少臣同时代的凤凰灯老艺人李心庠、燕文彦，也身怀绝技。在音乐体系的进一步完善方面，前面提到的罗氏班子贡献不菲。罗汉周、罗道周兄弟及他们上三代，都是郧县青山石板沟人，他们的家乡被称为

---

① 灯舞的音乐统称“凤凰点子”，来自“郧阳花鼓”“郧阳二棚子”“郧阳山二黄”，以及民歌小调、民间吹打乐等乐曲。

“汉江河边吹手窝”，罗汉周、罗道周从十三四岁起就随前辈学艺，练就了唢呐演奏的硬功夫和不少绝活。他们俩一主一和演奏的“凤凰点子”，配合默契，音调清晰明亮，转换自然流畅，对郧阳凤凰灯舞的表演起到助兴添彩的作用。他们从本地民间小调、地方戏曲曲牌和民间曲艺音乐中选配精华曲调，与原本的凤凰灯舞曲反复磨合，推陈出新，逐步将凤凰灯舞曲子定型为以唢呐曲牌和锣鼓点子曲调组合为体系的郧阳凤凰灯舞音乐。“唢呐兄弟”的后代儿孙和女婿们也都会吹唢呐、打“家伙”(锣鼓)，熟练演奏“凤凰点子”，颇有名气。中华人民共和国成立后，政府重视传统文化，他们在推陈出新中，对过去的程式单一、表演呆滞、情节平淡等不足，进行了大刀阔斧的创新，丢弃了一些，革新了一些，相当于一次涅槃重生。在郧阳城，每年春节和重大庆典走上街头受到群众欢呼的就是凤凰灯舞和二棚子戏，省里会演，郧阳凤凰灯舞一直都是不可或缺的推送节目。

郧阳凤凰灯舞以它外观造型的统一性、色彩运用的乡土化、结构组合的巧妙性，形成了完整的、独特的花灯体系。以古朴的汉民族生活习性和行为模式为依据创造出的韵律优美的舞蹈语言，无时不愉悦人心，照亮每一个精彩的节日。它在对“太极线”“半矮子步”“半弓步”等地方舞蹈技巧的运用和对地方戏曲曲牌、曲艺调式的综合运用的基础上形成了独特、完整的舞蹈体系，也极大地丰富了中国舞蹈元素，在民间舞蹈的创新上功不可没。

郧阳凤凰灯舞造型设计独绝，音乐设计奇特，程式设计惊艳，它带给人们的是永恒吉祥，故而古来人称凤凰灯是吉祥灯、富贵灯、文明灯。

三、规制大成

据记载，1943 年冬月，第五战区抗日烽火正烈，应战区军民邀约，王春堂、金乾德、燕文彦、李心庠等带队，前往军队表演慰问。

1953 年 3 月，中华人民共和国成立第四年，全国一片欣欣向荣，湖北省民间艺术会演大会召开，应省文化厅邀请，由王春堂、金乾德、雷春、罗成发等带队前往献演，省城党政领导亲临观看，凤凰灯舞荣获节目奖和荣誉奖，并受到社会各界的喜爱和好评。

经几代人的不断翻新，凤凰灯规制大定，程式和审美定位独树一帜，具有多种类本土文化综合特性和汉民族文化特征，成为中国汉族民间舞蹈中唯一的灯舞艺术形式，在各类民族灯舞中有其不可复制性，有着重要的研究价值和艺术欣赏价值。

这里我们不妨把凤凰灯舞的表演形式作一介绍：

凤凰灯舞的表演情节分“戏牡丹”“朝阳”两大部分，其程序为“凤鸣—出巢—游园—寻花—戏牡丹—擦痒—鸽翅—理羽—打盹—朝阳—扑翅”等环节，在表演“朝阳”“扑翅”高潮时，由专人撒“荞火”（由松木腐炭、松香配制的研末），以渲染热烈的气氛。当演出场地狭窄、人群拥挤、表演条件受限时，艺人们就改玩“凤凰戏牡丹”，其内容从“出巢”表演到“戏牡丹”为止，后边的六个程序省略。若两队灯舞相遇，艺人们互相邀约，可同演“双凤朝阳”。

其表现形态主要集中在传说中的凤凰“三爱”——

爱静，凤凰以文静和警觉的神态出场。凤的舞姿讲究以静传神，以静出情，静中有动，动中有静，动静结合贯穿表演始终。全舞除“朝阳”“扑翅”时动作亢奋外，其他动作都持文静而警觉状。这种表现特点可概括为八个字：似动未动，似停未停。如“出巢”“寻牡丹”中的“瞭望”“警望”“巡望”等动作，轻摆凤头，使凤头、凤颈小幅度运动，而凤身则相对稳定，呈似动未动状。又如“游园”中的“飞翔观望”，边舞边望，每次临望前凤头的动势减慢，又突然转向而去，给人一种似停未停的美感。

爱花中之王牡丹，这集中体现在“戏牡丹”这个环节上。凤凰寻到心爱之物，欣喜又贪婪地撕扯花叶、吞咽花瓣，加上舞者运用自如的舞蹈语言，把凤凰喜爱牡丹花的激动情态表现得淋漓尽致。

爱万物之灵太阳，这体现在最后高潮部分。表演结束前，太阳升起，这时光和热惊醒了正在“打盹”的凤凰，凤凰欣喜若狂，“扑翅”飞向太阳，频频朝拜，盘旋飞舞，狂喜翻飞。表演者情绪热烈豪放，音乐伴奏激越欢快，与其他舞段形成鲜明对比。最后向观众“三点头”表示致谢，结束表演。

“凤凰点子”的唢呐曲牌有“凤鸣”“升帐头”“大开门”“一字调”“游场”“上梁山”等，锣鼓点子有“一锤”“挑锤”“阴锣鼓”等。在表演伴奏中，“凤鸣”“升帐头”“上梁山”分别只在开始和结尾出现一次，“一锤”“挑锤”“阴锣鼓”“游场”等曲子根据凤头动作的需要随时配合，“大开门”“一字调”则多次交替、自由反复，并由唢呐即兴变换，灵活运用，不受规则限制。

灯舞道具主要有凤凰灯、花灯、太阳灯三大类，制作所需的主要材料有竹篾、皮纸、皮纸捻儿、五彩纸、竹竿等。凤凰灯造型较为复杂，它由凤头、凤颈、凤身、凤翅、凤腿、凤尾六部分组件连接而成。串联这六部分的是一根绳索，绳索置于凤身内，可以操控凤翅、凤尾。凤头由撑杆支撑操纵，凤身既由撑杆操控，又由凤身内的绳索牵制，同时，凤身下部还配一根负重皮腰带，以确保活动时不至于下坠而脱离凤头、凤尾。

陪衬凤凰的花盆灯有五至十盆，以牡丹为主，太阳灯一个，灯上彩绘云朵、太阳、火焰。

其中，莽火所用粉末由松木腐炭、松香按一定比例配方研成，使用时用火纸浸泡桐油，喷洒后点燃研末，产生出升腾的火花烟雾效果。服装则以汉族传统服装为主，必要时着戏曲服装。擎花者头饰均为花束帽，舞凤者均佩戴民间头巾。

音乐器具主要有管乐和打击乐两类，管乐有唢呐 2 支、笙 1 至 2 支，打击乐有大鼓、板鼓各 1 面，大锣 1 面、钩锣 1 面、马锣 1 面、大钹 1 副，必要时会配弹拨乐三弦 1 把。

四、发扬光大

改革开放后，文化复兴，凤凰灯舞迎来春天。历届县委县政府都将其作为郧阳的灵魂和形象品牌来塑造，从组织管理、经费拨付、人员培训、文化提升等方面切实加以扶持，且不断寻找机会让其走出去。下面让我们回首半个多世纪以来郧阳人民为凤凰灯舞绽放时代光芒所做的种种努力及一路辉煌——

1959 年，凤凰灯舞先后到襄阳、十堰等地参加地区会演和调演，获得奖励。

1977 年 10 月，凤凰灯舞参加全省农村文艺调演，由邓明、计晓等表演，获一等奖。

1983 年，凤凰灯舞被长春电影制片厂拍摄的故事片《武当》搬上银幕；郧县豫剧团根据凤凰灯舞改编创作演出的《卧龙拜凤》剧目搬上舞台，受到观众好评。

1984 年，郧县文化局、文化馆筹集资金普查、保护郧阳凤凰灯舞，先后在郧县城关及郊区 5 个区和原武昌县（郧县移民迁居地）等地，开展“郧阳凤凰灯舞”全面普查、整理、归档工作。

1985 年，凤凰灯舞参加湖北省戏剧节会演，荣获演员金牌奖、文学剧本创作和演出银牌奖等五项奖。同年，郧县文化局、郧县文化馆联合举办全县民间文化艺术集训班，确立把郧阳凤凰灯舞作为全县重点民间艺术保护并普及推广，还印制宣传册并下发到全县各区以及凤凰灯舞表演团体中，使郧阳凤凰灯舞的传承由原来的民间艺人口传心授转变为政府部门指导下的官方行为。

1991 年，郧县文化局、文化馆联合召开凤凰灯舞研讨会，并成立研制专班，随后将郧阳凤凰灯舞的演出形式由原来的一只凤凰表演改为两只、四只以及多只小凤表演，“花仙子”由 6 人增至 11 人、40 人、80 人不等，并编排出 5 分钟、15 分钟、20 分钟等不同时限的演出模式。

1993 年，郧阳凤凰灯舞被列入湖北省小学六年制第三册《美术》教材。

1996 年，郧县成立郧阳凤凰灯舞艺术团，至此，郧县有了专业的郧阳凤凰灯舞演出团体。同年，郧阳凤凰灯舞参加广东省中山市第九届“慈善万人行”演出，此次演出凤凰灯舞惊艳南国。

1997 年，凤凰灯舞参加“首届中国（湖北）武当文化武术节”开幕式演出，随后又参加了湖北医科院校大学生运动会表演以及十堰市“首届民间文艺展演”。同年，郧县成立了“湖北梨花村酒业集团凤凰灯舞艺术团”。从该年至 2002 年，郧阳凤凰灯舞参加了“全国第二届农民运动会”“中国中部经济技术交流会”“中国·湖北首届武当文化武术节”，还在十堰、武汉召开的“十堰市特色产品旅游资源展销会暨招商项目推介会”演出。

2000年元月，郧阳凤凰灯舞在中央电视台综艺节目和湖北电视台《荆楚方圆》栏目播出。

2004年10月，在江西宜春召开的第五届全国农民运动会上，郧阳凤凰灯舞受邀参加开幕式演出，获得巨大成功。

2005年，郧阳凤凰灯舞参加“中国·张家港首届长江流域民族民间文化艺术节”和“中国武汉梅园民族民间文化艺术大游园”活动。

2007年6月，郧阳凤凰灯舞被列入湖北省级首批非物质文化遗产名录项目。同年12月，为庆祝郧阳解放60周年，中央电视台综艺节目“激情广场·大家唱”走进郧县举办专场演出，凤凰灯舞华丽登场，气氛因此达到沸点。

2008年10月，郧阳凤凰灯舞参加第三届世界传统武术节。

2009年，郧阳凤凰灯舞在澳门塔石广场举办的“洞庭南北贺新岁”活动中演出，此后凤凰灯具在澳门卢廉若公园展出。同年，在“荆楚记忆——湖北省非物质文化遗产日”大型文艺会演晚会中演出。

2010年，郧阳凤凰灯舞在武汉市“华中旅游博览会”演出。同年10月16日，第九届中国武当旅游节开幕式上凤凰灯舞应邀参演。

2012年，郧阳凤凰灯舞在陕西省勉县诸葛古镇开园活动中演出。

2014年，郧阳凤凰灯舞被国家列入第四批国家级非物质文化遗产代表性项目名录。

2016年1月22日至2月5日，韩国举办2016“欢乐春节”系列文化交流的演出活动，受韩国首尔文化中心邀请，郧阳凤凰灯舞第一次展翅海外，于明洞乐天普希金广场演出，凤凰灯舞受到韩国观众高度追捧。“他们举的不是龙是凤凰，对吗？”韩国的观众金先生边看边问记者。“之前看过舞龙舞狮，但是舞凤凰，我还是第一次见。演员的戏服很有意思。”金先生对表演赞不绝口。

2017 年，郧阳凤凰灯舞随郧阳歌手尚大全登上央视综艺栏目《星光大道》。当红主持人朱迅和尼格买提在尚大全的讲述中，详细了解了郧阳凤凰灯舞的表演形式，在得知除了凤凰独舞外，还可以双凤、群凤、龙凤共舞时，朱迅饶有兴趣地说：“希望下次再来参赛时，给我们表演一下龙凤共舞。”5 月 12 日，第四届国际道教论坛在武当山举行，郧阳凤凰灯舞为与会的三十多个国家的嘉宾表演，一时被嘉宾惊呼为“郧阳符号”。同月，尚大全受邀参加央视当红综艺栏目《回声嘹亮》，凤凰灯舞再度进京，舞动央视舞台，惊艳京城。7 月，《魅力中国城》节目中十堰与茂名进行同场竞演，郧阳凤凰灯舞赴京助演，大获成功。同年 8 月，电影《山里娃》在郧阳五峰乡拍摄，凤凰灯舞作为背景进入故事情节。2017 年可谓凤凰灯舞年，三次进京，一次亮相国际会议现场，一次进入电影场景。

在演出持续走红的基础上，有关凤凰灯舞的理论研究也成果丰硕。据统计，改革开放后，国家、省、市专家在省级以上报纸杂志发表关于“郧阳凤凰灯舞”的理论文章 3 篇，市级以上 5 篇；郧阳本地专家张道生、鲁传太、张学礼等同志在省级报纸杂志发表 12 篇，市级以上发表 5 篇；中央电视台、湖北电视台等新闻单位先后进行新闻报道和专题介绍达 11 次，在十堰电视台报道 16 次。文史研讨、艺术评论、新闻报道作品的发表播映，促进了郧阳凤凰灯舞的理论研究与实践同步发展。①②

---

① 饶春球、张道生、冷遇春：《郧阳“凤凰灯”舞》，《武当学刊》（哲学社会科学版）1996 年第 1 期。

② 中国人民政治协商会议湖北省郧县文史资料委员会编：《郧县文史资料》（第三辑），中国人民政治协商会议湖北省郧县文史资料委员会内部资料，1997 年，第 90-99 页。

五、团队接力

凤凰灯舞家族团队有：

耿家扎制及演艺班：

第一代：家族传人耿启，艺名“耿三爷”，清末人。

第二代：家族传人耿杰臣，清末人；耿瑞臣，清末人。

第三代：家族传人耿少臣，民国初年人。

第四代：家族传人耿亮，中国新一代。

第五代：耿家喜，改革开放后传承人。

耿家喜演艺传承群体：

史清，莫若汉，黄兴，马建明，翁赓顺，曾荣武，杨建平。

罗家吹打乐班：

第一代：名字失考。

第二代：名字失考。

第三代：罗成发，罗成范，罗成祥。

第四代：罗汉周，罗道周，罗周玉，罗周坚。

第五代：罗化东。

郧阳建设系统演艺群体：

徐小平，王勇，韩军州，刘郧，李长江，汪晓颖，刘霞，杨敏，燕敏，李燕，王欣，韩军英，郭静平，陈萍。

郧阳文化系统演艺群体：

杨有滋，湖北省文化厅公布其为“郧阳凤凰灯舞”项目省级代表性传承人。他主要担任打击乐伴奏。师从杨玉昌、肖明垚、黄德胜等老一辈民间艺人，掌握了打击乐伴奏的所有角色，且毫无保留地把自己所学绝活传授给葛兆明、刘朝生、李陆金、王自强、杨道刚、杨天安、杨天生等。

非家族血缘传人：

刘显华，擅长纸扎工艺，被湖北省文化厅公布为“郧阳凤凰灯舞”项目省级代表性传承人。他自幼喜爱纸扎工艺，童年时期受邻居耿瑞臣、耿少臣等老艺人影响，自学扎花灯。每年腊月，他都和耿老先生一起扎制凤凰灯，熟稔扎制凤凰灯的工艺流程，扎制、裱糊、着色、贴毛等工序，他都有独到绝技，属“耿家凤凰”第三代传人。后来，他学得老城金家巷汪家凤凰灯、东关柴家巷凤凰灯的扎制工艺。经过多年实践，他掌握了扎制工艺整套程序。2005 年该灯舞申报非物质文化遗产名录项目时，他担任主要扎制任务，冒酷暑，加班加点，历时数月完成了整套凤凰灯的扎制。而且他毫不保留地把扎制工艺技能传授给新一代年轻人陈磊、杨金山等。

陈家林，擅长扎制、美术、摄影。

易金山，擅长司鼓、打击乐演奏。

陈宗德，擅长打击乐演奏。

鲁传太，郧阳凤凰灯舞传承人。1984 年 10 月，他投入郧县民间舞蹈集成的普查、搜集、记录、整理、编写等工作。1987 年，他与郧县文化馆干部张道生合作，将“郧阳凤凰灯舞”集成稿本推上了《中国民族民间舞蹈集成 · 湖北卷》重点选题，后该灯舞被列为湖北汉族优秀代表性民间舞蹈，入编全卷正文之首。1991 年，鲁传太被湖北省文化厅正式聘为《中国民族民间舞蹈集成 · 湖北卷》特邀编辑，他先后获全国第六届“群星奖”编导优秀奖和湖北省社会文化艺术领域舞蹈创作演出编导三等奖。他擅长执掌凤头表演和参加打击乐伴奏，且先后把表演技艺传授给文化馆职工。由他加工改编并担任导演的《双凤朝阳》，分别参加了广东省中山市第九届“慈善万人行”、武昌洪山广场“武当风”大型文艺晚会等纪念庆典演出。

另有李华、徐晓林、陈磊、杨淑慧、孟长城、张学礼、龚万春、田英欧、张玉良、曹春盛、唐景书、李卡、申鹿童、韩冰、朱素芳、朱玲、申瑞、李素霞、朱秀琴等。

第二十四章　汉江流韵，山人唱响的普世声音

曾四次获得曹禺戏剧文学奖的剧作家沈虹光专程去竹溪，听山二黄传人周毓成清唱《清风亭》，周先生唱了段二黄摇板和西皮流水，沈老师彻底陶醉了，她连称其为天籁之音。低回处宛如秋风掠过丛林，高亢处的颤音薄透薄透，似闪闪发光的金箔，美得无与伦比。原汁原味的皮黄，却又比皮黄多出了几分的料峭和苍劲。“据说，出色的葡萄酒酿酒师会用舌头去品尝葡萄园里的土壤，山二黄也有土壤”，“天地灵气如果真能通过土壤凝聚到甘醇的葡萄酒中，那么，秦岭巴山的灵气也一定会凝聚到皮黄艺人的声腔之中。只是什么戏都要靠人唱，我说山二黄好，是听了周毓成的唱。换一个人唱呢？还有这个效果吗？”①

换一个地方的人唱还有这个效果吗？

一、落地生根

当然有，你可以到清朝或民国时期的郧阳府城去听，那里才是山二黄的原生土壤，山二黄在郧阳府城孕育，然后就从那里走到了汉江上游的竹溪、安康、汉中和下游的荆襄、武汉。

一方水土养一方人，一方水土孕一方乡音。山水灵气，人文质地，玉汝于成。这里有长江汉水抚育的雄浑群山——秦巴耸峙，峰挺壑渊，翠色掩映中的修竹清溪，碧玉潺潺。华夏的创世女神女娲曾在这里完成抟土造人、炼石补天的宏伟工程，开一代农耕风气之先的炎帝在此播种

① 沈虹光：《周毓成与竹溪山二黄》，《世纪行》2012 年第 2 期。

百谷、遍尝百草，从此登上神农架峰顶，尧帝之子丹朱带着他毕生喜爱的楸枰在此仰望星河操演，寰宇布局，鲧禹父子的足迹清晰可循，禹顺水性而导，方城山下波涛渐渐温驯，田园家园，风调雨顺，四季丰稔，炊烟香凝……

秦巴英豪之气是属于秦巴的，是属于古老的“郧县人”的。

公元755年末，盛唐的一场狂风暴雨——安史之乱，把长安的繁华盛世打散，梨园中坐部伎子和翩跹伶官顿时乱作一团，一位擅演“黄管体调”的艺人黄幡绰，顾不上追随主子西行，只得怀揣绝技，躲过乱军，翻山越岭，避身郧阳山中。在这远离烽火的地方，这位黄姓人及其所带的黄管体调，亦即西北人擅唱的西皮，倏地沁入了山民心中，秦巴的英雄史诗和古老故事再度出现，使皇家高亢的声音再次落地生根。后来，长江沿岸的黄陂、黄冈人来做生意，江声下成长起来的他们，带来了江南悠长的“二黄”声腔，二黄与西皮相拥相亲。日久情深，二黄、西皮，浅浅一笑，化作了山二黄，化作了一缕悠长的乡音。自此，秦巴人有了宫廷大戏，有了与山歌互敬的精神盛宴，积淀已久的情怀敞开，唱古唱今，唱日月乾坤，唱世道人心。

巴蜀大地、商洛大地、荆楚大地，“黄腔”风靡，中板、散板、慢板、摇板、流水、滚白、招式……一招一世界，一板一生辉；二黄散板接着二黄散板，西皮摇板接着西皮摇板，音符里蛰伏着前人的创世意志，程式里铭刻着风骚礼乐的秘籍，道德伦理、家国情怀、人生际遇以及民族的风骨和风情尽在其中，豪壮的激情宛如重峦叠嶂，千回百转，风光无尽。

渐渐地，“山二黄”不姓“山”了，它有了新的称谓——汉剧或楚剧，再后来，它又走向安庆、走向南粤，走进了徽剧、广东汉剧……

声腔，不仅仅是声腔；身形，也不仅仅是身形。它们指引着人们追寻精神家园的路径，也昭示着人们飞翔于未来世界的雄心，具有摇动心魂的艺术魔力。

二、走进皇家视野

早先，城乡多戏楼，安阳口、杨溪铺、南化塘、辽瓦店、罗公庙、黄龙镇都曾矗立着耀目壮观的楼台，飞檐振铃，楼阁翘角。除正常年节外，二月二、三月三等节日，庙会也演大戏，正所谓“半年耕耘半年闲”，农闲时更会上演。除公众场所建戏楼外，名门大户为彰显人家气派，独享一楼好声音，也在自家庄园建戏楼。乡民回忆，五峰上塔徐大璋庄园那座锦绣戏楼，早年时常延请黄龙滩有名的科班戏子，何宏生、周庆云等大牌山二黄师傅都曾被请登台献艺。太平年间，鼓乐不绝，从正月十五到二月二，十里山川都震彻那二黄长音。戏一出接一出，一天连一天，年节的热闹和幸福一直持续到龙抬头。来自陕西、武汉、河南等地的官宦贵戚为正式观众，乡邻等场外观众则倚墙引颈观看，男女老少，庄园外一层里一层，挤得水泄不通。一些悟性好、记性出众的人看几次后就会了“二黄”腔，熟悉了“二黄”故事。

“二黄”经正规的戏班子传承得以发扬光大，同时也成为一种养家糊口的产业。“二黄”腔嘹亮高亢，荡气回肠，它豪迈的唱腔会让人想到雄浑的山谷回响和汉江峡谷拉纤的号子。“得岁月，延岁月；得欢悦，且欢悦。万事谋成总在天，何必劳苦千万结。莫胆怯，放宽心，金谷繁华眼底尘。”这是那些迷恋《二度梅》的青年们经常拖起长腔唱的“二黄”段子，也是《智取威虎山》里少剑波瞭望茫茫雪原时所唱“望飞雪漫天舞，巍巍丛山披银装，好一派北国风光”的那种气定神闲的声腔，这是一种特别的情怀，平凡的心境会因这一嗓子“二黄”调而起波澜。

我小时候曾听乡人说村事，据说汉江上游的三黄滩有对男女早晚看“二黄”，看得入戏不出，沉迷《二度梅》中良玉、杏元的故事，便把自己生生当成了剧中痴情的人，二人偷情被女方丈夫发现，丈夫怒不可遏，捆住那男子吊到房梁上一顿好打，打罢问他还敢如此否，那皮开肉绽的家伙却一咬牙深情唱起了“二黄”经典唱段：“我爱春，春意好，绿波动心扉，眼底生芳草。黄鹂喜杏花，惹得游蜂恼……”那丈夫因不忍要了男子性命，便一顿乱棍将其打到门外。浑身伤痕的男子一瘸一拐回家，一路上仍忘我地接着唱那“二黄”导板：“海棠憔悴牡丹愁，只恐韶光容易老。我爱夏，夏日长，玉碾棋声碎，罗纨扇景凉……”

从此，他们被族人禁闭于家门，但“二黄”却始终游荡在他们心中。

“二黄”在百姓中深受欢迎。我舅母，是地道村妇，不识字，却唱得一口好“二黄”戏，能讲许多“二黄”戏段子。《一捧雪》、《二度梅》、《三奏本》、《四进士》、《五月图》、《六月雪》、《七人贤》、《八义图》、《九更天》、《十道本》、“四大逼宫”、“四大刺客”、“四大姻缘”，她随口就来。我同学的母亲九十多岁，双目失明，独对“二黄”古戏有记忆，一说起来就没完，兴趣浓厚。

黑汗横流的船拐子、千里贩牛的牛贩子、挑担谋生的剃头挑子、篾匠挑子、木匠挑子、银匠挑子，他们怀抱“二黄”挣钱养家，城乡之间的戏故事、戏调大多是他们带进带出的。

三、开心的“二棚子”

与山二黄联袂的是“二棚子”戏，它出现于村民在田间地头、场院村口为遮阳挡雨搭的棚子之中，是两班子戏同时开演而形成的一种民间小戏，顾名思义，“二棚子”就是两个戏棚子之间比高低。

汉江飒爽，郧山和畅，“二棚子”戏乃郧民精神的反映，“二棚子”戏使民之心情得以愉悦，人之情怀得以舒展。

相比山二黄，“二棚子”是民众轻松娱乐时随机扭起来、唱起来的戏曲，它是开满山野的桐子花，是一身土布的山妹子，它代表着郧阳的风情。当然，它也吸收了外来养分，其抑扬骀荡的尾音很接近秦腔曲调的尾音，其沉郁之气显然是受陕南秦腔的影响；而其中琴子腔的欢快，是用管弦乐器伴奏的戏曲声腔来表达的，其声腔又接近钟祥一带的梁山调，这则是由楚风流变而来。可见，“二棚子”是典型的南北秦楚古风影响下的汉江风情产物。“二棚子”大抵出现于明成化年间，此间是郧阳府行政建制形成期间，也是流落于此的四方流民附籍落户的安定时期，故而这种歌吟闲情的娱乐型戏曲就应运而生了。

“二棚子”是最为普及的城乡喜剧，相当于东北二人转。早先乡民在田间地头上唱，后经艺人加工提炼而成为一种定型曲式，如“四六句”① “八岔子”② 等。“四六句”这个唱腔极似山歌，一人领唱众人和，不分台上台下、室内室外，领唱一句，演员观众齐和。与该戏配弦的“蛤蟆翁”胡琴是郧阳民间独创，该琴用毛桐木做音箱，老蟾蜍皮箍面，故而叫蛤蟆翁。它的琴柱矮，马尾弓，嗡声很大，音质厚重，音域宽广，比河南坠子要低沉，比二胡要高亢。与蛤蟆翁配合的器乐是马锣，

① 一段以四句、六句为主，故称为“四六句”。后来在演出实践中，常打破这种传统格式，使之适于内容需要，可长可短，适用自如。它与一般民歌、灯歌风格有别，与一般花鼓曲调也不同。它在说唱中发展了它具有曲艺特色的抒情部分，使之能够很好地描写故事情节和表达人物情感。

② 八岔子是一种曲调，也叫八岔戏，多反映公子、小姐的艳情故事，其曲调分阳八岔和阴八岔两种，阳八岔又称硬八岔或大八岔，阴八岔又叫软八岔或小八岔。

碗口大，约两个一元硬币的厚度。敲击马锣时不是提着，而是抛起来转着敲，声响急促、脆生。主要用在剧中人跋山涉水，公子、小姐嬉闹追逐时营造气氛，也用于小姐上楼下楼，舞台走步烘托氛围。马锣无后音，是专门用于给大锣、大鼓拖音加“佐料”的。马锣看似简单，但操练较难，内行说“一年练锣鼓，三年学马锣”是有道理的。

“二棚子”戏的唱腔主要有两种：一种是“彩腔戏”①，文武场乐器都用上；一种是“打腔戏”②，做工多，对话短促，只用打击乐。“二棚子”戏角色简单，不用花脸、武生和庄重的须生等扮相，仅小生、小旦、小丑“三小”角色，一角多代，结构紧凑，有利于走街串巷。不演帝王将相，也不演英雄豪杰、侠客义士，只演家长里短、哥哥妹妹之类的民生小戏，而且多数是喜剧和滑稽剧。

“二棚子”戏受众多，普及率极高，山村老少无论文化水平如何，多半都能在干活或扛锄回家的路上，哼着二棚子曲调。伴着布谷鸟清脆的叫声，那哼出来的歌很是酣畅：“今日里到娘屋去把亲探，与女儿要寻个美满姻缘，回头来把女儿一声呼唤，问母亲你唤儿有何事干？”《柜中缘》里这唱段是人们经常挂在嘴边的。

“二棚子”的琴子腔、八岔腔、彩腔三大声腔和伴奏乐器蛤蟆翁，使其演唱浑厚激越，在色彩缤纷的花鼓戏中显得别具一格。郧阳最早的“二棚子”戏戏班是宣统年间的自乐班，掌班贾高升，演员有六斤半、唐大汉、徐子东等，他们足迹遍及郧阳地区各县及老河口、白河、商洛、漫川关、银川等地。这代人之后，郧阳城又有朱四喜、贾同生、王国喜三位大角，他们把“二棚子”戏推向了巅峰。

中华人民共和国成立后，“二棚子”戏焕发青春，新创了不少现代

① 二棚子戏唱腔中的精彩唱腔、画龙点睛之腔、异峰迭起之腔、一腔定乾坤之腔。

② 二棚子戏中的功夫戏，做工为主，伴以对话和打击乐。

剧目，这个地方小戏生机勃勃，后来还亮身国家大舞台。《收山货》是郧阳艺术团创作的一台反映农家贫困少女冬草受到帮助而圆了大学梦的“二棚子”戏，该剧荣获2010年湖北省“楚天群星奖”。《我的汉水家园》是郧阳艺术团创作的反映南水北调汉水大移民故事的剧目，由剧作家沈虹光指导完成，它一改“二棚子”曲调逗乐做派，抒发汉江人在国家发展大局下的慷慨之气，把“二棚子”潜在的抒情性发挥到极致，展现了豫剧的悠扬、秦腔的悲凉、楚剧的凄婉、汉腔的激荡，小戏大唱，大气雄浑。2014年6月11日，该剧目参加第四届全国地方戏优秀剧目展演，荣登民族文化宫大剧院，感动了首都人民和艺术家们。在京专家座谈会上，《中国戏剧》杂志原主编赓续华，中国戏曲现代戏研究会原会长姚欣，中国戏曲学院原院长、博士生导师周育德，中国艺术研究院研究员、博士生导师王安奎，中国评剧院院长王亚勋，中国艺术研究院研究员吴乾浩等专家肯定了该剧目。这是“二棚子”诞生以来的一次历史性出彩。

戏是情感的教堂，它引导人们坚定信念，葆有善良，承担责任。因而，郧阳人唱着山二黄、二棚子，乐呵快慰，激情满怀，天宽地大，民生安颐，精神操守里始终飘扬着那一腔淳厚的舒缓和恬然，早先的国风楚韵绵绵延续。

四、那年代的角儿

郧阳虽没有扬州、秦淮河那些画船歌舞，但也不缺少时代的开心果，说起郧阳府城三笑星，从他们身上可以看到郧阳府城当年丰富的精神生活。

那年头，“围席一遮成戏堂，一个蛤蟆（二棚子戏的主弦——蛤蟆翁）响四方，老老少少齐赶场，一看入迷忘爹娘”。小演小唱、曲子戏、花鼓戏、二棚子戏、折子戏，都是郧阳人逢年过节的保留节目。那时候，演艺人在人们心中占有特别的位置，如果在当今，他们就是不折不扣的明星。

中华人民共和国成立前后，郧阳府这地方曾出现过三位优秀艺人，人称郧阳艺人三杰，即朱四喜、王国喜、贾同生。朱、贾入过汉剧团，即山二黄剧团，同行称之为科班演艺人；王国喜不是职业演艺人，主要做饮食生意，业余爱好“二棚子”戏，逢年过节他才出场，所以习惯称他为民间艺人。三人都生活在郧阳府城，他们各有绝活，迄今这儿还流传“朱四喜的头，王国喜的腰，贾同生的屁股撅多高”的顺口溜，就是说他们一个以头功见长，一个以腰功见长，一个以臀部功见长。

朱四喜原名朱自亭，四喜是戏名。他主要唱郧阳二棚子戏中的“泼旦”，即悍妇和厉害的婆子，也唱山二黄戏，主演内侍（皇宫中人）、家院（看家护院之人）等角色。

朱四喜代表剧有《王婆骂鸡》，戏中他成功扮演了“家院”。这是一出调侃嬉闹的剧，他将剧情演得出神入化。他边打着板子边唱，唱词十分生活化，把农村喜欢指桑骂槐、指鸡骂狗的那些人的语言特征表现得淋漓尽致，精彩活泼，博人开怀。他的另一代表作《双官告》也很受人欢迎，剧情是讲弟兄三人中老三的发奋故事。老大老二中举做了官，老三却只是平头百姓，故十分自卑。老三的“家院”就劝他自强，好好教育后代。老三听了“家院”的话，努力培养儿女，后来儿子成才中举，全家人因此前程锦绣；有趣的是，此时的老大老二因为贪腐丢官败家，穷困潦倒。朱四喜所演的这个“家院”，在原剧中并未被赋予多少戏份，是个容易被人忽略的次要角色，没想到经他生动表演，无足轻重的人物一下子成了故事发展的重要纽带和剧情的有力推动者，一如《西厢记》中的红娘，一时间该角色成为人们街谈巷议的火爆人物，朱四喜也由此成为人人争相一睹风采的名角。

以前地方小戏头饰很少，没多少装点，朱四喜开始注重头上功夫，借助有限的头饰把角色演活。虽如此，他并不像京剧演员那样把头装饰得富丽堂皇，以装饰吸引观众，他只是在头上简单地搭一手帕，配一动人的神情，便立马活现出一个老太婆的形象；或戴顶小帽，头脸浅浅一现，马上就变成了一个“家院”。他表情动作丰富，一点也不造作，观众看后，总觉得那就是邻居大妈或大嫂。因其“头功”叫绝，所以人们对“朱四喜的头”留下了深刻印象。

王国喜以玩花灯和唱花鼓戏、“二棚子”戏而闻名遐迩。他才思敏捷，声腔好，走哪儿就编哪儿、唱哪儿，一点儿都不重样。土地改革、民主改革、统购统销，只要举行活动，就有他的演出。他不唱固有的词，完全即兴创造。那词活泼精神，朗朗上口。他的花船到哪里，哪里的花船就给让路，观众人山人海。王先生的代表剧目有《嫂嫂劝姑》《回娘家》《蓝桥会》《鞭打芦花》《四下河南》等，他在这些剧作中饰青衣，演嫂嫂、后妈、新媳妇、老婆婆之类的妇女形象，活灵活现。他的轰动剧目《蓝桥会》于1953年参加全省会演，大获成功。

王先生擅做小吃，在郧阳府很有名。他做的糍粑、胡辣汤、凉粉等，风味独绝。中华人民共和国成立后，他进入街道服务公司，成为集体职工，但演戏仍是他的至爱，他有一副好身段，随便一件妇女衣服一穿，上妆后便成了绝妙的女子，所以人称他“郧阳的梅兰芳”。他剁糍粑的动作都是戏剧性的，挑着凉粉担子的动作都显出舞姿。

一日，有几个街坊想取乐，看他从老城东关挑着凉粉担子过来了，赶紧给旁边拉胡琴的卖艺人一说，卖艺人心领神会，立马即兴拉起了

“二棚子”戏曲。悠扬的琴声和动情的节奏飘到了王国喜的耳朵里，埋头走路的他顿时乐得忘了身处何时何地，忘了肩上挑着的担子，情不自禁地踩起了舞步，忘情地扭起了腰肢。扭呀，摇啊，凉粉、酱油、醋泼洒得满街都是，他仍浑然不觉。他扭了一条街，人们笑了一条街，人们都笑弯了腰，他才感到异常，收住舞步一看，啊呀，挑子里的东西泼洒得差不多了，这才恍悟过来是人们的恶作剧。他撂下担子去找卖艺人算账，围观的人早把卖艺人藏了起来。

从此王国喜扭着台步卖凉粉的桥段便传遍了大街小巷，听者无不为之一笑。

于是，“王国喜的腰”定格在了人们心中。

贾同生，因与哥哥为孪生兄弟，故名同生。他是省戏剧家协会会员，12 岁进“二棚子”戏班，16 岁登台。师傅教他绝门功夫——端碗只用左手前三个指头，后两指头则翘成兰花指状。师傅还经常带他到官绅、员外家看小姐、姨太太走路、喝茶和进餐的动作，切身体验生活中的戏路，这样，他在演戏中表现女性那些见了男士侧面、害羞，见了公婆俯首敛眉的举止就十分真切。师傅也带他去酒楼、茶馆、农家、码头观察妇女各种表情，所以他演起戏来，总是入情入境。他表演女人缠线、搓线、合线的动作比巧媳妇还敏捷熟练；表演老太婆唤鸡、撵鸡的动作，传神到根本看不出是演戏。尽管戏演得备受赞誉，但族人总认为这行身份低，瞧不起他，家人也不认他。

中华人民共和国成立前，他只在戏班中演龙套角色，一直不被重视，直到 1953 年加入郧阳汉剧团后，他演一些小角色，开始展露才艺，但主要工作仅是“叠衣箱”，即保管服装。演员演毕后，戏装要折叠装入箱，开演时从箱中取出分发给演员，这就是他的差事。这是个简单活儿，可一般人还干不好。戏装要按一定的折缝折出缝来，要平整没有褶皱，做好这工作不仅要细心，还要有利索的手脚，与上舞台比，这同样是艺术。贾先生做事很有悟性，且做得认真，所以，他把这简单事做得人人满意。什么角色什么服装，经他折叠后穿上就精神舒展，有模有样。他深钻过古代戏装艺术，懂得角色需要什么样的服装展现魅力；他系统研究过“郧阳文粹”二棚子戏，该剧种里各种唱调他都会。著名戏剧家沈虹光对他称赞有加。我是看资料注意到他的，20 世纪 60 年代省戏曲工作室整理的《郧阳花鼓剧本集》中，有好几出是他的口述记录；80 年代郧县文化志办公室编辑的《郧阳花鼓戏资料汇编》，班社、行当、脸谱、道具、伴奏、班规、轶事等许多章节，他是最主要的口述者。《郧阳花鼓戏资料汇编》里有他的剧照，黑白照片，他着戏装，瘦高，轮廓清秀。

他与一代哲人杨献珍是老表关系，他们都是郧县安阳人，感情特别好，当然这感情不只因老乡加老表这两层关系，还有一次惊险的救助。

杨献珍是 1896 年生人，1926 年加入中国共产党，从事党的秘密工作。杨献珍离开郧阳考入武昌商业专门学校，后在武汉入党，是武汉第三区区委委员。后来，杨到上海做秘密工作，成为职业革命家，全国到处跑。据说，杨献珍曾经回郧阳，敌人跟踪而来，杨躲入戏台，贾同生急中生智把他藏入大衣箱，躲过搜捕。前面说过，贾同生早年没成角儿的时候，职司是叠衣箱，所以，杨献珍逃到他这里，他可以行使这个方便。

贾同生虽干打杂的活儿，但演起戏来却是精彩绝伦。

他的绝活主要是臀部功，臀部动作给观众的印象刻骨难忘。他所演的剧目中，《小两口顶嘴》最出色，该剧 1956 年在全省参展中获一等奖。十年后，他再赴省城演《拾玉镯》，表演轰动省城，受到一批国家级表演艺术家的高度评价。他在该剧中扮演媒婆，神态动作富于风韵，举止洒脱大方，通过协调的动作把一个八面玲珑的女性形象表现得传神至极，观众欢声雷动；尤其他那搂衣坐凳的细节，硬把一个风情万种的乡下媒婆演活了。这动作是他从山区农村生活中学习提炼出来的，传统戏剧动作中没这一姿势。当时在台下观看的汉剧表演艺术家陈伯华，大加赞赏，演出结束后，陈伯华还专门设家宴宴请他，并当面拜他为师，向他学习这一动作。他们因此建立友谊至终老。20 世纪 80 年代中期，陈伯华来郧采风，听说贾同生仍活跃在舞台，专门登门拜访，见面时先按古代演艺人规矩，执弟子礼，扑通跪下，喊其师傅，把贾同生感动得手足无措。

贾先生表演时善以屁股传情，舞步一迈，兰花指一打，屁股凸出，微微扭动几下，顿时风流妩媚，观众浑身发酥。所以人们记住了一个有趣的形象："贾同生的屁股撅多高！"

改革开放后，已近古稀之年的贾先生宝刀不老，与王国喜一起多次参加群众性的节日庆典活动。四乡八道的人听说他们出场，像观稀世珍宝一样蜂拥而至。

1982 年，杨献珍回故乡郧阳，他没忘记老表贾同生，点名见他。蹒跚走来的贾先生，向杨献珍献上的见面礼不是别的，正是他一生的特长——戏曲，他又现场展现了他的臀部功，清唱了一嗓子，让故乡情怀深重的杨老感慨不已。

三杰俱往矣，遗风存世间。

他们为郧山汉水留下了无尽笑声，给没有影视的岁月平添了开怀与喜悦。

朱四喜、王国喜、贾同生，都是郧阳土生土长的杰出艺人，他们为郧阳文化传承增添了不朽的艺术内涵。郧阳山二黄、郧阳二棚子、郧阳花灯……因郧阳艺人的艺术再造而成为郧阳人的精神盛宴，成为一个时代的传奇。

第二十五章　云帆蔽江，郧紬一展到都灵

晚清风雨飘摇，但各地在尚未被波及的短暂时光里也维系了独居一方的艳阳天。譬如这郧阳，好山好水，无论是甲午海上风云还是八国联军的炮火，都未波及郧阳，在那些民不聊生的岁月里，郧阳埋头发展经济，改善民生。

一、夕阳无限好

汉江是经济大动脉，它的无数支流犹如毛细血管密密麻麻，纵横南北，沟通了长江与黄河，沟通了武汉与上海，富商们的资产在南方岌岌可危，于是都涌向了汉江河畔的郧阳这个藏富生财的后防基地。邢方贵先生描述过郧阳府城在晚清经济繁荣时山路一角的景象。灌沟是郧阳府城西边大堰的一条沟，从府城起步的西去商人，由灌沟经大柳至陕西赵川、陕南……越秦岭，抵关中平原，这是一条郧陕商道。从海上运抵内陆的洋布、洋油、洋火、西药、印染制品、机械及工业品等，水一程，山一程，就到了北方的广大地区，而秦岭崇山富集的木炭、桐油、木梓、生漆、中药材、火纸、皮纸等土特产及手工业制品也在商客回转的路上被带到了沿海大城市乃至国外。

灌沟处在府城枕边的黄金路口，自然不会只充当一个过道，于是，慢慢地灌沟沿途就有了客栈，有了火纸厂，有了会馆，有了服务骡马及客商的大批第三产业人员，也有了迁徙而居的财主们。灌沟当年最大的财主是从阳新县迁居来的项氏家族，主人项家坤，原是个赶骡马的帮工，十几年后他买了地、建了房，仅山地林木就有一千多亩，其豪奢的

带爽堂，三进三出，二十多间，丫鬟都有十多人。当年，灌沟有二十余家客栈，绵延十数里，入夜，大红灯笼高高挂，照得方圆十多里的山沟密林一片通明，整个灌沟人声鼎沸。灌沟当时最大的客栈是灌沟中院，两层楼的四合院加转角楼，楼上四面贯通，故而又叫跑马楼。过往客商歇脚后，将骡马交到伙计手里，大小伙计立马分头服务起来，饮水的，刷尘的，上料的，一应到位。另有歌女舞女，绕客三匝，调笑不休。府城以西通往关中的商道还有曲远河至大柳、赵川、商洛的一条陆路，另外就是郧西天河、夹河至安康蜀河几条水陆并用的商道。南部群山以堵河抵重庆的水陆商道和从汉江与堵河口交汇处起步的直达重庆的郧阳至渝川陆路商道……汉江沿岸也没闲着，所有的码头，所有的路口，只要是财富经过的地方都兴旺昌盛，或店或铺，街市铺开，生意兴隆。那些年留在人们记忆里的安阳口、杨溪铺、三门店、盆窑店、辽瓦店……五里一铺，十里一店（此“店”非单独经营货物的一个门店，而是一个街面、一个商客云集的地方），云帆蔽江，船工号子响遏行云，汉江浩浩汤汤运来送往，郧阳就在这样的中枢上，为财富增值，为四海联通经济命脉。

府城商务就更加繁盛了，外地经商者云集，首先带动的是餐饮业，府城餐饮业比较繁荣的地方是从东关到西关的街，这一长街上的餐馆有大小百余家，有名的餐馆有时东海的中华饭店、陈富贵的民生饭店、李树林的青年馆、田保珍的真不同饭馆，具有地方风味的还有蓝伯顺的荤豆腐脑，宋六娃的清汤（馄饨），伍盐水的水煎包子，黄自成、罗清富的油条酥饼。另有酒店几十家，最有名的是庆和楼酒店和西关的马家酒店。较大的旅馆有青年宿社、鄂北旅馆、马明记旅馆、刘旅富旅社等。金银铺主要打制金银首饰，有名的是天宝楼、范银匠、王银匠等。烟草业中王谭的金桂烟丝在郧阳颇有名气，还有中药业、白酒业等各行业，遍及每个街巷。

从郧阳大丰仓院内发现的乾隆年间修建的山陕会馆碑残留的文字中可以看到，乾隆年间郧阳府的数十家商号，如时振、魏永盛、元德、全盛、万盛、万成、宜兴、义顺、日升、新兴合、西全盛、卫永盛、大顺乾、永来盛、聚盛、元兴隆、和盛隆、万盛来、大顺合、永兴裕、振兴和、永升荣、万盛德……这些商号是那个年代的经济符号，可惜基本没有一个延续下来，它们没有一个延续到光绪年间成为百年老字号，这从一个侧面反映出时代政治与士农工商休戚相关，社会动荡对商业来说是致命的。在市场凋敝时期，府城常态经营的商务场所多半是盐店巷口、试验场、城隍庙、总兵坊等处的蔬菜市场，小南门外、鲁班庙、蓝家码头的柴炭交易市场，大东门内的粮食销售市场，西河码头的土特产品买卖场所；城内主要是鼓楼街市、西关街市、十字街市比较繁华，其他棉布、柴炭、丝烟等十余个日用行业勉强维持现状。

载入同治本《郧县志》的商号有鸿兴号、同盛油号、聚源号、兴源盛号、成记号、王恒记号、德盛昌号、中浮号、永远福号、阮祥泰号、文盛山号、同兴义号、陶德记号、文昌号、忠记号、昌记号、同心成号、鸿记号、王敬廷号、集成号、东记号、鸿盛和号、同顺昌号、仁记号、永发德号、同心合号、王生记号、永和祥号、益和号、协心隆号、郝义记号、积玉森号、同春生号、三合永号、宇记号等。从东关到西关共有各类杂货铺（店、摊）二十几家，规模较大的是马斯跃经营的集中店、由星奎经营的积兴成杂货店，杂货铺以售卖炊具、食盐、煤油为主，兼营其他杂品。经营农副土特产品的有涂发德、张义斋、邢富山等，主要经营粮食、棉花、桐油、丝麻、生漆、木耳、中药材等土特产品，同时销售从外地购回来的卷烟、布匹、瓜果、蔬菜、柴炭等日用品。

府城商号中经营棉布丝绸业务较出名的有伍叔伯经营的福记绸布

店，王硕谦、侯青廷联合经营的同康绸布店，冷俊发、方千卿、周子康的棉布店，王怀业、郭子厚、周家元、侯青庆等经营的布摊；百货业有何从斋等经营的百杂店，主要品种为毛巾、袜子、童装、肥皂、牙膏、针线、纽扣、布鞋等小商品；另有久兴、久康、荣华几家文化用品店。

清末的商会会馆是府城的一道风景线，只要它们灯火辉煌，商业就一定景气，一旦黯然无光，市场就潜伏了危机。府城内的先农坛、文昌宫、关帝庙、孔庙、马王庙、城隍庙、魁星楼、仪凤阁、钟鼓楼这些精神文化场所则映照着府城另外一番气象，那就是社会的太平与危厄，当人们还三三两两悠然地进出这些场所时，说明时局较稳定，当这些地方门庭冷落时，百姓都该要忧心忡忡了。

延至20世纪40年代，尽管抗日战争形势日紧一日，郧阳府城商务仍能与战火赛跑，争分夺秒攥紧银钱。据民国三十年（1941年）统计，当时的同业公会有油业46家，油坊业16家，屠宰业30家，蚕丝业13家，生漆业12家，棉花业10家，皮毛业16家，油篓业10家，卷烟业33家，中西药业26家，匹头业81家，糕点业8家，染坊业12家。

二、万国赛会的“郧䌷”“郧绣”

前面说了那么多商业背景，旨在说明郧阳产品两次走出国门所具有的基础，它们创造了辉煌历史，不是偶然的，而是有着现实环境支撑的。

这两次走出国门的是“郧䌷”和“郧绣”。

据湖北省档案馆提供的档案显示：1911年，湖北省政府选派产品参加“义国都朗万国赛会”，其中，由郧阳府城“永顺生”商号提供的参评产品“郧䌷”获银奖。“义国”即意大利，“都朗”指意大利皮埃蒙特首府都灵，“万国赛会”即后来的万国博览会。1911 年是意大利建国 50 周年，意大利政府决定举办一次世界性的大型博览会，会场分设两处，一处在罗马，举办美术展览会，另一处在意大利古城都灵，举办万国制造工艺赛会。这次博览会是风雨飘摇的清政府参加的最后一届博览会，清政府对博览会十分重视，从光绪三十三年（公元 1907 年）就开始征集参赛产品。湖北省不仅在省内组织各类商品赛会，陈列湖北土特产和工业制品供客商选购，还热心选派优质特产出洋赴赛。博览会上，中国参展商民获得了很大成功，参展的中国货品获得奖项达到了两百余种。

“郧䌷”何以被推荐？它是怎么被当时的省政府看好的？

“郧䌷”，即郧阳丝绸，“䌷”即绸，商界以“郧”为其冠名，体现了它独有的地方特色，其价值是其他桑蚕丝织品无法替代的。此前 1898 年的湖北土特产展览会上，“郧䌷”即被推荐陈列，省城用户看好，他们便蜂拥订货，“永顺生”商号看到商机，就到南化、刘洞等桑蚕生产区去组织生茧缫丝，大量加工，以供应南方客商。

1912 年 8 月 2 日，中华民国政府发布的第 94 号公报，将获奖商号向全国予以公布；1914 年 1 月，湖北省民政长（省长）吕调元签发命令，指定由汉冶萍煤铁厂矿公司根据赛会获奖名单，按驻意大利代表寄来的图样铸造奖牌，然后郑重向获奖者颁奖。获奖名单表明，1911 年湖北有汉冶萍公司等 14 个单位获奖，郧阳府“永顺生”商号是湖北省 14 家获奖商号中唯一一家省会城市以外的商号，能在这样大的博览会上获奖，实属不易。

“永顺生”商号获奖的喜讯振奋了郧阳人，1914 年，郧阳行政公署转发《湖北行政公署训令》，要求郧县西路初等女子学校及早筹备绣货参加

1915 年的巴拿马博览会，并对参展货品的质量和数量、商品种类提出了明确要求，要求台毯、几毯、靠枕套、盘垫等参展品都用细夏布绣制，大餐桌长条饰垫、横幅挂屏等参展品的图案要用油画一样的画风绘制，能绣出苏、杭、锡（无锡）各胜景尤妙，四幅屏风用细花鸟或名胜景物图案织就，花瓶垫、胸巾、袖口、腰带均用西式方式制作，各呈送一套。

当时府城风气开化，早在废止旧式府学建立新式学校之初，就于光绪三十三年（公元 1907 年）在府城背后的沧浪山成立了农业桑科学堂，配以植桑养蚕基地；1912 年至 1916 年，府城内又成立了学文化、学女红的西路初等女子学校，并先后设立东、西、南、北四路小学，东路设在东狱庙，西路设在西寺，南路设在都察院街垣墙内西边，北路设在土地庙。在西关街河南馆还设立了西路女子小学，一个班 50 人，在都院街三司巷还设立了东路女子小学，一个班 50 人。女子学校的师生们听从省政府指示，他们一起参与了巴拿马博览会刺绣货品的制作事宜。

中国参展手工绣品有传统四大名绣——湖南湘绣、四川蜀绣、广东粤绣、江苏苏绣，加上郧阳的绣品，应该是五大名绣了。这些绣品工艺精湛，花色艳丽，图案栩栩如生，成为东方最具魅力的生活艺术品之一。郧绣从此前的默默无闻，一举跻身国家品牌行列，走上世界展台，令世人刮目相看。

这两次亮相世界舞台，可以说是近代中国稍稍敞开国门、重续丝绸之路，走向西方世界的一种尝试。郧阳丝织品搭上国家便车踏上国际舞台，也算是重续历史前缘，因为郧阳丝绸曾是中国丝绸之路上不可或缺的交流物品之一。

三、曾为丝路壮行色

1877年，德国地理学家李希霍芬把从公元前114年至公元127年中国与中亚、中国与印度间以丝绸贸易为媒介的西域交通道路命名为“丝绸之路”。1910年，德国史学家赫尔曼从文献角度重新考虑“丝绸之路”的概念，指出丝绸之路要向西延伸至叙利亚，这是丝绸之路空间的进一步扩大，是人们认知进步的体现。事实上，西晋太康二年（公元281年）出土的《穆天子传》中第二、第三卷写周穆王十二年（公元前964年）至十三年（公元前963年）西征，会见西王母的行程，从侧面反映了在西周时代，中原与西域就开始了礼仪性商贸交往，周穆王漫游所带中原物品有黄金之环三五、朱带贝饰三十、工布之四（十五只黄金环、三十条红色贝饰大带、四匹精工布料），这实质上肇启了中国历史上中原通往西域最早的黄金丝绸之路。周穆王所在的宗周洛邑与远古的郧阳毗邻，且有商贸通道，因而郧阳很早就步入了农桑文明，辽瓦店子发掘的四千年前的纺锤已证明那时的郧阳人纺织的熟练程度，周穆王所携带的精工布料很有可能就是当时郧阳的丝织品。

张骞“凿空”西域[①]后，中原人从长安出发，经河西走廊至玉门、敦煌，由疏勒越过葱岭后经大月氏和安息至地中海东岸，除此之外，还有北方草原之路和南方海上之路。张骞是汉中郡城固人，对汉水流域的

---

① 张骞不畏艰险，两次出使西域，沟通了中国同西亚和欧洲的通商关系，中国的丝和丝织品，从长安往西，经河西走廊，运到安息（今伊朗高原和两河流域），再从安息转运到西亚和欧洲的罗马，开拓了历史上著名的“丝绸之路”，史学家司马迁称赞张骞出使西域为“凿空”，意思是“开通大道”。

物产非常熟悉，对郧阳的丝绸情有独钟，在打通西域的路上，丝绸成为他与当地人建立情感的重要物品，郧阳丝绸（那时不叫郧阳丝绸，而是以一种广泛的指代“汉细”为名称）是他车驾上必备货品之一。

在时间上，丝绸之路上溯先秦，至西汉形成，经东汉发展，魏晋曲折，到唐朝兴盛，再及宋元，直到明代初期，此后衰落，下延至清代、近代，构成一个包括古代、近代的长久延续脉络。在这个漫长的历史长河中，郧阳丝绸以其独有的质地，为丝路锦上添花，不曾缺席，因为郧阳的桑麻是这方山水一直保有的特产之一。

考古文物资料已经表明，早在有文字记录之前的新石器时期，中国就已经开始养蚕取丝，造丝织品，丝绸比人们熟知的中国四大发明要古老得多。前面提到，郧阳辽瓦店子考古发掘的纺锤见证了该地四千年前纺织绩布的历史，这里气候温润，土质疏松肥沃，适宜植桑养蚕，因而它是人类最早步入物质文明的重要地区之一，及至古方国时期、春秋时期，这里被称为“桑间濮上”，人们那时就开始大量植桑缫丝。公元前 6 世纪至前 5 世纪，色彩艳丽的中国丝绸经过游牧民族的转手贩运已进入希腊诸城邦，成为希腊社会上层显贵的奢侈品，这些西去的物品定然不会缺少郧阳丝织品。

汉武帝派遣张骞两度出使西域，将后世长期连通欧亚的商道确立下来。公元 97 年，汉朝又派使者甘英前往罗马帝国，却因被安息人控制着商道而失败。公元前 53 年，罗马帝国与帕提亚帝国交战，波及西亚和中亚，延续几个世纪，陆上丝绸之路通行艰难，罗马商人不得不弃陆择海，在东汉末年三国时期被孙权接续。

隋唐时期，中国结束了长期的政治分裂局面，国力空前强大。隋炀帝时已经有意识地经营丝绸之路，与西域各国联系密切。唐太宗时终于打通丝绸之路，重新建立了与西汉时西域都护府功能相似的安西都护府

(后来又有北庭都护府)，安西四镇成为重要的商业城镇。高宗时，唐朝的羁縻制度达到顶峰，许多国家和地区成为唐朝的羁縻州[①]府，总数达到800多个。陆上丝路沿线的城市长安、巴格达是举世瞩目的大都市，敦煌、吐鲁番、喀什、撒马尔罕、布哈拉等城市成为重要的中转地而繁荣一时。但是历经怛逻斯之战、安史之乱与藩镇割据，唐中后期逐渐丧失了对陆上丝路的控制力，取而代之的是海上丝路逐渐发达，并在广州设立市舶司。广州、扬州等地成为高度国际化的贸易中心，是著名的货物集散地，阿拉伯商人在此汇集。整个大唐时期，郧阳与长安关系密切，唐朝王孙们除了被贬谪郧阳的，还有专门游历观赏这方山河风光的，此时期，郧阳的丝织品大量生产，被前来观光的皇室成员赏识，亦被京都人争相购买，同时，也随丝绸之路传播海外。

宋元两朝海舶极盛，海上贸易已成为国家财政的重要来源，宋廷陆续在广州、杭州、明州（今宁波)、泉州、密州（今诸城)、温州、秀州(今上海松江)、江阴、上海设置市舶司。南宋末年泉州已经取代广州成为东方第一大港，直至元末明初，马可·波罗、伊本·白图泰、周去非等的行记里也有所记述。明清两朝反复实行“海禁”，古代海陆丝绸之路方才逐渐衰落。即便在这种情况下，郧阳丝绸也未淡出人们的生产实践，设立郧阳府后，县城也是府城，两级政府都十分重视养蚕种桑，纺织业发展很快，民间刺绣的发展也十分迅速。故而，在清末民初的两次国际博览会上，郧县一个偏远的山区县城不弱于江南丝绸胜地，大展风采，这不是偶然的，而是历史必然。

丝织品是中国对世界物质文明的贡献，它是洋布乃至毛织品都难以替代的上乘佳品。丝织品精细多样，非常宜人。这每一种类型都是一种

---

① 羁縻州：羁縻，因情况特殊，因俗以为治，有别于一般州县。州是指古代朝廷在边远少数民族地区所置之州，相当于现在的自治区。

创新，都是一种独具灵性的工艺，它带给人们的是身体的享受和视觉审美的精神享受。

郧阳所产蚕茧品种优良，蚕丝柔韧度好，光润洁白，色泽和纹路均匀，外观无污物，无异味，茧衣少而蓬松，上车率 98% 以上。用其制成的真丝绸缎，质地柔软光滑，手感柔和、轻盈，花色丰富多彩，穿着凉爽舒适。制成蚕丝被滑爽、厚实、丰满，弹性优异，冬暖夏凉，受外界湿度的影响小。

四、张之洞的助推

推动湖北近代经济社会发展的历史人物是湖广总督张之洞，他被尊为中国近代工业文明的先驱、湖北近代工业之父，他是湖北参赛意大利万国博览会最主要的推手。他率先在汉口设立商务局，开办汉口商务公所，将湖北可以观瞻的各类土特产品和人工制品进行陈列，吸引了湖广城乡工农业产品大批进入交易市场，郧阳丝织品就是在这种历史背景下被外界关注并获殊荣的。

在张之洞的倡导下，湖北的师范教育行政体系取得较大的发展，这对推动湖北近代教育起了巨大作用，同时也为湖北的发展造就了大量人才。郧阳开现代教育风气之先，前面说到的最先成立初等农业桑科学堂，这些都很好地推动了郧阳现代农业的发展，为传统的养蚕制丝产业提供了人才支撑。据杨献珍回忆，他先辈清末从河南迁到郧阳安阳口龙门塘居住，除了农耕，还开有缫丝坊，以制作蚕丝为副业。

第二十六章　山河激荡，民国时期的郧阳府城

一、一个日子，一声枪响

1911 年 10 月 10 日，是中国历史上一个霹雳般的日子，这天武昌起义爆发，各省纷纷响应。这天晚上 7 点，鄂军革命党第八镇第八营总代表熊秉坤听到营房里传来一声枪响，不禁一震：这是谁打的？尚不是时候啊！那一枪，是他属下工程营二排的程正瀛开的，击中的是二排排长陶启胜。程正瀛之所以要开枪，是因为排长陶启胜发现他和班长金兆龙正在擦枪装子弹——在这几天，风传武汉城内的革命党人联络了部分新军士兵准备起义，所以枪和子弹是不准放在一起的。陶启胜转身要跑出去告发，程正瀛抬手就是一枪，打中了陶启胜的腰部。不光熊秉坤听到了枪响，第八营代理管带阮荣发、右队队官黄坤荣和司务长张文涛也听到了，他们闻声冲了进去，结果也被程正瀛和其他赶来准备起事的士兵击毙。击毙了这批军官后，士兵们突然一下子愣住了，站在那里不知所措，这是事先没有命令，没有指挥官指挥的冲动行为，枪声过后，下一步该做什么？没人给指令。新军的这批士兵，之前确实秘密收到了要“起事”的通知，但是前一天因为“共进会”的革命党人在汉口宝善里制造炸药时走了火，爆炸声引来了巡捕，起义计划被全盘泄露。虽然革命党人将起义时间临时调整到了 10 月 10 日，却没有人给新兵营送去具体的起义时间——根本就没人打发令枪。这时候，熊秉坤站了出来，他是革命党人在工程八营的总代表，在这天早餐时，他其实已经联络好了准备参加革命的弟兄：“起义名册已经被收去了，反正是一死，晚上听

到枪响，就动手!”这一枪已经打响，熊秉坤索性就吹起了哨子要求全员集合：“动手，开干!”

随着这声枪响，武昌城内各个军营骚动起来，各路起义军很快会合，他们占领军火库，炮轰总督府，一夜激战，占领了武昌全城。

一天后，汉阳起义成功；两天后，汉口起义成功；四十多天后，内地18个省中有14个宣布独立；八十多天后，中华民国宣布成立；一百二十多天后，清帝溥仪宣布退位，清朝灭亡。严格说，1911年10月10日发生的事，并不能算进民国史，但却是中华民国成立的必要前奏。由于该年为农历辛亥年，故又称为辛亥革命。在美国的孙中山得知消息后，于12月下旬回国，即被17省代表以每省1票的方式，16票赞成1票反对的结果选举为中华民国临时大总统。中国两千多年的帝制时代正式终结，全新的生活把中国人从封建枷锁里拉到自由天地里，恍如隔世。

二、民国时期郧阳那些事儿

1911年11月14日上午9时，郧阳后防连队队官沈权率众和平光复郧阳，按民国临时政府指令，取消府署建制，郧阳府不复存在，原郧阳府属各县直接归属湖北省襄阳道管辖。1932年，国民政府在湖北省划分行政督察区，西六县为第十一行政督察区，督察区公署设郧县。后第十一行政督察区改为第八行政督察区，公署不变，仍设郧县，直至郧县解放，第八行政督察区撤销。

1912年3月，郧县成立县知事公署，县知事由驻军统领沈权兼任。1913年，郧县国民政府成立，县行政长官叫县长，第一任县长兼警察署长陈鼎铭，又名陈培林，此人没留下具体履历，其前其后情况一无所知。三十多年里，郧县县长走马灯一样地变换，任期到三年的寥寥无几，人民对他们几无印象，唯有抗日战争时期受命于危难之际的张傲云给人们留下了不可磨灭的印象，常常被人们提及。

张傲云于1939年任郧县县长，1943年病逝于郧县，安葬于李泰墓旁。他是洪湖人，湖北武昌师范学堂毕业，曾在黄埔军校政训班学习，北伐后，历任湖北教育厅、建设厅审编，《中山日报》编辑，《湖北日报》主编。1935年他调任北平第七军政训处政训科长、北平军分会秘书长。武汉会战后，日军加紧向鄂西北进军，张傲云临危受命到郧县担任县长。任职期间，他强力整顿地方政权机构，完善基层行政建制。1940年，郧县由4个区并为2个指导区，下设29个乡镇，基层管理更加严密。1941年，他又设立临时参议会，选举了临时参议员，保荐了正副议长，保证了民众参政的机会。对于抗战中的优抚工作，他殚精竭虑，亲自组织了“出征抗敌军人家属优待委员会”，明确了各类优抚对象，稳定了出征将士和家属的情绪。有赖于他的抗战优抚工作，郧县在抗日后防供给及时，受到上级嘉奖。1945年，日本侵略军抵近郧县边境，由于他在世时组织到位，郧县人民严阵以待，县城未受到惊扰。

张傲云在动荡的时局中依然力抓农田水利建设，充分保障民生。资料记载，1940年他请省建设厅总工程师亲自赴郧探勘设计了青曲砌园渠，也就是郧阳人常说的“西大堰”。他还决定修建十堰的晓阳渠、南化的滔惠渠、柳陂的茅柳灌溉工程，终因身体问题而搁置。在他任职期间，水田由1939年的8万亩增加到22万亩。此外，张傲云重视基础教育，大力投入中心小学建设，他还大力推进国民卫生健康运动，使郧县人民有了第一所公共医疗机构，此间他还组织了群众性的灭害虫、改厕所、饮用水消毒等工作，普及卫生健康知识，培养民众健康卫生习惯。

他在郧县倡导体育运动，在县城筹建了公共体育场，举办了郧阳历史上第一届全县体育运动会。他重视基层群众工作，在郧县各行各业先后动员组织了行业工会，如卷烟、烟丝、染业、药业、棉商、盐商、油篓业、皮业、油业、纸业、糕点业、屠宰业、银楼、烧窑、匹头（按顾客指定的长度零售的布匹织物）业、旅栈、理发业等，都成立了行业工会，最后成立了县总工会。张傲云还极力发展地方纺织业和淘金产业，禁毒禁烟，工作很得民心。他卸任后即安居郧阳，不回故里，后病逝于郧阳城。临终前给家人交代，让葬他于三皇庙李王坟附近，面向东南，要看到日寇灭亡。他仅有三个女儿，均在郧阳长大成人。

其三女张幼云从小在郧阳城接受基础教育，从湖北第八中学（郧阳中学）考入北京外国语大学，留学英国伦敦巴斯大学，学成归国后，长期在外交部工作，曾为毛泽东、周恩来、邓小平、胡耀邦等党和国家领导人担任翻译。自 1982 年开始的中英双方关于香港问题的 22 轮谈判，她参加了翻译工作。1984 年 12 月 19 日，中英两国政府关于香港问题的联合声明的正式签字仪式上，张幼云就站在邓小平、撒切尔夫人身后，合影前，撒切尔夫人回过头对她说："我们在一起，共同看到了历史是如何写成的。"①

三、"郧阳才子"

郧阳城虽不再是府署之地，但固有的府署影响力仍在，鄂西北的新潮流总是最先从这里兴起，西六县的文化教育中心仍在这里。

① 中国人民政治协商会议湖北省郧县文史资料委员会编：《郧县文史资料》（第三辑），中国人民政治协商会议湖北省郧县文史资料委员会内部资料，1997 年，第 250 页。

几十年的流动与变迁，名称改来改去，学校迁进迁出，郧阳城的教育中心位置以及西六县的统摄地位始终没变，它一直守护着抚治府署堆垒的文化高地的根基，发挥着领头羊的作用。著名“劳工律师”施洋，于1907年考入郧阳府立农业学堂蚕科学习，1910年转入郧阳府农业中学，在此基础上，他考入湖北警察学校、湖北法政专门学校，后走进武汉律师公会，成为早期共产党人。

民国时期的郧阳中学（每个阶段的名称姑且不管，我这里选其沿用至今且广为人知的名称来称呼它），不逊于过去的郧阳府学及书院对郧阳人才的培育和滋养，无论时代如何改变，始终坚守良知与良心，植根百年大计，造就社会脊梁。这里介绍一下郧阳中学学子，他们是王开化、杨献珍、苏元信（按出生年月顺序）。

王开化，别字治斋，湖北郧县安阳人。他于1893年出生，1912年考入郧山中学（郧阳中学前身）就读，于德国哥廷根大学毕业，获经济学博士学位。他于1926年回国，曾任国民革命军总司令部总政治部国防编译局编译委员，武昌中山大学教授，河南省政府禁烟处长，第二集团军财政军需学校副校长兼教育长、湖北省第八区行政督察专员，1976年2月15日在台北逝世。①

杨献珍，原名杨奎廷，郧县安阳口人，出生于一个手工业者兼自耕农家庭，他于1992年8月25日在北京逝世。他是长子，出于对长子的厚望，在他六岁那年，父母将其送进私塾学堂。不久，县城兴起了新学堂，他就直奔新式学校而去。到学校足足七十里河湾路，年仅十二岁的他在父亲送了一次后，便自行上学回家。旧式教育与新式教育交替之间，他经历了跟不上、不会写作文等学习问题，好在他都在自我调适中

① 中国人民政治协商会议湖北省郧县文史资料委员会编：《郧县文史资料》（第三辑），中国人民政治协商会议湖北省郧县文史资料委员会内部资料，1997年，第323-328页。

走过来了。1912年，他如愿考取湖北省立第八高级中学——郧山中学，即后来的郧阳中学。在此三年，接近毕业，因不满学校混乱的教学秩序和校长落后的办学思想，他愤然弃学。杨献珍于1916年考取武昌商业专科学校，从此开始了他接触新思想和系统研修经济、英语和哲学等学问的征程。1920年夏，他从商专毕业，留在该校做英语助教。1925年，郧县旅省同乡会公推他回郧阳任湖北省立第十一中学，即此前的郧山中学校长，并得到当时国民政府省教育厅的认可，可当他带着省厅委任状回来就任时，他当年在该校读书时的校长任岱青就是不交权，令其处境十分尴尬，他向省厅汇报，省厅碍于地方势力，也不便驱逐任岱青，所以他决定另起炉灶，新办一校，也叫湖北省立第十一中学。筹办了一年，他到省教育厅汇报此事，原定汇报完工作即回郧办学，可此时听闻国民革命军北伐，大军已抵湖南，他得知消息甚为振奋，当即决定留下迎接北伐军到来。留在武汉的杨献珍满怀激情迎接北伐军，他暂居城内崇实中学，和那里的师生一起生活。城内普遍认为革命军很快就会攻克武昌，吴佩孚的旧部不会持续多久，胜利在望，所以仅备粮七八天。没想到军事对峙的双方相持长达40余天，城门紧闭，谁也无法出城买粮，他和寄居学校的其他人每天偶尔能买到酒，抿两口，维持一下生活。在此情况下，人们看到他每天仍孜孜不倦地阅读经典和新闻，饥饿和攻城的隆隆炮声都分散不了他的注意力，大家惊叹于他神人一般的定力和毅力。此间，杨献珍接到留学德国的同乡王开化的请求，他希望杨献珍帮助他翻译李斯特经典经济学著作《政治经济学的国民体系》，杨献珍在饥饿中完成了王的重托。10月，守城的北洋军阀终于被打败，死城顿时复活，他立即投身劳军和革命宣传中，并和北伐军中的共产党人走在一起。他的革命热情以及在被围困城内时的表现，均被当时的武汉共产党组织看在眼里，他们发现他是一位具有出色政治品格的志士，是共产党组织需要的人才，此后其波澜壮阔的革命经历，在此就不赘述了，这里主要把他早年在郧阳府城读书经历略作介绍。

苏元信，字仲甫、中夫，均县城关人。出生于 1908 年，1924 年在湖北省立第十一中学（郧阳中学前身）读书，随后考入大学。他精通书法篆刻，中华人民共和国成立前任湖北省第八行政督察区专署文教视察，中华人民共和国成立后成为开明绅士、两郧专区政协委员，《丹江口市志》有其人物传略。

从以上三人的人生经历以及当时的才情表现、此后的发展可以看出，他们是同龄人中的佼佼者。他们在校学习突出，发展潜力大，社会知名度高，关注度高，故而被时人称道。除了他们之外，受到郧阳府学这个教育高地的拔升而成才成名的人亦不计其数。

第二十七章　舍家为国，郧阳古城的笔墨丹青

新郧阳，新纪元，新景象，这片古老的河山，这座沧桑斑驳的城市，荡涤了凄风苦雨，驱散了尘雾阴霾，迎来了欣欣向荣、蒸蒸日上的光景。郧阳的凤凰灯走上了街头，狮子龙灯走上了街头，新老艺人走上了街头，抒发着发自心底的欢乐，迸发出史无前例的激情，大街小巷都沸腾了。万民其乐如也，怒放的心花，荡漾的欢声笑语，祝颂着万象更新的新时代。

一、逝城与筑城

没费一枪一弹就解放了郧阳，郧阳府城完好无损，钟鼓楼矗立在街衢之中，正点的浑厚钟声悠扬而高远，莘莘学子朝气蓬勃，书生意气，把对理想和新生活的憧憬带给弃旧图新的人们。为纪念西六县几十年来在革命斗争中牺牲的烈士们，一座翠柏森森的烈士陵园庄严呈现在满城仰望的视野里，尤其那个真人般持枪肃立、着草绿色军装的解放军战士塑像巍然凛然，远远看去，是那么肃然而可敬可亲，回首再看一眼：海拔不过一百多米的山梁，在低矮的城墙背后，显得那么遥不可及，它似乎就是郧阳城最大的靠山，最雄伟的依托！

只有天在上，更无山与齐，举头红日近，回首白云低。

西河码头依旧船来船往，几十吨的大木船从舱里到舱面货物堆积成山，船工黑汗横流，他们赤着上身扛着麻布包卸货，不见丝毫辛劳，倒是有说有笑，劲头十足；下水船或云帆高挂，一帆风顺，或摇橹声响彻云霄，速如竞技；水船纤夫匍匐在岸，山和水都背在他们肩上，汗水和

钱都踩在他们脚板下。郧阳城，汉江商道上一个资历不浅的驿站，江流千古，商贸千古，郧阳千古！

1958 年 9 月 1 日后，这一切都改写了。

汉江不再是江而是水库，丹江口以内全部是库区，均县城、郧阳城、淅川城以及百万亩良田、千万间房屋淹没在水下，一片汪洋下，数十万人背井离乡，所有的改变最终成就了世界上一个壮美景观——亚洲天池！

汉江历史性地被改写了，它的天然属性开始从属于人的意志，它的鼻子被牵住，这任性的河水，在现代人面前，变得温驯，与它同命运的两岸人以及人们所依附的土地都望水兴叹，欲说还休。

将一座古城弃掉，生于斯长于斯的人万般不舍。这座城给了他们太多太多的自豪与骄傲，无论是在外见世面还是在家朝夕温存，无论是街市的悠游光影还是居住的舒适和宜人，郧阳府城都让他们梦寐萦回，爱恋依依，舒心开怀，然而，现在要离开它了，怎一个“别”字了得？

据《郧县志》记载，1958 年 10 月，也就是丹江口水利枢纽工程开工之后的一个月，郧县城市建设委员会拟定了一个 10 万人规模的新城建设规划，规划对城市道路、绿化和各类建筑物主要定额指标做出了明确规定，对街道、桥梁、围堤及居民区、工业区、机关单位等地都做出了具体规定。由于缺乏合理的规划指导，建筑分布零散，局面不容乐观。1960 年 9 月，省建工厅、勘测设计院、襄阳专署城建局组成规划设计工作组赴郧考察指导，并邀请中南给水排水设计院协助郧县优化新城迁建设计。设计组对新城的自然地貌、区域、水文、工程质量、新城规划和建设、房屋造价及老城旧料利用等有关问题进行了认真调查，科学分析，提出了详细调查报告及规划实施图。新城建设到 1966 年陆续完成，许多项目是在边勘探边规划中进行的。

1968 年，丹江口水利枢纽工程封闸，城垣全部拆除，老城只剩下地势稍高的小西关、天主堂和烈士陵园，其余一片汪洋，第三、四批次老城人全部搬迁完毕。搬走最后一块砖石，收拾净房前屋后的那些坛坛罐罐、砖头瓦块，望一眼这个祖祖辈辈生活的地方，这些城关的老郧阳人生离死别一般，鼻涕一把泪一把地离开了他们的故园，当他们亲眼看到江水一波一波朝山根涌来，一顿饭的工夫，过去那一望无际的鳞次栉比的街巷便消失了，只剩下了水面和江风，悲凉的心情无以言表。

二、二次兴建

1977 年，郧县新城开始第二次建设。吸取先前的教训，这次建设先进行了严格的地质勘测和布局规划，重点解决好胀缩土地基问题，充分考虑功能分区和居民安置的问题。新址是一个半荒凉地带，那儿有一个基本失去灌溉功能的水库，名曰土沟水库，向西毗连的是又一个小型水库，也早已不做蓄水之用，库边荒草几人高，污水蓄积，水库藏污纳垢，乌黑泛绿。这都不是问题，一个城市需要风水，于是进行规划时就将其规划为城市水上公园。以黑石山和杨家山为城市依托，政府把居民区和机关、企业、商贸等功能区分布到 12 个山岭沟谷地带，从西岭中段向中岭延伸，过土沟水库坝顶，再向东岭上下延伸，向北延伸至杨家山下，再环绕过西岭北段，与西岭相接，形成棋盘式街面，中间筑一条东西贯通的郧阳路和一条南北走向的解放路，把主城区串联起来。

老城后山的烈士陵园也迁址于新城北面的杨家山，这是新城的一个制高点，站极高处可见汉水西来东去，U 字形汉水将郧阳城的半岛勾勒出一个灵动的剖面，对岸的柳陂、长岭和右手一岸的杨溪，纵情铺展，既托付着郧城又延展着郧城，与郧城一同打开一个扇形图景。陵园密植林立的翠柏，原本只长酸枣刺的礁石山在园林专家的研究指导下，石缝里栽植米柏，不几年已遍山葱翠，亭亭玉立，山上植被大大改善。

考虑到全民健身运动，他们在东岭东菜园背后一个斜坡处拓建了一个大型体育场，内设田径、体操、篮球、足球等多项运动场地。周围砌阶梯式台阶，西面筑有主席台。紧邻体育场北侧建有1400平方米的体育馆，室内可举办篮球、乒乓球、排球、羽毛球等球类赛事。体育场一侧建有泳池，可供游泳训练、比赛和健身使用。

体育场背依的东岭是新城人流密集地段之一，走在这里，人们能重温老城风貌，城建在此改建了一段雕梁画栋的鼓楼街，约100多米，与文化馆和大礼堂相衔接。

出于对郧阳天马神话传说的审美赞誉与理性认知，新城二次建设大定之际，负责人请武汉美术学院教授为新城设计了一座大型“少女天马”的城市雕塑，该雕塑坐落于县政府大楼右边的交通转盘处。雕塑造型为一弯新月托举着一位骑着神骏的仙袂飘飘的少女，骏马四蹄腾空，少女优雅回眸一笑。这是天马崖神话的具象化解读，也是郧县人站在新城城址上瞩望理想与远方的形象表征，具有郧阳精神的艺术魅力。可惜这座城雕在郧阳第三次修建时被移除原址，摆到了沿江大道的一块空闲地里，面向古老的天马崖，似乎想以这样的空间距离进行艺术与神话的对话或曰写实，但时隔不久，沿江大道升级改造，这尊雕塑彻底毁弃，如今不复存在。

郧城工业基础薄弱，三家地区企业给郧县经济以支撑，解决了县城青年就业问题，它们是郧阳地区造船厂（后改为汽车配件企业）、郧阳地区风动车（后改为汽车拨叉厂）和三五四一厂。随着十堰的崛起，前两家企业先后迁入十堰，后一家企业主要业务也逐步转向十堰，郧县基本没有了地区一级的企业。教育上，两所顶级学校——郧阳师范专科学校（现今的汉江师范学院）和郧阳中学（也就是从郧阳古城的郧山书院和府学宫衍生的那所郧山中学），也先后迁往丹江口市和十堰，郧县土地上没有了地区一级的行政事业单位。郧县本土企业有郧阳造纸厂、汽配一厂、汽配二厂等，税收少，造纸厂后来政策性关停。后来，郧县在国家的支持下新建郧阳卷烟厂，该厂以年产 2 万大箱的额定产量，为积贫积弱的郧县财政提供了大量财源，缓解了财政压力。这个企业后来政策性关停，留下了一大片空房子，承载该资产的汉宫集团坚持至今。

新城面貌的历史性跃进始于汉江一桥的建立，这座筹于 20 世纪 80 年代末、竣工于 20 世纪 90 年代初的郧县世纪工程，解决了万古以来郧阳人渡江的问题，汉江从此不再是郧县隔绝外界的天堑，往来江南江北也不必再苦等渡船，不必在时间的流逝中饱受煎熬。郧县汉江一桥被称为郧阳人的百年梦想，它让新生的郧县城永远地告别了天然的羁绊，城区真正具有了城的舒适度和模样。

新城二次抬升的另一个标志性建筑是郧阳文化广场，该工程填平二号库，是在污泥沼泽坑上筑起的市民健身休闲广场。原来这里作为城区水景与一号库的波悦公园毗连，相映相照。后波悦公园管理不善，成为污水汇集池，二号库也同样杂草丛生，臭气熏天，周边的几十家单位不仅深受环境污染之苦，彼此的往来通行也受到影响。时任县委书记的蒋显福调研后，遂做出筹建文化广场的决定，这个决定得到大家的一致支持，先后半年，各单位同心同德，同心协力，一座开阔、大气的广场便呈现在世人眼前。广场有喷泉区、儿童游乐区、舞蹈区、棋牌区、自娱自乐区、散步闲暇区……各类游乐功能齐全，最大限度满足了民众的业余活动需求，同时也为一些社会活动提供了场所。主席台背对的是郧阳博物馆，这个从前被二号库蔓草杂树遮蔽的重要建筑显现出来，文化广场成了郧阳博物馆的巨大观赏平台，即可看到数千米之外碧绿色玻璃墙体的郧阳博物馆，广场行人络绎不绝，绿藤掩映，百花争艳。蒋显福留下的民生文化政绩令人们念念不忘，他使郧县人再一次拥有了心灵的栖息地。

三、感新怀旧

郧阳新城经过不断升级建设，逐步从生存依托和文化命脉上被人们接受，但仍有一批怀恋老城的人，他们或文字述说，或笔墨勾画，或镜头留影，或群聚谈天……怀旧并非回到过去，只是一种心灵的寄托与思念，他们仍活在当下，对当下充满了认同和寄望。

对郧阳故城的追忆之深当数梅洁，她是这座古城孕育的女儿，是当代文坛重量级作家，其作品蕴藏的情结和乡愁都源自这座称说不尽的乡土城市，故城留给了她刻骨铭心的记忆，这里是她记忆开始的地方，“曾家铺子”五分钱一碗的米酒曾醉过作家的童年，“王一茂酱菜铺”的辣酱是作家难忘的美味，酱菜铺对面的“阿三”曾给作家留下了无尽的美好回忆，一条条烙印了历史足迹的青石板小街，记录了作家青葱岁月里一串串欢快的日子，沙滩里的“浪柴”，曾给作家及她的伙伴们带来岁月的充实和愉悦，那条“黄昏时江面像撒满了金子”的大江，曾赐予作家无数美丽的梦想，那座南来北往的西河码头，给了作家孩童时期无数的盼望和留恋。一个晨曦微露的早晨，在父亲的护送下，15 岁的梅洁满怀伤感地离别故乡，自此，这条滔滔而下的大江在她的记忆中便多了几分苦涩，这片神圣的故土蒙上了一层淡淡的忧伤。她的“移民三部曲”（《山苍苍，水茫茫》《大江北去》《汉水大移民》）以及她大量的散文篇章，不止一次表达对郧阳故城的伤逝，不遗余力地为之觅魂，呼唤其故园归来。游子更是赤子的真情不时汹涌在她的眼眶和笔端，多少次说起老城潸然泪下，多少次写到老城的一事一物墨泪齐飞。梅洁的儿女情和故乡爱全靠她一个字一个字地熔炼而得，是靠挥汗如雨的沉重付出而迸发出的，她成为郧阳家喻户晓的作家是因为她对故乡炽热的感情感染了乡亲们。她用富有活力、魅力和魔力的故事讲述，重新建构起一座物质之城的精神魂魄，复活了曾经的街巷，郧阳在她的笔下永远不朽。

郧阳老城的另一个女儿杨菁，她倾心为故园郧城著述的《欲望水城》和《绿水倾城》，以女性独有的细腻笔触和感性，召回了郧阳古城的那些年。故园赋予了她无可比拟的才情，她则回馈了故园无限的敬意。那街那巷，那辘轳那井，那城南城北的旧事，都曾伴随着她成长，多少平铺的往事经她写出，情境迭出，缥缈有致。

杨菁是幸运的，她出生那年，古城还健在，《欲望水城》就是作者有幸在此度过了童年、少年、青年时期后为故园写下的故事，这是她从骨子里吐丝一般吐出的故事，是带着幽沉的历史气息的鲜活的市井事儿。那些念念不忘万丈泥沙下故园城郭的天南海北的郧阳人以及现今新城的郧阳人，捧着这本故事，无不感怀他们从故事里找到了丢失已久、时时回想而不得的属于古城的见闻记忆，找到了精神皈依，一汪怀旧的幽怨有了对镜诉说的知己，安能不梦寐惊喜。

时隔十年，她又推出另一部关于府城的大作——《绿水倾城》，她默声召唤："归来吧，我们梦一般的五百年府城！归来吧，烙印了情感的祖居！"千呼万唤，千描万绘，那泥沙下昔日郧阳府城的光辉您可曾有所感应？曾几何时，绿水萦绕城郭，从西河码头到南门魁星楼再到东边东菜园，水上是林立的桅樯，岸边是鳞次栉比的街面，水和街相拥相依，呈现出地利人和的怡人景观。多养人啊！我的府城，是我们永远的精神家园，是郧阳儿女时时回眸的心灵宅屋。

将一腔深情付与郧阳古城的郧阳儿女还须说冷遇春和邢方贵两位地方文化专家，他们都是在古城出生，又在古城文化滋养下成长的一代人，无论城在城逝，他们都在关注着这座融入他们骨子里的城市，因而，他们总是不住地探究，不住地考据，不住地写，不住地讲述，只要有一点空闲，都要为古城去做他们自己立定的课题。没有谁要求他们，没有任何功利驱使他们，他们有一种天然的使命感和责任感。

在古城行将消失的那些年，有一个喝老城井水长大的郧阳青年，他叫陈家麟，他酷爱摄影，黑白照相机尚未普及的时候，他作为文化馆的工作人员就率先有了使用的机会，他开始了把镜头对准老城那些烙印在心间的建筑、街道、风俗、民情的抓拍抢救行动，他悉心拍下的西河码头、钟鼓楼、春雪楼、魁星楼、总兵坊、街头艺人以及郧城全景，后来被收入《郧阳古风》，以摄影集的形式出版，这便成了完整版古城的永恒记忆，迄今郧阳的各种文史追忆都离不开他的照片，那是绝版的郧阳，绝版的风景，不可再生的往昔。

有这样一些古城儿女，他们活在从前的时光里，出入在古老的街巷，如肖大顺和兰士华。肖大顺夫妇在老城搬迁时被迁移到汉江下游的京山，他们过不惯那里的生活，私下返迁回郧，两人靠到黑石窑拉石头度日，后来政策落实，他们都恢复了教师职业，有了安居乐业的基本条件，于是他们便开始怀念老城故里，几年后，一幅题为《古麋图》的郧城全境图绘制成功，所有的街市形貌生动呈现，景象扑面，一览便走入古城岁月。他的妻子张月英为之作序，记述了他们百折而难忘生身之地的情怀，希望以一笔一墨挽留旧时城郭风华。该图一问世便在郧城掀起了一股怀旧的洪流，街谈巷议中尽是郧阳那些年。

肖大顺创作不久，老城人兰士华创作《梦里郧阳图》，这是一次更深广的回眸与觅踪，他从宋人张择端的构图中想到了郧阳城《清明上河图》一般的神韵，随而开始描绘古城的风貌，在 20 多米长的巨幅画卷上他画了 2000 多个人，数十万间屋舍和诸多亭台楼榭。那些天，他的一帮老城兄弟们聚集在他屋里，帮他回忆，给他指点，替他构思，他们都痴痴地沉浸在召回古城的氛围里，乐此不疲，直至收笔，全城为之赞叹。时任县长的柳长毅闻讯登门拜访，他蹲在那里整整欣赏了半天，并亲自为其作赞诗一首，一时传为佳话。

第二十八章　天时地利，“亚洲天池”上的“海市蜃楼”

波光粼粼的万顷库区被誉为“亚洲天池”，那藏入库底的郧阳古城精魂不息，郧阳南北“海市蜃楼”，天地传奇。原来“沉没”是崛起的预告，那个天马崖的奇闻逸事铺垫着康庄未来，郧阳、十堰，万古的时光始终不会辜负，这座横跨汉水南北的山水之城把这方人永远地高举！

一、三川粮仓

也许我们还记得郧阳行署于1965年恢复，西六县不再隶属襄阳行署管辖的往事，那时，恢复后的行署和中共郧阳地委仍驻跸郧县老城，老城虽已动迁，但是1966年的郧县十堰办事处相继成立，这个办事处是为十堰筹建第二汽车制造厂（以下简称“二汽”）服务的，象征着一个全新地标的未来，毫无疑问，一座新的城市将在十堰崛起。因此，郧阳地委和行署一开始就没打算与郧县县委、县政府一同就地迁移，而是待到十堰正式建市时，它才顺势迁移到十堰柳林沟。这是个高明的远谋，不然，其与郧县新城一起几经反复，也许就难有今天的亮丽图景。

说及十堰，郧阳人都知道那曾是郧县一个小小的行政区，从黄龙镇蜿蜒到白浪，是明朝中期流民开发的一片沃野粮仓，曾任郧阳首任巡抚的原杰吟诗赞誉它为“南坪佳地”，我在前面写原杰那章已提到。有史记载，湖北大冶金牛镇流民陈某一家在原杰附籍流民后安居十堰，在此开了一铁匠铺，为方圆十几里的原住民打制耕作铁器。有了农具，便有了生产力，流民们整地为田，在百二河筑起头堰、二堰、三堰、四堰、五堰、六堰，于张湾区的犟河亦筑起头堰、二堰、三堰、岳竹堰，总计十堰。耕耘百年，秸垛成山，街面也筑起来了，以陈家铺为中心的集镇层层铺开，桑田美竹环绕一爿单面小镇，气象兴隆，生意火爆。“布谷声中水满溪，南畴北陇把锄犁”，陈家门楣、陈家街铺扎实地延续，一直延续到民国，延续到如今，人们现今所谓的百二河以西、犟河以东的陈氏祖居地为十堰老街，就是指最初陈铁匠他们开发的那一带，那就是十堰之发轫！

十堰记忆从此始。第一代拓荒者，或曰有史记载的早期十堰耕耘者，他们缔造了这粮仓十堰，恬然自适，丰衣足食。

早期专家们踏勘的二汽厂址是沅陵、泸溪、辰溪等湘西山区，经研究不符合“隐蔽”的战备要求，随后，他们又到四川，沿长江考察泸县纳溪（今泸州市纳溪区）、重庆达县（今四川省达州市达川区）、贵州遵义，也不尽如人意，要么是好田好地舍不得占用，要么是山峻地僻筑路艰难，交通不便，最后中央就断然决定把二汽建到湖北，建到工业重镇武汉，带动中部。后因种种机缘巧合，十堰成了二汽厂址的首选。

1966 年 5 月 1 日下午，筹建二汽的负责人饶斌同志怀揣二汽选址报告并带着湖北地图到时任第一机械工业部部长段君毅家里面呈建议，当部长认真看完关于将郧阳的均县草店到郧县鲍峡一线作为二汽选址的报告后，又结合湖北地图反复端详地形地貌，不禁首肯：“二汽建在那里是合适的，我本人一定亲自去看看！”随后，国家建委到鄂西北来召开三线建设厂址讨论会，会上明确表示，经过各部委正式研究决定，从草店到鲍峡部署汽车厂和必要的配套厂（轮胎厂），明令其他部委不要在这区间安排企业。

1966 年的 6 月 6 日，第一机械工业部正式向中央报送《关于中型载重汽车生产基地（第二汽车厂）建设方案的报告》，明确在“鄂西北郧县的十堰到陕西的旬阳一带”选址，对区域长、宽、海拔、方位以及拟建山沟、山体落差、近景和远景规划等都有具体明确的界定。

这时一位领导的不同意见给业已板上钉钉的二汽落户十堰方案带来了“从头再来”的颠覆性改变。提出意见的领导是时任国家计委副主任的林乎加，这位战争年代过来的老革命，对战备异乎寻常地上心。当他在均县听了二汽的选址后，立即表达其责备之意，他认为目前的方案只在具体点上做了很多工作，大的方面动脑子少。他所谓的“大的方面”，就是指战备，而战备则需要应对打大仗，且要应对比我们预想要更早的战争到来，预想战争打到距离我们最近的徐州、开封，企业生产受不受影响，敌人轰炸能否照常生产？因此他明确指出目前选址有问题，要找那种厂址打不烂，运输炸不断的地方去建厂。那么，十堰问题在哪？纵深不够！他提出可以向白河至黄龙更深处看，还可以把安康作为中心，那一带山很大。最后，他又把话说回来，如果没有别的更合适地方，这里（十堰）也还可以。针对如此强调隐蔽、强调打仗的观点，时任中共中央总书记的邓小平就明确表达想法，他说：“建汽车厂要想让人家看不见不可能，关键是要积极防空。”是啊，偌大的企业难道能全置于山中地下，长期不见天日吗？

为此，二汽一班运筹者不得不又围绕临近十堰的堵河区域，设计出二十四个庞杂而烦琐的新方案，最后删繁就简综合为七个，再而集中为东、西、中三个。以堵河为基点，向东或向西，或东西综合三个思路。十堰是堵河岸边最开敞又最有山势的理想建厂之地，无论纵横怎么构思，十堰都会被框定其中。国家主管二汽厂址的第一机械工业部审查委员会组织专家、领导数百人召开研讨会，经过长达二十余天的商讨，最终确定把研究重点落实在“茅坪梁家沟至花果陈家沟”的东线方案上，大家认为该方案符合毛主席的“大分散、小集中、靠山、近水、扎大营、建波恩式的城市”的指示精神，符合“靠山、分散、隐蔽”的战备要求。这一带看山不走山，易于贴坡切山，少花钱治山治水，山势隐蔽，沟多曲折，呈放射状格局，铁路、水路、公路贴身而过，构成环状运输网，战争打来炸不断。

1967 年 2 月，国家二次批复二汽总体部署和设计纲要。4 月 1 日，动力厂在大炉子沟破土动工，正式拉开二汽开工序幕。

锣鼓，鞭炮，红旗，歌舞，大家以最简朴也最有革命气息的方式庆祝，十堰山水一片颂祷恭祝之声！

已是群山沉沉入眠夜，国家建委军管会急促的电话铃声将周总理的敲定喜讯传到了十堰办事处，十堰彻底心定了。

二、十堰崛起

大规模建设终于可以展开了，北京、南京、上海等 16 个省（直辖市）30 多家厂、140 多个科研单位、560 家机床厂的近万名科技人员和工人来了，长春一汽的 1200 名企业管理干部来了，近 2 万名退伍军人来了，上海 2000 名初高中毕业生来了，上海、武汉的 3500 名中专生来了，武汉 650 名医务工作者来了，郧阳 3 万民工来了，四面八方齐聚，近 10 万建设大军进驻十堰。他们背行李，挑锅盆，搭芦棚，租农舍，安营扎寨。

二汽对越野车诸多问题逐一攻关，推进新工艺，运用新材料，装备新设备……

技术难题拿下，进入批量生产，从年产千辆到万辆、十万辆、百万辆，东风车开始由中国走向世界。

二汽的建成意味着十堰这个城市的成立有了强力支撑，二汽是构筑十堰之主体内容，十堰是二汽赖以生存的空间。[①]

十堰被整体带动，经济指标飙升，汽车工业资产占大半壁河山。

十堰因车而建，因车而壮大。

1966 年 12 月，郧县十堰办事处更名为郧阳十堰办事处；1969 年 12 月 1 日，湖北省革命委员会下文撤销郧阳十堰办事处，成立湖北省十堰市，隶属郧阳地区管辖；1973 年 2 月 17 日，国务院下文，十堰升格为省辖市，与郧阳地区行署并存。十堰一天天长大，从郧阳的母体中脱颖而出！

由小农经济向大工业跨步，由田间地头向城市飙进。称为“堰”的一些平坦地方排开了街衢，机关、住宅、商贸、物流，吃的喝的，随之落地，拉开城市架构，一条条崭新街市呈现出来，火柴盒式筒子楼、积木式品字楼、随坡就窝式阶梯楼满目皆是；漫坡的高压铁塔雄伟至极，从一个山巅到另一山巅，成为十堰耀眼的地标，成为新城市的醒目标识；一道道柏油马路替代烂泥岗土路，下雨不穿草鞋也可以自由来去；一片片玉米地、红薯地都不再种老式庄稼，改为蔬菜、果树……

城市逐步具备基本功能，原十堰区作为一个独立于郧县之外的行政区——十堰市出现，人们开始了职业的转变，由农民到市民、工人、企业干部、吃商品粮的人……

几年间，十堰像原子核遇到外来粒子轰击，轰隆一声裂变；像遇到了蛟龙之蜃，幻化了万千楼台；像遇上了神笔马良，画什么就有什么，真正是一张白纸没有负担，单纯平实，能写最新最美的文字，能画最新最美的图画。几年间，十堰角角落落、沟沟岔岔都是房子，大道小路、里里外外都是人，来来往往、进进出出都是车子。毛泽东主席当年指示要把二汽所在的城市建成“波恩式”的城市，他老人家心中的“波恩”

---

① 张矛：《饶斌传记》，北京：华文出版社，2003 年，第 375 页。

大约不是指当时德国首府那历史名城的市政格局，而是指“波恩”的本来之意“兵营”吧。十堰作为战备后方，以良好的山体和高度的森林覆盖率为汽车工业搭起顶天立地的护卫屏障，工厂掩映在城市森林中，波恩河谷山脉的防御优势十堰也同样拥有，而庞大的汽车工业又支撑着城市飞速壮大。

1994年，十堰与郧阳地区合并，市县一体，正式取代郧阳，取代了统辖六县五百年的府署郧阳。

十堰快速发展，不辍一日地快步向前，由山陬展开翅膀，大鹏式地起飞了。

极目处，可览六纵六横的山城楼群的磅礴阵势，那宏阔的风貌由澳门花园、香格里拉、东方明珠、武当国际园、和昌国际城、阳光栖谷、王府井广场、柳林春晓、明天映象创业园、天麟时代广场、九州龙城、万达国际商贸城、昌盛国际商贸城等一批耸入云霄、风格现代化的地标建筑相拥而成。

“十漫”高速、“十白”高速、“十房”高速、“郧十”高速、“襄渝”铁路复线、“汉十”高铁、“汉十”城铁、“运十”铁路、十堰航空等对外建成及即将建成的通道，展现了大十堰的鲲鹏雄姿！

作为十堰的门面，人民广场、赛武当广场、青年广场、人民公园、京津园、灼春园、锦绣园、体育公园、百二河景区、赛武当景区、四方山森林景区、牛头山森林景区等休闲场所，一副副梦寐般的容颜一扫古时的村容村貌。

作为淘金地，五堰步行街鼎新了十堰城市商圈时代，人民商场托起了恢宏的六堰商贸空间；又有虹桥建材商城、辰泓建材大市场、寿康永乐生活广场、鄂西北小商品批发市场一同构筑起火车站宏大商业空间；东方广场、中商百货、泰弘电脑城、公园路电子产品一条街等商埠拱卫起张湾商务天地；另有红卫、花果、顾家岗、白浪商圈等不时扩张，人山人海。

2014 年 9 月 9 日国务院 118 号令，郧县整体划归十堰城区为郧阳区，两地割离半个多世纪后又衣襟相连。历时八百年的郧县和前不久被十堰取代的历时五百年的郧阳府，都成为历史，“郧县人”发愤图强最终迎来了这一天。

三、从“郧县”到“郧阳区”

这里我们需要再回眸一下郧县那些年走的路：十堰迅速发展的同时，郧县也在暗自发力，在进行第三次城区升级的发力。

郧县在 2002 年底迎来一个提升郧县的历史性推手——县长柳长毅。他是改革开放后第一批本科生、中央党校全日制研究生，又在企业、市委工作多年，理论知识和实践能力都很强。

那时郧县经济已经相当滞后，发展找不着出路，全县有很多人吃财政饭，而 2002 年全县财政收入的大部分来自烟厂，可烟厂后被要求关停。干部和教师工资不能正常发放，每月只发基本工资，国家规定的各项补贴都不能发，很多单位都拖欠两个月乃至半年的工资。柳长毅提出“三依托、三优先”战略：依托十堰城区，依托东风公司，依托本地资源，优先发展第二、第三产业，优先发展特色农业，优先发展外向型经济，粘住十堰和东汽。

在此我们回忆那年柳长毅在接受著名作家梅洁采访时说的话：“如果哪一年十堰把我们变为郧阳区，我愿意变。我会让这个地方在十堰经济的辐射下，富裕起来，人民得到实惠。这个蓝图几年实现？……如果发改委能通过我们建二桥，如果‘十一五’期间，省市政府，计划、交通等部门支持我搞汉江大道，我想，我这个设想在五年内搭起框架，十年内见成效，2015 年实现。如果让我在这儿再干 10 年，我会实现的。”

柳长毅这么充满信心！其实，当时的郧县城把所有的边边角角算起来，一座城竟然不到 6 平方千米，能腾挪得开吗？随着南水北调中线工程调水之日临近，水位攀升至 165 米，县城还要再缩 2 平方千米，一些厂矿企业需要再迁，怎么发展？

2002 年冬郧县“两会”（人大、政协会议）前夕，为写政府工作报告，他和相关机构负责人一起到柳陂、长岭、原种场、杨溪转了一趟，他豁然开朗：若有可能在一桥的下游建一座二桥，把郧城与长岭连接起来，在库岸线的最高位建一座非常稳固的滨水新城，跨江而治，三镇同辉，郧县城将成为山水大城，一百年不落后，再一百年同样不落后！

他随后到县计划局去调研，要求他们研究大项目，考虑“十五”期间、“十一五”期间的兴县项目，比如“三个一”（一条通往十堰的通衢大道、一座跨越汉江的二桥、一片引领全县经济的工业高地），计划局根据其战略思路迅速将其具体化，并写进了当年的政府工作报告中。他还向全县人民描述了“一江二桥三镇”的蓝图。

2003 年，南水北调库区实物调查开始，在向长江委负责的同志介绍移民情况的同时，他也不失时机地讲述自己的想法，当然也是县委统一了意见的集体决定：放弃柳陂沙坝，以此代价换取在长岭与郧城间架一座跨江桥。这样就可以把郧城水位线下的居民迁到长岭去，同时把长岭建成一座新城。

从战略角度看，江汉郧县段也必须有一座能满足更大车流量的公路桥，如果说一桥解决的是交通问题，那么二桥解决的就是发展问题。因此，他把二桥看作是郧县的“希望之桥”“民心之桥”“小康之桥”。有了二桥，就会有通道去开发江南长岭新区；开发了长岭，就有了让十堰城区北扩的平台，就会有通往十堰的高等级快车道；有了与十堰市的对接，就有了与十堰市一体化发展，最终实现郧县县改区的可能性。

同时，他也在规划大郧阳的格局，他让规划局分别向几个知名的国家级规划设计院征集高规格的郧县规划图，勾勒了跨江郧阳蓝图：“一江二桥三镇”。

南岸长岭规划的郧县经济开发区，经强力推进，大力招商引资，十几道山梁沟壑、一片荒地土岭、满地灌木黄泥的20多平方千米的山地很快大规模地整理出来。二桥接线工程在汉江两岸动工，南岸是汉江大道，北岸是解放南路。汉江大道以双向六车道的规模拓展，解放南路在东岭与中岭之间的污水沟中铺展，大车从遥远的后山拉来千万方石子，一层层铺垫，把土沟水库外的沟壑，垫成平整的贯通土沟水库土坝、直达二桥的宽阔大道，结束了两道山岭间的沟堑阻隔，还顺势整合了数千亩建设用地。土沟水库堵住出路的地形彻底打开，解放路直通土坝之外，与解放南路连成一线。

柳长毅将自己对郧阳文化的深度研究和热爱写成县歌《龙之故乡·郧阳颂》，特邀地方歌唱家张道远演唱。一时间这首雄浑昂扬的具有秦巴风格的歌声唱响汉江南北，唱出了郧阳人的心和魂。

我们有歌了，我们开始用最为酣畅的旋律和最激情的歌词讴歌这崭新而古老的人文和山水，我们更加崇敬和珍惜这方伟大的河山。

你是龙的故乡，
你是远古的天堂，
你是华夏的故园，
你是秦岭巴山的脊梁，
沧浪山可曾记起你的古老和沧桑！

汉江水是否感受到你的激越与悲壮！
绿松石能不能展示你的高贵和端庄！
远古人有没有回忆起你的凝重和苍茫！
啊……郧阳，你是龙的故乡！
啊……郧阳，一个古老的地方！
神奇的传说迷人的故事叫人心向神往！
这方热土人杰地灵，虎卧龙藏。
……

随后，为了向首都人民表达我们的情怀，他又请著名作词家云剑作词、作曲家张卓娅作曲、著名军旅歌唱家吕继宏演唱了一首情深意长的《汉江情怀》："秦巴相对开，江流天地外……"这首歌表达了古老汉江和郧阳人民的大爱，在一江清水送北京的历史性画面上着色不少。

汉江二桥于2008年9月26日破土动工，动工仪式的台面在南岸的二桥头搭起，人们怀着忐忑的心在那里聚集。雨从早上开始下，越下越大，到仪式就要开始时下得越发猛，前来参加的市县领导和群众在泥泞中趔趄、摔跤，到处是人，只见雨伞、雨衣、雨帽、筒子鞋、胶鞋、解放鞋……雨水恣肆地浇在人背上，到处是水和泥的天地，狼藉混杂，场面难堪。九点仪式正式开始，谁也没想到，当鞭炮声响起的一刹那，雨戛然而止，云开雾散，日照晴空，个个惊喜万分，争取了多年的国务院批复文件也在此时此刻送达了。

二桥终于落地，长岭也在风驰电掣地发展，一个工业园接着一个工业园，发展势头十分惊人，一个拉近"郧十（十堰）"距离的项目——"郧十"一级路（现更名为十堰大道）的建设也随之开工建设。郧县县委于2009年5月专题召开县委全会，一个融入十堰、追赶十堰、一体化发展的热潮铺天盖地、滚滚而来。

郧县经济在跨越式发展，经济指标大幅度提升，2010年初湖北省考核2009年县域经济，郧县经济综合实力全省跳跃式前进了22位，次年考核又前进了18位，连续两年呈现跳跃式增长，连续两年荣获湖北省委、省政府表彰的“全省县域经济发展进位先进县”光荣称号，这在湖北县域经济发展史上是罕见的，郧县被各大媒体报道为“县域经济撑竿跳的典范”。

一边大规模地建设，一边南水北调搬迁移民，三万多移民到达七十多个安置点，这一难事与经济建设同步推进。

2012年5月，汉江二桥（今改名为郧阳汉江大桥）竣工通车。同年，“郧十”一级路全线试通车，两城间城市广场铺开，两地人群往来由交通车变为公交车，通车里程缩短为20分钟以内，2014年9月9日郧县县改区……

长岭新区高标准建成高新技术开发区，路网纵横交错，建满了招商企业；柳陂新镇弃旧图新，成为十堰人最看好的休闲娱乐地；江北县城从城关以西的子胥湖到杨溪铺镇的香菇小镇，沿江大道开敞壮观，浩渺江景尽收眼底……

柳陂新镇汉江三桥建成，郧阳岛郧阳古城复建已成规模，柳陂祥源湾别墅区已打造成形，郧阳国际园、郧阳新天地、汉江画苑、海德公园等十多个小区建成，一片秀丽，人山人海：骑行的人、步行的人、驱车的人……观光客潮水一般涌来。此外，郧阳区第一中学落成，洋河酒厂也落户柳陂新镇……

从水源区的角度打造国家级生态保护与建设示范区，从汉江水体景观的开发建设上打造湖北省水生态文明示范区，从十堰市城市总体发展上建设十堰生态滨江新区，郧阳区现已成为十堰最具发展潜力的示范区。

郧阳捧起十堰，十堰托举郧阳，那个“城下之盟”的远年典故穿越千古，世纪之歌随着中国梦的唱响愈发嘹亮！

参考文献

[1] 程俊英. 诗经译注[M]. 上海：上海古籍出版社，1985.

[2] 胡思勇. 风云深处的跋涉 胡思勇作品集[M]. 武汉：湖北人民出版社，2004.

[3] 周生春. 吴越春秋辑校汇考[M]. 上海：上海古籍出版社，1997.

[4] 王先慎. 韩非子集解[M]. 钟哲，点校. 北京：中华书局，1998.

[5] 冷小平，冷遇春. 郧阳抚治两百年[M]. 武汉：湖北人民出版社，2004.

[6] 司马迁. 史记[M]. 裴骃，集解. 司马贞，索隐. 张守节，正义. 上海：上海古籍出版社，2016.

[7] 刘向. 战国策[M]. 明洁，辑评. 明洁，导读整理. 上海：上海古籍出版社，2008.

[8] 管子. 管子[M]. 李山，译注. 北京：中华书局，2009.

[9] 佚名. 周易[M]. 宋祚胤，注译. 长沙：岳麓书社，2000.

[10] 杨天宇. 周礼译注[M]. 上海：上海古籍出版社，2004.

[11] 孔子，左丘明. 春秋左传通释[M]. 贾太宏，译注. 北京：西苑出版社，2016.

[12] 陈程. 房陵帝王流放录[M]. 长春：时代文艺出版社，2006.
[13] 周圣楷，邓显鹤. 楚宝[M]. 廖承良，杨云辉，许静，等点校. 长沙：岳麓书社，2016.
[14] 郦道元. 水经注[M]. 谭属春，陈爱平，校点. 长沙：岳麓书社，1995.
[15] 潘彦文. 郧阳旧志辑录[M]. 武汉：长江出版社，2009.
[16] 裴应章，彭遵古. 郧台志[M]. 潘彦文，匡裕从，薛裕华，等校注. 武汉：长江出版社，2006.
[17] 江苏古籍出版社. 中国地方志集成 湖北府县志辑：第 59 册 同治郧县志 同治房县志[M]. 南京：江苏古籍出版社，2001.
[18] 江苏古籍出版社. 中国地方志集成 湖北府县志辑：第 58 册 光绪利川县志 同治郧阳志[M]. 南京：江苏古籍出版社，2001.
[19] 吕调元，刘承恩，张仲炘，等.〔宣统〕湖北通志[M]. 武汉：崇文书局，2018.
[20]《郧县志》编纂委员会. 郧县志[M]. 武汉：湖北人民出版社，2001.
[21] 周啸天. 诗经楚辞鉴赏辞典[M]. 北京：商务印书馆国际有限公司，2012.
[22] 安平秋，张传玺. 汉书[M]. 上海：汉语大词典出版社，2004.
[23] 顾祖禹. 读史方舆纪要[M]. 贺次君，施和金，点校. 北京：中华书局，2005.
[24] 李昉，等. 太平御览[M]. 北京：中华书局，1960.
[25] 许嘉璐. 晋书[M]. 上海：汉语大词典出版社，2004.

[26] 司马光. 资治通鉴 [M]. 胡三省，音注. “标点资治通鉴小组”校点. 北京：中华书局，1956.
[27] 谷应泰. 明史纪事本末：第 2 册[M]. 北京：中华书局，1977.
[28] 魏伯阳. 周易参同契[M]. 章伟文，译注. 北京：中华书局，2014.
[29] 孙雍长. 隋书[M]. 上海：汉语大词典出版社，2004.
[30] 黄永年. 旧唐书[M]. 上海：汉语大词典出版社，2004.
[31] 黄永年. 新唐书[M]. 上海：汉语大词典出版社，2004.
[32] 刘志军. 唐濮恭王李泰墓志铭考[J]. 考古与文物，2020(1)：93-99.
[33] 王学范. 王世贞抚郧诗文集[M]. 武汉：长江出版社，2010.
[34] 倪其心. 宋史[M]. 上海：汉语大词典出版社，2004.
[35] 匡裕从. 十堰移民史[M]. 武汉：长江出版社，2010.
[36] 薛纲，吴廷举.〔嘉靖〕湖广图经志书[M]. 北京：书目文献出版社，1991.
[37] 潘彦文. 十堰历史建置考[M]. 武汉：长江出版社，2011.
[38] 李修生. 元史[M]. 上海：汉语大词典出版社，2004.
[39] 周密. 癸辛杂识[M]. 王根林，校点. 上海：上海古籍出版社，2012.
[40] 章培恒，喻遂生. 明史[M]. 上海：汉语大词典出版社，2004.
[41] 马积高，万光治，李生龙. 历代辞赋总汇：唐代卷 第 3 册[M]. 长沙：湖南文艺出版社，2014.
[42] 李贤，等. 大明一统志[M]. 西安：三秦出版社，1990.

后　记

历时半年，终于完成这本五十余万字的《人类的故乡——一座汉江府城的千古沧桑》。回首半年多殚精竭虑，翻检一路拾捡的吉光片羽，不禁讶然：耕耘生涯何如，史林文海安泅？何以如此恍恍惚惚，朝朝暮暮？码字也是一种命途吗？怎奈穿林莽披荆棘，翻山越岭，陷沙丘走戈壁，又见绿洲，原来人生的岁月里叠合了四时春秋！

能有这样一次写作，要诚挚感谢汉江师范学院副院长、湖北省高校人文社科重点研究基地汉江师范学院汉水文化研究基地常务副主任潘世东教授的信赖和支持，是潘教授这位汉水文化研究成果卓著的专家，在深入系统研究汉水文明的基础上，确立了“汉水流域文明研究文丛之文化自信”项目，并得到国家批复，我方才有机会参与其中。回首前一本书《万古一地——郧阳》的写作，从白垩纪一路走过来，先后十年之久，累也累，轻快亦在其中。此次再度埋首这方河山及故纸堆里，拾珠觅玉。这本《人类的故乡——一座汉江府城的千古沧桑》是一个集中时段内的超强度奔走，没有走走停停的调休，因为这是一个丛书团队的集体任务，不拖后腿是自我砥砺，由此，瘦身几围，零落本已荒漠的华发就在所不惜了。写《万古一地——郧阳》时，我曾决意一网打尽，把这方文明一次说个够，此后把笔触引向远方。而当潘世东教授将郧阳一座城的写作计划交予我时，我才发现这里尚有如此丰厚的矿层有待开采，这哪是一本书可以负载的呢？

《人类的故乡——一座汉江府城的千古沧桑》旨在为大十堰寻根，为大郧阳招魂。郧阳的历史何以被说成十堰的？十堰为什么拥有郧阳曾经的一切？为此，就需要从古到今厘清。十堰的根扎在郧阳，郧阳托起了十堰，我们无须将郧阳的昨天生硬地挪用到十堰的今天，当说清楚了郧阳的脉络，也就清楚了今天的十堰不过是昨天的郧阳转身而已。其实，十堰今天的浩然巍然就是历史意义上郧阳的精气神招展，不用说，郧阳的魂魄没有丢，郧阳未曾落幕，十堰的乾坤里那轮郧阳朝阳仪态万方。

全书以城为脉，以史为络，以朝代和人为骨骼，以行政建制为身段，以文明画卷为衣衫，全景式地讲述了一座城的“人生”风采和与时俱进的不平凡历程。毫无疑问，城是政治文明的显著足迹，城是一个地方开化程度的见证。郧阳这个地方最早有城，我们从史书上知道，“城下之盟”发生在绞国，从谭其骧先生《中国历史地图集》标注的地点可知，这个绞国就在现今的郧阳区，具体在郧阳区子胥湖一带。这里曾是仰韶文明的策源地——大寺文明遗址，这里靠近商洛，在尧舜时期，它最先受到仓颉造字和伏羲八卦等远古文明的影响，所以这里作为郧阳古城文明的起点是有据可查的。绞国之后，郧阳远古的政治中心上移至麇国，经过数百年城防已然完备，作为国都和后来钖县县城是有历史依据的，有理由相信，秦始皇第三次巡行经郧关抵上津，是途经了麇城的。汉代以后，县制的中心县址则下移至堵阳——韩家洲。韩家洲虽为弹丸之地，又四面临江，但环韩家洲的店子河、堵河口、郑家河、辽瓦店子都是繁荣的集镇，一洲携四围河山，这个城区是相当可观的。到了西晋太康五年（公元284年），县制中心再度下移，移至现今郧阳武阳岭下的二级阶地上，城区面对广阔的武阳平原和浩浩汤汤的江水，背依丰腴绵长的武阳岭和层叠起伏的北部山峦，城区展现出吞纳四方的舒坦和悠闲。历经南北朝、隋、唐、宋、元，至大明王朝，城址再度下移，移至西河码头一旁的沧浪山下，也就是现今郧阳人通常所指的郧阳城旧址，郧阳在此度过了它作为抚台治所和府治治所、县署治所的恢宏时期，经历了郧阳如日中天的灿烂时代。

厘清了郧阳线索，也同时厘清了这方河山的岁岁年年，千古而今，很是值得述说。这里面我着重写了城市曾经的主人、时代的过客，写了每一朝代的来往交替和那些代表人物的起起落落。正如黄仁宇先生在《万历十五年》中所言："生命的真意义，要在历史上获得，而历史的规律性，有时在短时间尚不能看清，而须要在长时间内打开眼界，才看得出来。"我写那些优秀的前人不仅是给这座城增添色彩，更多的是想为他们建一座纪念碑，把他们那些历史已经证明了的价值保存下来，传承下去。

本书所有章节由著者兰善清完成。书中吸取了不少最新研究成果，提出了一些不同于既定之说的新见，争议在所难免，错讹亦不能回避，欢迎读者诸君讨论甄别或批评指正；引述了许多专家学者的观点和研究成果，在此诚表谢意！冷静同志做了前期的项目申报工作，为本书提供了著述基础，特在此致谢！汉水流域文明的研究方兴未艾，祈愿《人类的故乡——一座汉江府城的千古沧桑》的撰述能在这个文化阵营里贡献一瓣心香。

谨此为记。

兰善清

2022 年 9 月 23 日